Oiseaux
des Pays
d'Europe

J. Felix

Oiseaux des Pays d'Europe

Illustrations de K. Hisek

GRÜND

Dixième tirage 1986
Traduction de Georges Becker,
Docteur ès sciences, Correspondant du Muséum,
et de André Delcourt, Madeleine Gasnier et Karel Zych
Arrangement graphique par Zbyněk Weinfurter
© 1978 by Artia, Prague
Et pour le texte français:
© 1978 by Gründ, Paris
ISBN 2-7000-1504-5
Imprimé en Tchécoslovaquie par TSNP Martin
3/13/01/53-10

Table

Préface

Les oiseaux sont une partie indispensable du monde vivant, qui offre généreusement ses dons à tous ceux qui ont des yeux et des oreilles, et ne sont pas aveugles et sourds à la vie qui les environne. Ces aimables petites créatures, dont beaucoup sont brillamment colorées, et dont certaines ont une voix merveilleuse, se sont fait aimer depuis toujours par les hommes, et on ne doit pas s'étonner qu'on veuille connaître leurs noms, où ils vivent et de quoi ils se nourrissent, la forme du nid qu'ils construisent, à quoi ressemblent leurs œufs et qui sont leurs ennemis.

C'est pourquoi chaque ami de la nature accueillera bien ce livre, qui lui donnera tous les détails concernant les oiseaux qui nichent en Europe. Grâce à lui, il apprendra à identifier les oiseaux par leur chant, et par d'autres caractères, comme la silhouette de leur vol. Il apprendra aussi à protéger les oiseaux et à les aider, par exemple en leur donnant de la nourriture en hiver ou en leur préparant des nichoirs.

Ce livre offre les figures en couleur de 256 espèces nichant régulièrement en Europe. Elles sont souvent accompagnées de dessins représentant leur nid, leur vol, l'empreinte de leurs pattes, de même que d'une description de leurs œufs, de manière à permettre au lecteur d'identifier différents oiseaux d'après leurs nids ou leurs œufs. Les nids et les œufs, évidemment, ne sont pas des objets de collection, car beaucoup d'oiseaux sont maintenant devenus si rares que la destruction d'une seule couvée peut retentir sur toute une population. C'est pourquoi beaucoup d'espèces d'oiseaux, y compris leurs œufs et leurs nids, sont désormais protégées par la loi, et toute infraction est sévèrement punie. Chaque ami de la nature se contentera sûrement d'apprendre à les connaître, à les observer, et il se fera un devoir de les protéger.

Les oiseaux décrits dans ce livre sont ordonnés selon le système officiel de classification. Le texte accompagnant chaque planche renseigne le lecteur sur la distribution géographique de chaque espèce, son habitat, si elle est migratrice ou sédentaire, sur ses dates de départ et d'arrivée, quand elle revient sur son territoire de nidification, et sur d'autres données biologiques, telles que sa longueur moyenne, son envergure quand il s'agit de Rapaces, etc. Le mâle de chaque espèce est désigné par le symbole ♂, la femelle par le symbole ♀.

Généralités sur les oiseaux

Les oiseaux sont des vertébrés supérieurs, dont la température particulièrement élevée va de 38° à 44°. Ils ont deux paires de membres, dont la paire avant a la forme de rames et sert pour voler (le plus souvent). Quelques espèces, cependant, ont des ailes courtes incapables de les supporter en vol, par exemple les autruches, ou qui sont adaptées exclusivement à la nage, par exemple les pingouins. Les oiseaux européens décrits dans ce livre sont des espèces aériennes.

Les oiseaux sont issus par évolution, il y a de cela des millions d'années, des reptiles, avec lesquels ils présentent encore des ressemblances nombreuses. Par exemple, les oiseaux, comme les reptiles, pondent des œufs, ils ont des organes comparables pour la reproduction et l'excrétion, avec une seule ouverture pour les deux — le cloaque. Le développement de leurs embryons est également identique.

Les premières créatures qui aient développé des caractères d'oiseaux sont apparues il y a 150 millions d'années, dans la période jurassique, au Mézozoïque. Ces oiseaux primitifs, de la taille à peu près d'un pigeon, avaient un bec pourvu de dents, trois doigts indépendants terminés par une griffe aux membres antérieurs, et une longue queue composée de 23 vertèbres avec des plumes rangées sur deux rangs de chaque côté. Ces oiseaux primitifs ont été appelés Archéoptéryx. Des fossiles complets ont été trouvés en Bavière, dans les schistes du Jurassique supérieur.

Ces oiseaux n'étaient pas capables de voler vigoureusement et étaient plutôt faits pour grimper aux arbres, en se servant de leurs ailes comme de parachutes ou de planeurs.

Les fossiles d'une autre espèce éteinte, l'Hespérornis, ont été également trouvés au Kansas dans les calcaires de l'Amérique du Nord. Ces oiseaux étaient incapables de voler, ils avaient de fines dents et ressemblaient aux plongeons actuels. Cet oiseau vivait il y a 100 ou 125 millions d'années. D'autres oiseaux de cette époque comprennent les Ichthyornis, les Apatornis, etc. Aucun de ces oiseaux n'a survécu à la fin du Crétacé qui a marqué la fin du Mézozoïque et le commencement de l'ère tertiaire, qui a amené avec elle un grand nombre de genres et d'espèces d'oiseaux qui se sont éteints plus tard, mais aussi beaucoup d'espèces qui ressemblent à celles d'aujourd'hui et dont les espèces actuelles sont sorties par évolution.

Les organes des sens chez les oiseaux présentent des degrés divers de développement. Certains sont hautement développés, tandis que d'autres sont rudimentaires. Par exemple, le sens du goût. Du fait que les papilles du goût sont logées tout à fait en arrière de la bouche, à la partie supérieure du palais, sur une membrane muqueuse derrière la langue, et du fait que les oiseaux ne mâchent pas leur nourriture, mais l'avalent toute ronde, ils n'en sentent pas le goût, comme le font par exemple les mammifères. Et la plupart des oiseaux sont également dépourvus d'odorat.

Le sens du toucher est diversement développé. Généralement les organes de ce sens se trouvent sous le bec et sur la langue, mais certains l'ont aussi à la base de certaines plumes, ou sur les pattes. Les oiseaux cherchant leur nourriture sur le sol ont des organes tactiles à la pointe du bec.

Le sens le plus important pour les oiseaux est la vue. Ils sont beaucoup plus doués, sur ce point, que tous les autres animaux. Leur œil est large et capable d'accommodation, non seulement grâce aux muscles qui compriment le cristallin comme chez les mammifères, mais aussi en s'aplatissant ou en s'arrondissant. Ces yeux peuvent aussi être manœuvrés indépendamment l'un de l'autre, et regarder des objets différents en même temps. Les yeux sont placés latéralement, et ainsi chacun a son propre champ de vision. Certains oiseaux, cependant, comme les chouettes, ont les deux yeux de face, mais ils sont capables de faire faire à leur tête un tour de 180°. La vision des couleurs est chez les oiseaux la même que chez l'homme. En plus des paupières supérieure et inférieure, les oiseaux en ont une spéciale, appelée membrane nictitante, qui part de l'angle interne de l'œil et peut le recouvrir complètement. La rétine a un bien plus grand nombre de cellules sensorielles que celle de l'homme, plus de cinq fois plus chez les Rapaces, ce qui leur permet de voir leur proie d'une très grande hauteur.

Un autre sens important est l'ouïe, quoique leur oreille soit d'une structure moins parfaite et ressemble à celle des reptiles. Ils n'ont qu'un seul os dans l'oreille, qui correspond à l'étrier de l'oreille humaine, et le conduit extérieur est relativement court. Malgré tout, l'ouïe des oiseaux est excellente, et chez certaines espèces, comme les Chouettes, elle est parfaite et leur est d'un grand usage pour la chasse nocturne. L'oreille externe des oiseaux n'a pas de pavillon et se trouve généralement couverte de plumes.

Les organes vocaux, placés en arrière de la trachée, jouent évidemment un grand rôle dans la vie des oiseaux. Cet organe, appelé syrinx, est remarquablement développé chez les oiseaux chanteurs, mais bien moins dans d'autres groupes qui, généralement, n'ont qu'un cri monotone ou ne produisent que des sons rauques. Certains, comme la Cigogne blanche, manquent complètement d'organes vocaux et communiquent entre eux en claquant du bec.

Le squelette des oiseaux n'est pas seulement solide, mais il est aussi léger, parce que la plupart des os sont creux et remplis d'air. Les os longs, en particulier, sont tubuleux et très résistants, et leur cavité pneumatique réduit considérablement le poids de l'ensemble du squelette — ce qui est un facteur important pour le vol. Les plumes des oiseaux sont aussi très légères, et disposées de telle sorte qu'elles emprisonnent de véritables «coussins d'air». Le bréchet est remarquablement bien développé et sert d'ancrage aux muscles puissants qui étendent et replient les ailes.

Structure des oiseaux

Pour les oiseaux d'Europe, le vol est leur principale caractéristique et leur silhouette en vol est un moyen important d'identification. La forme du vol varie souvent beaucoup d'une espèce à une autre, elle dépend de la forme générale des ailes et de leur surface. Les oiseaux capables de vols rapides et soutenus ont des ailes longues et étroites, par exemple le Martinet, le Faucon, le Fulmar, l'Albatros, le Fou, la Frégate, la Sterne, etc. Ces oiseaux ont un corps effilé qui offre à l'air une résistance minimale. Le martinet a même perdu la possibilité de se mouvoir sur le sol et doit prendre son vol d'un point élevé. Les oiseaux terrestres, comme les Gallinacés, d'autre part, ont des ailes courtes et larges, ainsi qu'un corps pesant. A part quelques exceptions, les Gallinacés sont de pauvres voiliers. Ils sont capables de s'envoler rapidement, mais ne peuvent voler que sur de courtes distances. Certains oiseaux, comme le Faucon crécerelle, sont capables de faire du sur-place dans l'air pendant assez longtemps. Certains, comme la Cigogne et le Cygne, volent avec le cou tendu à l'horizontale, mais les Hérons le portent replié en S.

Les plumes

Le corps de l'oiseau est couvert de plumes disposées chez beaucoup d'espèces en plans définis appelés «ptéryles». Les espaces nus entre les rangs de plumes s'appellent «aptéries», mais ils sont très petits et masqués par les plumes qui les entourent. Les plumes qui donnent au corps sa forme distincte sont appelées plumes extérieures, et ce sont par exemple les rémiges, les plumes rectrices, etc. Ces sortes de plumes ont une tige solide et flexible bordée de part et d'autre par un tissu composé de barbes individuelles, qui à leur tour possèdent un rang de barbules plus petites, attachées entre elles par de petits crochets.

Si le tissu de la plume est endommagé de quelque façon, l'oiseau le lisse avec son bec ou ses griffes, obligeant ainsi les crochets à se rejoindre et à réparer le tissu. La partie de la plume enfoncée dans la peau s'appelle le tuyau.

En dessous des plumes extérieures, le corps est généralement couvert de plumes de fond, fines et pourvues d'un tuyau mince, mais sans tige, et de barbules qui ne possèdent pas de crochets. Chez beaucoup d'oiseaux, par exemple les Canards, ces plumes de fond sont très importantes pendant la nidification, car elles sont utilisées pour garnir le fond du nid. Ce sont les «duvets». Ces duvets empêchent la chaleur de se perdre et les œufs de se refroidir, même pendant les absences de la couveuse, qui couvre les œufs avant de les quitter. Les poussins de beaucoup d'espèces d'oiseaux, par exemple les Rapaces, les Hiboux et les Canards, sont également couverts d'un épais manteau de duvet.

9

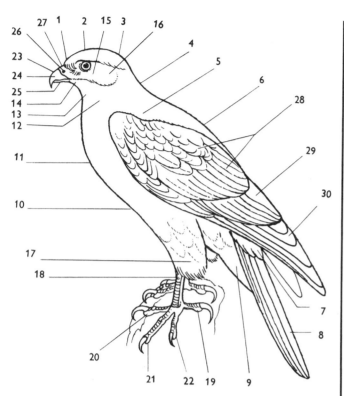

1/ *Anatomie des oiseaux*
1 *front 2 sommet du crâne 3 arrière-tête 4 nuque 5 épaule 6 dos 7 plumes rectrices de la queue 8 plumes de la queue 9 plumes inférieures de la queue 10 ventre 11 poitrine 12 cou 13 gorge 14 menton 15 joue 16 plage auriculaire 17 cuisse 18 tarse 19 ergot 20 doigt intérieur 21 doigt du milieu 22 doigt extérieur 23 arête du bec 24 mandibule supérieure 25 mandibule inférieure 26 narine 27 cire du bec 28 plumes des ailes 29 rémiges secondaires 30 rémiges primaires*

Un autre type est la plume filiforme, qui ressemble à un cheveu, et qui se trouve, presque toujours, immédiatement à côté des plumes principales. Ce sont alors des «plumes-soies», qui se montrent autour du bec de certaines espèces, qui ont un tuyau court, pas de tissu, et servent surtout d'organes tactiles pour attraper une proie.

Chez les oiseaux aquatiques, les plumes forment une carapace imperméable et sont très serrées autour du corps, donnant ainsi une bonne isolation thermique. Chez les Canards, les plumes extérieures, quand l'oiseau n'est pas aérien, sont en outre protégées par imperméabilisation, et forment une sorte de poche à l'intérieur de laquelle le Canard fait ses plongeons. Chez beaucoup d'oiseaux aquatiques, les plumes sont aussi huilées par un fluide, sécrété par une glande située à la base des plumes de la queue. Ce liquide

huileux est répandu sur les plumes par l'oiseau, avec son bec, qui les imprègne ainsi complètement. Les plumes qui couvrent la tête sont huilées en frottant la tête contre les plumes arrière. Les oiseaux aquatiques répètent cette manœuvre plusieurs fois par jour. Mais ce n'est pourtant pas là le seul soin accordé aux plumes. Les oiseaux aquatiques, et beaucoup d'autres, se baignent régulièrement pour éviter à leurs plumes de se dessécher. Les oiseaux d'eau se baignent complètement plusieurs fois par jour. Même leurs poussins sont conduits à l'eau, deux jours seulement après leur éclosion. Cependant leurs glandes à huile (dites «uropygiales») ne commencent à fonctionner que quand leurs véritables plumes apparaissent. Évidemment leur duvet serait bientôt trempé s'il n'était huilé régulièrement, et c'est pourquoi ils se faufilent entre les plumes de leurs parents qui sont beaucoup plus huileux à cette époque, et peuvent ainsi lubrifier leur propre duvet. Sans doute cette habitude de se lisser les plumes est-elle innée chez les oiseaux qui la possèdent dès leur naissance, et c'est ainsi qu'ils s'enduisent sur tout leur corps de l'huile de leurs parents.

Il est intéressant de noter qu'en mouillant leurs plumes les Canards et les Oies accomplissent des jeux de groupe, ébouriffant leurs plumes et claquant leurs ailes sur l'eau, de manière à la faire pénétrer jusqu'à la peau, et aussi en plongeant sous la surface. Quand ils ont fini leur bain, ils grimpent sur le sol sec, où ils se secouent et frottent leurs plumes avec leur bec, pour en éliminer l'eau. Les Canards en outre donnent de brusques saccades avec leurs ailes à demi-étendues, après quoi ils les graissent, les lissent et les mettent en ordre.

Les plumes de tous les oiseaux sont remplacées régulièrement, grâce au processus qu'on appelle la mue. Ils perdent les vieilles et de nouvelles leur poussent, en chassant les anciennes. Cependant, chez beaucoup d'oiseaux comme les Chanteurs, les Pigeons, les Gallinacés, les Rapaces et les Chouettes, les plumes rémiges et rectrices ne tombent que successivement, si bien que l'oiseau peut toujours voler, mais chez beaucoup d'oiseaux aquatiques comme les Canards, les Oies ou les Râles, toutes ces plumes tombent à la fois, si bien que ces oiseaux sont incapables de voler

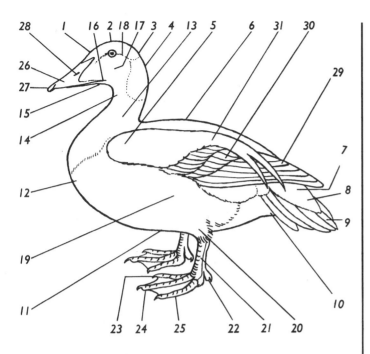

2/ Anatomie de l'Eider

1 front 2 sommet du crâne 3 arrière-tête 4 nuque 5 épaule 6 dos 7 croupe 8 plumes supérieures de la queue 9 rémiges caudales 10 plumes inférieures de la queue 11 ventre 12 cou 13 poitrine 14 gorge 15 menton 16 lores 17 joue 18 région auriculaire 19 flanc 20 patte 21 tarse 22 ergot 23 doigt intérieur 24 doigt du milieu 25 doigt extérieur 26 bec 27 griffe 28 narines 29 rémiges primaires 30 rémiges secondaires 31 plumes des épaules

pendant un certain temps, d'habitude pendant sept semaines. Pendant cette période ils doivent se cacher dans les roseaux et les joncs et fouillent dans l'eau pour se nourrir. De tels oiseaux cependant ne perdent pas toutes leurs rémiges en même temps. Ainsi, par exemple, les malards, qui ne prennent pas soin de leurs petits, muent plus tôt que les canes ne perdant leurs plumes que quand leurs poussins ont atteint leur maturité. D'un autre côté, dans le cas des Cygnes chez qui les deux partenaires s'occupent des petits, c'est la femelle qui mue la première, tandis que le mâle protège les cygneaux. Puis il mue, ses nouvelles rémiges atteignant leur longueur définitive en même temps que celles de sa progéniture, et ainsi toute la famille est capable de se mettre en route pour son voyage de migration vers le sud.

Chez certaines espèces, le mâle et la femelle ont la même couleur tout le long de l'année, par exemple les Fauvettes, les Pics, les Mésanges, les Freux, les Oies et les Cigognes, tandis que chez d'autres la couleur du mâle, et parfois la forme des plumes, sont tout à fait différentes, par exemple les Faisans, les Canards, les Becs-croisés, etc. C'est ce qu'on nomme le dimorphisme sexuel. Un exemple extraordinaire de ce dimorphisme se trouve chez les Phalaropes, où la femelle est plus grande et plus colorée que le mâle, qui a un plumage grisâtre, et à qui incombe seul la tâche de la couvaison.

Quelques espèces ont deux séries de couleurs de plumage durant l'année, ce qui signifie qu'elles muent deux fois, la première mue étant totale et la seconde partielle. Les canards perdent aussi bien leurs plumes protectrices que leurs rémiges, au printemps. Le changement est plus marqué chez le malard, qui perd son plumage nuptial à cette époque et ressemble alors à sa femelle. Toutefois, les nouvelles rémiges qui se montrent sont de nouveau brillamment colorées, ce qui permet de les distinguer. Les Canards muent une seconde fois en automne, où ils perdent encore une fois leurs petites plumes, mais pas leurs rémiges. A ce moment, le mâle acquiert une brillante parure nuptiale toute neuve, qu'il conserve jusqu'au printemps de l'année suivante. Chez certains individus, la mue dure longtemps, chez d'autres elle est très brève, et c'est ainsi que chez les malards, en automne, on peut en voir qui sont déjà colorés, et d'autres qui ont à peine commencé leur mue.

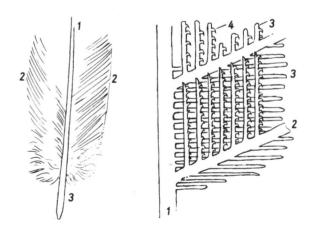

3/ Dessin d'une plume
1 rachis 2 lame duvet 3 tuyau

4/ Disposition des crampons d'une plume:
1 rachis 2 barbules 3 barbicelles 4 crampons

D'autres oiseaux, comme les Échassiers, ont un plumage d'hiver différent, et cette différence est particulièrement remarquable chez le combattant. La parure nuptiale du mâle est éclatante, et de plus il porte une collerette large et brillamment colorée. En été, il perd son beau plumage, ainsi que les longues plumes de sa collerette, et en automne il adopte une tenue qui ressemble à celle de la femelle. De même, quelques espèces de Grèbes ont un plumage nuptial brillant, mais il est le même chez le mâle et la femelle. La Mouette rieuse a le même plumage nuptial qu'aux autres saisons. En hiver, sa tête de couleur chocolat tourne au blanc, mais au printemps les plumes blanches tombent et sont remplacées bientôt par d'autres brun-chocolat caractéristiques. Certains Hérons ont aussi un plumage nuptial brillant.

Le bec

Le bec, couvert par un fourreau épais, solide et corné, est une autre partie importante du corps des oiseaux. Chaque groupe d'oiseaux montre d'extrêmes variations dans la forme du bec, selon la nature de leur nourriture. Les Becs-fins ont un bec mince, long et pointu, qui leur permet de chercher de petits insectes et leurs larves. L'Émouchet a un bec plat, plus large à la base, qui lui permet de chasser les insectes au vol. Les Mésanges ont un bec solide et puissant, avec lequel elles peuvent briser les écorces dures des graines. Les Pics ont un bec long et recourbé en dessous, adapté à l'extraction des insectes qui vivent dans les troncs des arbres, ainsi que de leurs œufs et de leurs larves dans les fentes de l'écorce. Le Grosbec a un bec puissant qui lui permet de tout briser, même les noyaux les plus durs. Les Becs-croisés ont un bec dont la partie supérieure passe par-dessus l'inférieure, pour faciliter l'extraction des graines dans les cônes des conifères. Dans la famille des Corbeaux, qui sont omnivores, le bec est très large et puissant. L'Engoulevent a un bec court, mais très large, pourvu de soies à sa base, qui lui servent d'organes sensoriels pour chasser les insectes en vol. Les becs des Rapaces nocturnes sont forts et recourbés en dessous, comme ceux des autres Rapaces chez qui la partie supérieure du bec n'est pas si forte, ni aussi recourbée.

Mais les bords du bec sont tranchants et permettent aux oiseaux de déchirer la chair de leurs proies et de dépecer les plus grosses. Certains Rapaces, comme ceux de la famille des Falconidés, sont pourvus aussi d'une sorte de «dent» au-dessus du bec, qui les aide à déchirer les chairs. Ceux des Gallinacés sont comparativement courts, mais solides, et chez certaines espèces ils ont la forme d'une pelle, pour pouvoir retourner la terre dans laquelle ces oiseaux cherchent leur nourriture. Les Pigeons ont un bec court, avec des cires gonflées à la base. Les Pics ont des becs spécialement adaptés pour cisailler le bois et y découvrir les larves qui s'y cachent. Les becs des oiseaux d'eau et de marécage sont également spécialement adaptés à la sorte de nourriture qu'ils mangent. Les membres de la famille des Anatidés ont une sorte d'ongle caractéristique à l'extrémité du bec, dont les bords supérieurs et inférieurs sont faits comme les dents d'une scie. Les crans du bord du bec, chez les Oies, sont très solides, et très utiles pour arracher les plantes qui constituent une grande part de leur nourriture. Le bord en scie du bec des Canards sert à tamiser la nourriture. Quand un Canard enfonce son bec dans la vase ou dans l'eau, il retire sa langue pour créer un vide et l'eau passe en laissant les petits crustacés, les vers, les larves, etc., qui sont ainsi tamisés et coincés sur les bords. Avec sa langue sensible, le canard ramasse les particules nourrissantes, tandis que la boue et l'eau s'échappent par les bords du bec. Le bec comporte un grand nombre de ces crans. Le Canard souchet en a plus de 180, seulement sur la face supérieure du bec. Ces crans commencent à se développer chez les jeunes oiseaux dès l'âge d'une semaine. Les Harles ont de longs becs étroits, avec des crans coupants et recourbés, qui permettent aux oiseaux de s'assurer une meilleure prise sur les petits poissons dont ils se nourrissent. Les Hérons ont un long bec pointu dont ils se servent comme d'un harpon quand ils chassent. Les Cigognes ont aussi un bec long, droit et pointu. Les Spatules ont un bec inattendu. Il est long et droit, mais large et aplati à l'extrémité. Les Spatules fouillent la vase ou l'eau de la surface comme les Canards. Les Grèbes ont un bec tranchant à la pointe, spécialement adapté à la chasse aux poissons. Les becs des Échassiers sont pour la plupart très longs

5/ Types de becs
1 Fou 2 Fulmar 3 Cormoran 4 Moineau 5 Pélican blanc 6 Avocette
  7 Harle huppé 8 Flamant rose

et leur permettent de creuser dans la vase et dans l'eau pour trouver leurs proies. Le bec de l'Huîtrier est extraordinaire: il est très puissant, assez long et comprimé sur les bords, et l'oiseau s'en sert pour ouvrir les coquilles des bivalves, ou pour plonger dans la vase et en retirer toutes sortes de vers et de larves. Les Pluviers, contrairement aux Échassiers, ont un bec assez court. Le plus spécialisé est celui de la Bécassine. Son ex-

trémité est pourvue de cellules sensorielles qui lui permettent de découvrir dans la boue et d'attraper sans la voir sa proie. Les Courlis ont un bec long et recourbé comme un sabre. Le bec des Avocettes est long et mince, légèrement courbé de bas en haut; il leur sert à chasser les crustacés dans les hauts-fonds, l'habitude de l'oiseau étant de balancer son bec de côté et d'autre pour extraire de l'eau de petits crustacés qu'il attrape alors avec habileté. Les Mouettes ont des becs à bords tranchants, à bout recourbé. Les Sternes ont des becs forts, minces et pointus, qui leur servent à chasser le poisson. Le bec des Pélicans est tout à fait frappant du fait de sa forme. Il est très long et légèrement recourbé vers le bas, la mandibule inférieure étant faite de deux montants entre lesquels pend une poche large et extensible. Ce bec convient merveilleusement à la capture du poisson et la poche est utilisée pour le rapporter au nid. Les Macareux ont aussi un bec remarquable qui est grand et ressemble à celui des Perroquets, et les adultes peuvent y transporter quelques poissons en les tenant croisés pendant un certain temps. Pendant la saison des amours le bec se renfle à la base et prend de brillantes couleurs, du rouge, du bleu et du jaune, mais ensuite ces couleurs disparaissent et sont remplacées par une teinte grisâtre.

Les pattes

Les pattes des oiseaux ont des formes variées qui dépendent de la façon de vivre de chaque espèce. Les grimpereaux ont des doigts prolongés par de longues griffes aiguës qui s'agrippent à l'écorce des arbres quand l'oiseau grimpe, comme le font les Pics, qui en outre ont une queue solide qui leur sert de support supplémentaire. Les doigts des Pics sont encore mieux adaptés pour grimper, car deux d'entre eux pointent en avant et deux en arrière. Les pattes des Engoulevents sont courtes, et interdisent à l'oiseau de se mouvoir au sol. Il est également incapable de se poser sur une branche à la manière habituelle, car ses pattes sont orientées dans le sens de la longueur et non en travers. Les oiseaux de proie ont des serres puissantes à chaque doigt. Celles de certaines espèces, comme les Aigles, les Faucons et les

Autours, sont d'une longueur extrême, courbes et tranchantes. Les Vautours, de leur côté, ont des serres courtes et mousses, parce que leurs pattes sont adaptées à la marche sur le sol où ils cherchent leur nourriture, qui consiste en charognes. Les doigts de la Pygargue sont adaptés spécialement, avec le doigt extérieur réversible, de sorte que l'oiseau peut attraper un poisson entre ses deux serres opposées, deux doigts pointant en avant et deux en arrière. Les doigts des Rapaces nocturnes sont adaptés de même, avec leurs longues griffes coupantes et leurs doigts extérieurs réversibles. Les Gallinacés ont des pieds larges et forts, avec des griffes mousses, mais fortes, qui leur servent à extraire leur nourriture de la terre.

Les pattes des oiseaux qui passent le plus clair de leur temps dans l'eau sont également adaptées à leur environnement et varient selon le mode de vie de chaque espèce. Les plus typiques sont les pattes des Anatidés, Cygnes, Oies et Canards, qui ont leurs trois doigts antérieurs reliés par une membrane et le quatrième doigt placé en arrière, un peu plus haut que les autres. Pendant la nage, la patte se meut alternativement en avant et en arrière; pendant le mouvement vers l'arrière, la palme s'étend complètement, mais quand la patte revient en avant, les doigts se rejoignent et la palme se replie de sorte qu'elle offre à l'eau la plus petite résistance possible. Pendant la plongée, par exemple quand il s'agit de Canards plon-

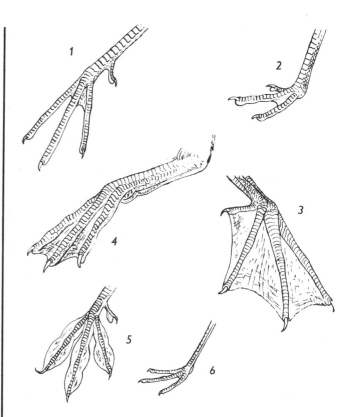

8/ Types de pattes
1 Chevalier arlequin 2 Huîtrier 3 Cormoran 4 Guillemot 5 Phalarope
6 Pluvier

geurs, le travail des pattes est différent. Comme le Canard est plus léger que l'eau, il doit surmonter la pression hydrostatique. Avant de plonger, il exhale et comprime ses plumes contre lui pour chasser l'air qui reste contre son corps. Il donne alors un grand élan avec ses deux pattes, saute au-dessus de la surface, puis s'enfonce sous l'eau, en ramenant ses pattes le long de son corps et en se propulsant vers le fond en lançant ses pattes d'avant en arrière, un peu comme quand on nage la brasse, en déployant ses palmes, puis en les ramenant repliées sous le corps, et en recommençant d'avant en arrière.

Il est intéressant de noter que les canetons ou les Canards non plongeurs sont très capables de plonger, et le font quand un danger les menace.

Les Grèbes sont adaptés à une vie continue dans l'eau. Ils plongent bien et à de grandes profondeurs. Même un poussin d'un jour plonge adroitement. Quand ils nagent, les Grèbes sont presque complètement immergés et on ne voit que l'arrière de leur corps. Du fait de cette posi-

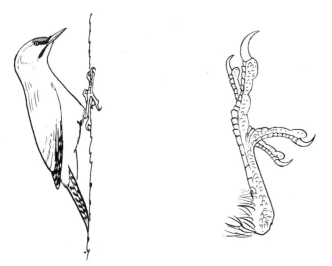

6/ Le Pic à tête grise grimpant à un arbre
7/ Patte du Pic noir

14

tion ils peuvent disparaître sous la surface en un instant et rester sous l'eau plus d'une minute, en nageant plus de 50 mètres pendant ce temps. Contrairement aux autres membres des Anatidés, la palme des Grèbes n'est pas complète; chacun des doigts avant est palmé séparément.

Certains membres de la tribu des Râles, comme la Foulque qui passe presque tout son temps dans l'eau, ont aussi des palmures indépendantes. D'autres espèces de Râles ont de très longues pattes, avec de longs doigts adaptés à retourner les feuilles des plantes aquatiques. Toutefois, leur corps est très délié pour leur permettre de se déplacer sans peine à travers les roseaux et une végétation épaisse. Bien entendu, tous les Râles peuvent aussi nager.

Les Échassiers sont généralement adaptés à la vie du bord de l'eau, dans les marécages et sur les rives vaseuses. Quelques espèces, cependant, habitent des lieux secs et loin de l'eau. Ces petits oiseaux ont souvent des pattes très longues en proportion de leur corps. Beaucoup ont des doigts non palmés, quoique certains aient un commencement de palmure à la base des doigts et que d'autres aient une palmure bien développée, comme les Avocettes.

De très longues pattes sont la caractéristique des Ciconiidés, qui comprennent les Hérons, les Cigognes, les Ibis et les Spatules. Certains, comme les Cigognes ou le Héron gris, peuvent se tenir dans des eaux assez profondes.

Les Mouettes, les Stercoraires et les Sternes, ont des palmures développées et se déplacent adroitement à la surface de l'eau. Toutefois elles ne peuvent s'enfoncer profondément dans l'eau, comme les Canards.

Les plus admirablement adaptés à la vie aquatique sont les Plongeons, qui ne viennent sur la terre sèche que pour nicher. Ils sont très maladroits sur le sol, se traînant sur le ventre plutôt qu'ils ne marchent. La raison en est que leurs pattes, qui leur servent de rames dans l'eau, sont placées à l'extrémité de leur corps et les trois doigts antérieurs sont palmés.

Les oiseaux connus sous le nom de totipalmés (leurs quatre doigts étant réunis par une membrane) sont aussi très bien adaptés à la vie aquatique. Ils comprennent les Pélicans, les Cormorans et les Fous.

Le mystère de la migration

Les oiseaux sont divisés entre les groupes de base suivants, selon qu'ils restent toute l'année sur leur terrain de nidification ou qu'ils le quittent pour l'hiver.

1/ Oiseaux sédentaires — qui ne quittent jamais le territoire où ils ont fait leur nid.

2/ Oiseaux migrateurs — qui quittent leur territoire de nidification en automne ou à la fin de l'été, s'envolent vers des quartiers d'hiver plus chauds, et reviennent au printemps.

3/ Oiseaux de passage ou erratiques — ceux-ci s'en vont très loin, souvent à des centaines de kilomètres, dans toutes les directions à partir de leur territoire de nidification après la saison des amours, selon le temps et la nourriture qu'ils peuvent trouver.

Il y a toutefois toutes sortes de transitions entre ces trois groupes principaux, et quelquefois elles démentent les classifications de l'une ou l'autre de ces espèces. Par exemple, certains oiseaux nichant dans le nord de l'Europe, comme le Faucon pélerin ou la crécerelle, sont migrateurs, tandis que ceux de l'Europe centrale sont sédentaires. Chez d'autres espèces, certains de leurs individus sont migrateurs — surtout les jeunes et les femelles — et les autres sont sédentaires, comme dans le cas du Merle. Il y a aussi des espèces qui sont généralement classées comme migratrices, alors que certains de leurs membres restent près de leurs nids en hiver, par exemple le Rouge-gorge ou l'Accenteur mouchet. Parfois des oiseaux habituellement sédentaires vont tout à coup entreprendre en masses énormes de grands voyages vers le sud ou le sud-ouest. On appelle invasionnelles ces sortes de migrations. Un exemple en est le Casse-noix, qui est normalement sédentaire ou simplement erratique qui, cependant,

9/ Modèle du vol à longue distance des Pics

15

s'en va parfois en grands nuages vers l'Europe centrale, en venant du nord-est. Il y a aussi des oiseaux qui sont nos visiteurs réguliers en hiver, et ce sont des migrants qui ont laissé leurs territoires de nidification dans le Grand Nord, pour hiverner dans le centre ou l'ouest de l'Europe.

Savoir pourquoi certains oiseaux migrent, et pourquoi d'autres restent sur place, n'est pas aussi simple qu'il le semble. Les ornithologues ont étudié le phénomène depuis de nombreuses années et n'ont pas encore trouvé d'explication définitive.

Chez certaines espèces la raison principale est l'insuffisance de nourriture. Les insectivores typiques ne trouveraient pas de quoi subsister en Europe moyenne en hiver. Les Martinets et les Hirondelles s'en vont quand les insectes commencent à manquer. Mais alors pourquoi certains oiseaux, comme notre Martinet, nous quittent-ils au 15 août, quand il y a une quantité d'insectes, qui y seront encore plus de trois mois? Et puis il y a des oiseaux qui étaient originairement migrateurs, comme les Freux, mais qui sont devenus sédentaires en allongeant leur séjour auprès des hommes.

Qu'est-ce qui pousse les oiseaux migrateurs à voler vers le sud ou une autre direction, selon les espèces, à un certain moment de l'année? Un des facteurs est certainement la longueur du jour, qui provoque une altération de l'équilibre hormonal chez les oiseaux. Par exemple, en automne, le raccourcissement rapide des jours affecte l'activité des organes sexuels et enclenche le processus migratoire. Dans l'Europe de l'extrême nord, il y a 16 à 18 heures de jour pendant la période de nidification, et les oiseaux ont beaucoup de temps pour chercher de la nourriture pour leurs petits. Pourtant les couvées sont tout aussi bien élevées par les oiseaux qui couvent sous les tropiques, où il n'y a que douze heures de jour. Et le Bec-croisé va jusqu'à couver dans la saison d'hiver, quand il y a fort peu de lumière, cette lumière qui est apparemment le facteur déterminant de l'abondance de nourriture. On voit donc qu'on ne peut donner de réponse parfaite à la plupart de ces questions. Une chose est pourtant certaine, c'est que la migration chez diverses espèces d'oiseaux est provoquée par différentes combinaisons de facteurs extérieurs.

Une autre théorie à ce propos veut que les oiseaux, à l'origine, aient vécu seulement dans les régions tropicales ou subtropicales. C'est là qu'ils couvaient et élevaient leur progéniture, et quand ils se furent trop multipliés, ils s'en allèrent vers des régions plus nordiques à la recherche de nourriture pour leurs familles, retournant vers le sud quand les petits étaient devenus adultes. Mais ce ne peut être le cas que pour un petit nombre d'oiseaux natifs des tropiques, comme le merle doré ou le Guêpier européen.

Il y a une autre théorie, d'essence complètement opposée, selon laquelle les oiseaux habitaient tout l'hémisphère nord avant les glaciations, mais ils furent repoussés loin vers le sud par l'avance des glaciers, en étant forcés d'abandonner leurs lieux de nidification pendant les cruels hivers. Ensuite, les glaces reculèrent et les oiseaux reprirent leur chemin vers le nord pour retrouver leurs demeures originelles, et après des millénaires, la migration devint un phénomène irréversible. Mais alors, comment font les oiseaux dans d'autres parties du globe qui n'ont pas été touchées par les glaciations? Il semblerait que les migrations des oiseaux aient existé avant l'arrivée de l'âge glaciaire.

Peu, parmi toutes les théories concernant les migrations, valent quelque chose, mais aucune ne peut fournir une explication satisfaisante et exhaustive. Il y a sûrement une quantité de causes qui sous-tendent l'origine du phénomène, qui n'a pas dû être très différent dans les diverses parties du monde, non plus que pour beaucoup d'espèces, si bien qu'on doit considérer chacune de ces théories comme une simple réponse au pourquoi et au comment.

On est mieux renseigné sur la question de savoir où et comment les oiseaux émigrent, dans quelles directions et par quels chemins. Les réponses à ces questions sont maintenant possibles grâce à de puissants équipements en radar, aux avions et aux émetteurs à ondes courtes. Il y a aujourd'hui une ceinture de stations tout autour du monde, où on bague des oiseaux, tant jeunes qu'adultes, en leur attachant un anneau, portant un numéro et l'adresse de la station, autour de la patte. Près de 100 000 oiseaux sont bagués tous les ans, en Europe seulement; ceux qui sont récupérés rendent possible la détermination de leur route, la vitesse de leur vol et leur destination d'hiver. Les anneaux récupérés sont renvoyés à leurs stations d'origine qui établissent ainsi une carte des migrations. Grâce à ce procédé, on obtient chaque année une carte plus précise sur la base des informations reçues d'autres stations de baguage dispersées tout autour du monde.

Le baguage fournit des réponses à d'autres questions, comme par exemple de savoir si des oiseaux restent ensemble pour la vie quand ils se sont appariés, ou s'ils retournent aux mêmes endroits en quittant leurs quartiers d'hiver, ou si les jeunes seulement migrent, etc. Parfois des bagues de différentes couleurs sont utilisées pour rendre possible l'observation de leurs préparatifs nuptiaux à travers des champs de glace, de déterminer la place de leur territoire de nidification, etc.

Les oiseaux d'Europe migrent principalement dans trois directions: le sud-ouest en venant du nord et du nord-est de l'Europe, à travers l'Europe de l'Ouest et la péninsule ibérique, directement vers le sud en passant par l'Italie et la Sicile, et vers le sud-est à travers la presqu'île des Balkans et l'Asie Mineure. Plusieurs espèces peuvent voler dans des directions différentes, mais alors les individus d'une même espèce appartiennent à des populations différentes (c'est-à-dire qui ont nidifié dans des endroits différents.) Les oiseaux ne suivent pas des routes spécifiques comme on l'avait cru d'abord. Leur migration occupe un large front, quoique par endroits elle devienne plus étroite, par exemple dans le cas où une barrière, telle qu'une chaîne de hautes montagnes, oblige les oiseaux à chercher une route plus facile, une passe, un col, etc., ou quand, en survolant la mer, il se trouve des îles où ils peuvent se reposer.

Les oiseaux ne suivent pas tous une de ces trois routes vers le sud. Certains, comme les Étourneaux du nord-est de l'Europe, volent vers l'ouest et les îles Britanniques. En hiver, des dizaines de milliers de ces oiseaux cherchent leur nourriture près des maisons ou même dans les parcs de Londres, volant au cœur même de la cité et se perchant sur les corniches des plus hauts édifices pour la nuit. Un exemple intéressant d'une telle migration vers l'ouest est fourni par beaucoup de petits oiseaux qui, littéralement, «prennent la route», sur des lignes maritimes régulières venant

10/ Migration d'Hirondelles volant en formation

de France, de Belgique et de Hollande, pendant leur vol à travers la Manche. Ils trouvent un endroit confortable pour continuer leur voyage sur les agrès des bateaux pendant quelques heures, ne reprennent l'air qu'en vue des côtes de l'Angleterre et couvrent seulement les dernières encâblures par leurs propres moyens.

Beaucoup d'oiseaux d'Europe n'hivernent pas plus loin que le sud-ouest de l'Europe, d'autres vont jusqu'en Afrique du Nord, et d'autres encore vont jusque sous les tropiques et même en Afrique du Sud. Un tel voyage cependant ne s'accomplit pas sans arrêts, comme beaucoup de gens l'ont cru. Certains oiseaux, comme les Martinets, font à peu près 100 km par jour, et les oiseaux qui détiennent le record font de 300 à 600 km par jour. Naturellement ils doivent s'arrêter pour se reposer, et, ce qui est plus important, pour trouver de la nourriture. Les oiseaux tels que les Martinets ou les Pies-grièches, qui se nourrissent d'insectes, passent plusieurs heures à leur recherche. Par mauvais temps, et surtout dans le brouillard, ils sont même obligés de s'arrêter dans un endroit quelconque quelques

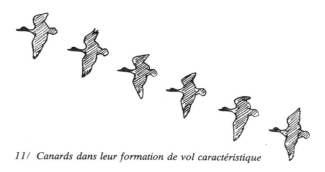

11/ Canards dans leur formation de vol caractéristique

12/ *Migration de Grues*

jours et ainsi leur voyage pour l'Afrique tropicale, par exemple, peut durer plusieurs mois. Leur séjour dans leurs quartiers d'hiver ne dure que quelques semaines, après quoi ils se préparent au voyage de retour vers leurs lieux de nidification. Le voyage vers l'Europe du Sud ne demande que quelques jours, et dépend du point de départ.

Le retour vers les nids est généralement plus rapide, quelquefois de plus d'un tiers, parce que les oiseaux sont pressés par l'instinct de couver. La migration de printemps peut être défavorablement influencée par des facteurs extérieurs, comme une baisse soudaine de la température, ou une chute de neige, mais ces phénomènes n'ont pas d'influence sur la date d'arrivée.

La vitesse d'un oiseau durant son vol migratoire est moindre que celle dont il est capable sur de courtes distances, et varie selon l'espèce donnée – le Freux vole à 50 km/h, le Choucas à 50 km/h, le Pinson à 52 km/h et le Martinet à 74 km/h.

Certaines espèces, comme les Étourneaux et les Pinsons, volent en nuées qui obscurcissent le ciel. Mais beaucoup de petits oiseaux volent individuellement, ou en petits groupes qui passent inaperçus. Certains comme les Martinets, les Corvidés et les Pinsons, migrent de jour, d'autres comme les Hirondelles ou les Pouillots, voyagent surtout de nuit. D'autres, comme les Grives ou les Hochequeues, ne marquent pas de préférence et volent aussi bien de jour que de nuit. Pas toute la nuit, naturellement, mais seulement deux ou trois heures.

Les espèces qui migrent individuellement sont le Rouge-queue, le Torcol et certains Rapaces.

Parmi les oiseaux qui volent en groupe, certains affectent des formations particulières, par exemple en V ou en lignes obliques, ceux de devant brisant l'air pour ceux qui suivent, les oiseaux se relayant dans le rôle de conducteur.

Les oiseaux voyagent aussi à des altitudes diverses. Les Freux et les Choucas volent à 30 ou 100 mètres, les Étourneaux entre 50 et 100 mètres, les petits oiseaux généralement au-dessus de 100 mètres et la plupart des Rapaces environ à 100 mètres. Certains oiseaux cependant, on l'a reconnu, volent beaucoup plus haut, par exemple quand ils ont à franchir de hautes montagnes.

Il est étonnant de voir que les oiseaux trouvent toujours leur chemin vers leur site de nidification, après leur voyage, même quand ils reviennent d'aussi loin que l'Afrique du Sud. Quoique dans bien des cas ils volent en troupes serrées, avec les plus vieux qui connaissent la route, car ils ont déjà fait le voyage, certains entreprennent un tel voyage tout seuls, pour la première fois, et ils ne s'égarent pas. Il semblerait donc que les oiseaux aient un sens inné de l'orientation à longue distance. Mais comment se dirigent-ils et qu'est-ce qui les conduit sans erreur à leur but? Ce problème a été étudié depuis de longues années par des spécialistes. Une théorie voudrait que les oiseaux soient influencés par le champ magnétique terrestre, si bien qu'ils soient capables de distinguer les différents points de l'espace. Des expériences complexes, surtout avec les Pigeons voyageurs, n'ont pas prouvé la justesse de cette théorie. Les instruments modernes ont révélé que ce champ magnétique n'avait qu'une faible influence sur les animaux.

La dernière théorie est celle qui croit que les oiseaux volent grâce à la lumière, ou plutôt grâce à la position du soleil, de la lune et des étoiles.

13/ *Étourneaux volant en formation*

14/ Une bande d'Oies sauvages volant dans leur formation caractéristique

Cette théorie a été étayée par des expériences avec beaucoup d'oiseaux. Au printemps et en automne, à la période de migration, des Étourneaux captifs placés dans une volière ronde volaient dans la même direction que s'ils émigraient, étant capables de s'orienter uniquement d'après le ciel qu'ils voyaient de leur cage. Quand la position du soleil était altérée par un arrangement convenable de miroirs, les Étourneaux accomplissaient les changements correspondants dans leur position. Des équipements avec radar ont également montré que beaucoup d'oiseaux migrent en accord avec la position des étoiles. Désormais, nous savons que d'autres animaux, tels que les tortues marines, naviguent, apparemment, en s'accordant sur la position du soleil et des étoiles. Les oiseaux peuvent s'orienter d'après la position du soleil, même quand le ciel est couvert, mais pas dans un brouillard épais.

Quoique les théories lumineuses paraissent solides pour beaucoup d'espèces, pour d'autres on présume qu'elles peuvent pour une part s'orienter d'après le champ magnétique terrestre, etc. Mais ceci devra être confirmé par des expériences complexes à l'avenir.

Pour repérer l'endroit où faire leur nid, et ses environs, les oiseaux trouvent leur chemin surtout par leur mémoire des accidents du terrain. Beaucoup d'oiseaux se déplacent en circuits réguliers, un peu comme les mammifères le long de certaines pistes, et ces circuits sont fixés dans leur mémoire. Quand ils ont été élevés, les jeunes oiseaux restent d'habitude quelque temps avec leurs parents, pour apprendre ce que sont les environs de leur nid. Les oiseaux qui deviennent indépendants très vite après leur élevage, se hâtent de connaître le paysage par leur propre observation. Ceci, toutefois, n'explique pas complètement le problème de l'orientation. Des oiseaux capturés près de leur nid et relâchés à plusieurs kilomètres de là retournent au site de leur nid, et ils ne peuvent pourtant pas encore connaître le paysage à une telle distance. Un Étourneau emporté par avion à 341 km au nord de son nid y est retourné en quelques jours. Repris et emmené à 500 km au sud de son nid, il y est revenu dans l'espace de cinq jours. Le même cas se produit pour beaucoup d'autres oiseaux. Il est évident d'après ces expériences que l'orientation à longue distance n'est pas limitée à la migration, mais qu'elle entre en jeu également durant la période de nidification. Ce sens est aussi développé chez les oiseaux sédentaires et qui restent sur leur territoire toute l'année. Dans des expériences avec des Hirondelles, des oiseaux emmenés à 45 km de leur nid y retournent en un temps qui va de 2 heures 30 à 8 heures. On admet donc que leur connaissance du paysage ne va pas plus loin que ce qu'ils peuvent en voir en une heure de vol, et que, si on les emmène plus loin, ils ne peuvent, pour revenir à leur nid, que se fier au soleil. Il est probable qu'ils ne vont pas directement à leur but, mais seulement après avoir repéré sur le sol des objets familiers.

15/ Migration de Cygnes

Les distances parcourues par les oiseaux dans leurs migrations sont presque incroyables. Beaucoup d'oiseaux d'Europe, comme les Cigognes, les Coucous, les Engoulevents et les Faucons hobereaux, volent jusqu'en Afrique du Sud, ce qui fait une distance de près de 10 000 km qu'ils parcourent deux fois par an, au printemps et en automne. Le record est cependant tenu par les Sternes arctiques qui couvent sur les côtes de l'Allemagne, de l'Angleterre du Nord et de toutes les régions arctiques de l'Europe, de l'Asie et de l'Amérique du Nord. Ceux de l'Europe du Nord voyagent le long des côtes ouest de l'Europe, et sont rejoints par les individus qui viennent du Groenland et de nids de l'Amérique du Nord. Ils continuent, le long des côtes ouest de l'Afrique,

jusqu'à la pointe de l'Afrique du Sud, tandis que beaucoup d'individus continuent jusqu'au cercle antarctique pour revenir ensuite à la pointe de l'Afrique du Sud. Quand le moment arrive, ils volent de nouveau vers l'Europe et vers d'autres lieux de nidification. Quelques oiseaux, pourtant, volent depuis la côte de l'Afrique du Sud à travers l'océan, vers la côte est de l'Amérique du Sud, en continuant leur voyage le long des côtes jusqu'à l'océan Antarctique. Il est incroyable que de petits oiseaux, qui ne pèsent que de 90 à 120 g, volent sur des distances de 36 000 km pour rejoindre leurs quartiers d'hiver, tous les ans, et en revenir. De longs voyages sont accomplis aussi par les Fulmars, les Puffins et les Pétrels. Le Fulmar, par exemple, est à la fois un erratique et

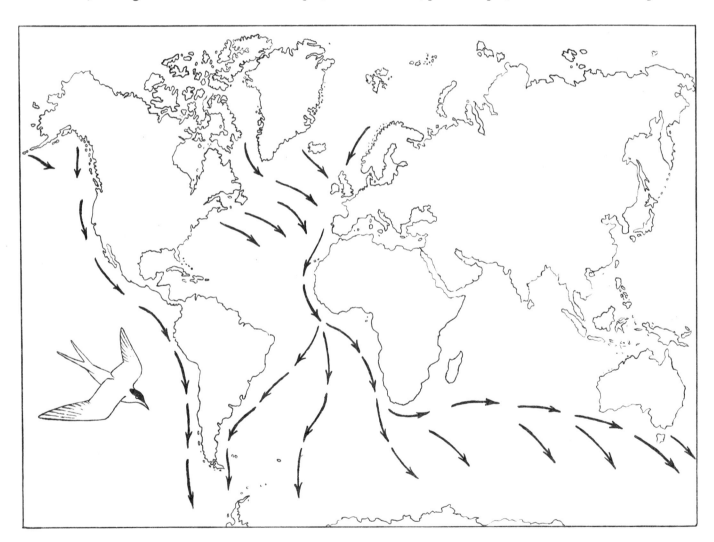

16/ Route de migration des Sternes arctiques

17/ Spatules volant en formation

un migrateur, certains individus allant aussi loin que les rives du Brésil, en Argentine du Sud et en Équateur. Un oiseau bagué à Stockholm a été récupéré jusque sur la côte sud de l'Australie!

Le vol est la méthode la plus générale de voyage pour les oiseaux. Mais certains traversent de longues distances en nageant. Ceux-ci, naturellement, comprennent les Pingouins, qui ont perdu le pouvoir de voler. Certains oiseaux cependant, même s'ils peuvent voler, font une partie de leur voyage à la nage pendant leur migration. Les jeunes Fous, par exemple, abandonnent le nid au bout de 75 jours et se jettent à la mer, en nageant dans la direction de leur migration, jusqu'à ce qu'ils soient capables de voler, ce qui arrive quand ils ont de 95 à 107 jours. L'Eider, et certains Plongeurs comme le Guillemot, font parfois des voyages de centaines de kilomètres de cette manière.

C'est tout à fait occasionnellement qu'on a vu des oiseaux migrer en marchant. Dans un cas isolé, on a vu des Foulques d'Amérique *(Fulica americana)* marcher pendant trois jours vers leurs quartiers d'hiver.

La migration des oiseaux de l'hémisphère sud se fait évidemment dans la direction opposée, c'est-à-dire du sud vers l'équateur.

La reproduction et les nids

La pariade

La pariade commence d'habitude après l'arrivée des oiseaux sur leur territoire de nidification, mais chez certaines espèces elle commence dans les quartiers d'hiver, ou pendant le vol de retour. La conduite du mâle est marquée par une agitation et une excitation qui semblent vouloir attirer l'attention de la partenaire. Chaque espèce a sa façon caractéristique de faire sa pariade; chez certaines elle est tout à fait insignifiante, tandis que chez d'autres elle est très remarquable, comprenant en même temps des gambades et des cris bruyants. Ce jeu nuptial peut prendre place sur le sol, dans les branches des arbres ou dans les buissons, aussi bien que dans l'air ou dans l'eau. Chez certaines espèces plusieurs mâles participent ensemble au jeu et même engagent des duels, qui généralement ne sont pas sanglants. Un exemple en est le Tétras lyre: les mâles de l'espèce se rassemblent sur un espace découvert pour un jeu d'ensemble. Le Grand Tétras, d'autre part, fait ses acrobaties plus haut, généralement sur les branches d'un arbre, et la cérémonie comprend plusieurs stades. Bien connu aussi est le Pigeon roucoulant qui, en faisant sa cour, fait la révérence et se pavane, en étendant et en traînant ses ailes sur le sol. Les Faisans mâles restent sur le sol, redressent leur cou et font vibrer leurs ailes, en poussant des cris de trompette. Les mâles de beaucoup d'oiseaux chanteurs chantent en faisant leur cour. Les Pics choisissent un endroit d'un arbre qui ait une bonne résonnance et y jouent du tambour avec leur bec puissant.

Ces pariades, chez beaucoup d'espèces, comprennent des vols spectaculaires. C'est le cas surtout chez les Rapaces, qui parfois accomplissent des acrobaties fantastiques. Ces pariades aériennes commencent quand les oiseaux décrivent des cercles pour prendre de la hauteur, puis ils plongent à pic, uniquement pour reprendre de la hauteur, en faisant toutes sortes de tours et de sauts périlleux et en faisant une magnifique démonstration de leur adresse et de leur virtuosité.

Dans la pariade des Cigognes, les deux partenaires claquent bruyamment du bec, en ramenant leur tête sur leur dos. Aussi frappantes sont les cabrioles des Grèbes; les deux partenaires nagent l'un vers l'autre, allongent leurs cous et se secouent vivement la tête. Ils se dressent alors tout droits au-dessus de l'eau, poitrine contre poitrine, en portant parfois des brins d'herbes aquatiques qu'ils vont chercher en plongeant au fond. Le spectacle des Grues est aussi intéressant. Elles sautillent sur place et bondissent, battent des ailes, courent rapidement en cercles, tout en faisant un bruit de trompette. Cette pariade est une véritable danse. Pour les Cormorans, le mâle se tient sur le nid, tenant son bec et sa queue droits en l'air, en se balançant, et aussitôt qu'une femelle approche, il lance sa tête sur son dos et pousse alors un gémissement caverneux. La femelle approche avec la poche de sa poitrine gonflée et les plumes de sa tête hérissées, tout en poussant des cris rauques. Le Héron mâle se tient tout droit, gonfle ses plumes et happe l'air avec son bec. Les Cygnes, en faisant leur cour, nagent l'un autour de l'autre, et plongent complètement leur cou dans l'eau plusieurs fois de suite. La cour des Canards est aussi curieuse. Chez certaines espèces le mâle et la femelle nagent l'un autour de l'autre, plongent, se serrent la tête rapidement, plongent leurs becs dans l'eau, se dressent ensemble tout droits, enfoncent leurs cous dans l'eau, etc. Il y a beaucoup de stades dans le processus de la cour chez les Canards. A un certain stade de la cour du Morillon mâle, il retourne sa tête en arrière, la secoue rapidement un grand nombre de fois et souvent fait gicler de l'eau avec ses pattes.

La cour de l'Eider est tout aussi étonnante. Elle se fait d'habitude de jour, mais souvent aussi au clair de lune. Le mâle secoue sa tête de haut en bas, puis tout à coup il la rejette en arrière, le bec pointé à angle droit, etc. Souvent il s'asperge d'eau, soit de face, soit par derrière, lisse ses plumes et bat des ailes dans l'eau. Quelquefois aussi il plonge complètement. Dans les exhibitions de groupe, les mâles donnent le spectacle de combats, en adoptant souvent des attitudes extravagantes. Pendant la cour les Canards mâles tendent leur cou hors de l'eau, et les femelles de beaucoup d'espèces en font autant. La pariade des Plongeons présente aussi de l'intérêt. Les partenaires nagent lentement l'un à côté de l'autre, secouent rapidement le bout de leur bec en tous sens dans l'eau, plongent un moment et lissent leur plumage. Alors les partenaires, avec leurs ailes à moitié mouillées, se séparent, se dressent debout et courent à la surface de l'eau dans un vaste cercle, en poussant de grands cris. Souvent aussi ils décrivent des cercles en volant au-dessus de l'eau.

Une des pariades les plus curieuses est celle du Chevalier combattant. Les mâles, dont le plumage nuptial comprend une large collerette, entreprennent des duels symboliques pendant lesquels ils gonflent ces plumes colorées. La Bécassine mâle vole haut dans l'air pendant sa cour, puis elle se laisse tomber avec sa queue étalée. Le puissant murmure, qu'on peut entendre de loin quand elle plonge de haut, est produit par les vibrations des plumes extérieures de sa queue. Les Mouettes donnent également un spectacle original, tandis que les partenaires se tiennent debout l'un devant l'autre, ouvrent largement le bec et se répondent par des cris rauques, en se

18/ *Deux Tétras lyres mâles engagés dans un duel*

19/ *Deux Cigognes blanches se saluant pendant leur danse nuptiale*

balançant de tout leur poids d'un pied sur l'autre, etc. Il est intéressant du noter que d'abord ils adoptent des attitudes menaçantes. Mais, en général, la pariade nuptiale de beaucoup d'oiseaux consiste en démonstrations rituelles, telles que le lissage des plumes, la fabrication du nid, la nourriture des poussins, etc.

Le territoire de nidification

Les oiseaux ne sont pas aussi insouciants et indépendants que le croient beaucoup de gens. Pendant la saison de la couvaison, chaque couple d'oiseaux exige et défend le territoire où il a fait son nid. Il y a des aires délimitées, qu'on peut comparer au jardin ou au terrain où on construit une maison et leurs limites sont généralement respectées par les autres oiseaux. Aussitôt que toute la surface disponible a été distribuée en territoires individuels, les limites sont posées et si un autre oiseau les transgresse, il est chassé par les propriétaires légitimes.

Parfois pourtant un oiseau de la même espèce pénètre profondément dans le territoire réservé et essaie de se l'approprier. Le résultat dans ce cas est une furieuse bataille, comme on le voit souvent avec les Freux. Les oiseaux ne défendent leur territoire que contre ceux de la même espèce, pour assurer une nourriture suffisante à leur propre famille.

Les oiseaux isolés d'une autre espèce peuvent pénétrer dans cet espace sans inconvénient, parce qu'ils ne sont pas des rivaux directs. Même s'ils cherchent de la nourriture sur le même territoire, ou bien ils cherchent d'autres proies ou bien ils les cherchent ailleurs. Les Grives musiciennes par exemple se nourrissent surtout sur le sol, les Mésanges sur les branches des arbres et les Pics cherchent les insectes dans les fentes des écorces. Tous ces oiseaux peuvent donc vivre ensemble, sans aucun conflit d'aucune sorte.

Les territoires de nidification varient en surface, même parmi les oiseaux de la même espèce. Leur aire peut être déterminée par l'abondance de la nourriture et par le degré de compétition pour s'assurer de la place. Dans les jardins, les territoires tendent à être plus petits que ceux qui sont situés dans les forêts. Les petits oiseaux ont des territoires plus restreints que les grandes espèces, par exemples les Pics, et ceux des grands Rapaces sont naturellement beaucoup plus étendus. Le territoire des petits oiseaux Chanteurs peut s'étendre à 40 ou 50 mètres du nid, et le nid n'est pas nécessairement placé en son centre, car il est souvent de forme irrégulière, et non pas rond. L'emplacement du nid dépend de la convenance du site, surtout s'il s'agit d'oiseaux qui nidifient dans le creux des troncs d'arbres ou dans des nichoirs.

Quelques oiseaux, et surtout les Chanteurs, couvent en colonies, en établissant leurs nids tout près les uns des autres, comme par exemple le Martinet. Dans de tels cas le territoire est si petit qu'il n'a d'autres limites que les nids voisins. Ces oiseaux pourtant ne sont pas en compétition pour la nourriture, car ce sont d'excellents voiliers et ils peuvent aller à plusieurs kilomètres de leurs nids pour trouver de la nourriture. Cette vie en colonies a ses avantages, comme une protection plus sûre contre les ennemis. Les oiseaux qui forment des colonies comprennent les Martinets, les Fous, les Choucas aussi bien que les Mouettes, les Ster-

20/ *Différentes étapes de la danse nuptiale des Grèbes huppés*

21/ *Phases caractéristiques de la danse nuptiale des Cormorans*

22/ *Hérons se saluant pendant leur danse nuptiale*

nes, les Cormorans, les Pingouins et bien d'autres espèces. Certaines forment des colonies mixtes, comme le Héron gris avec le Héron noir, les Spatules et les Mouettes avec les Sternes.

Comment des oiseaux peuvent-ils faire savoir qu'un certain territoire est déjà occupé? Les Chanteurs manifestent leur droit de propriété par leur chant. Le mâle, souvent, chante d'un poste élevé avant de commencer à construire son nid, notifiant ainsi aux autres mâles que la place est prise. Dans le cas de ces oiseaux Chanteurs il est régulier que ce soit le mâle qui cherche la place du nid, ceux d'une même espèce arrivant quelques jours avant les femelles. Le chant des jeunes non encore appariés a un autre objet, qui est d'attirer une camarade. Et en même temps il tend

23/ *Différents épisodes de la danse nuptiale des Morillons*

à effrayer les autres mâles du voisinage. Un oiseau vigoureux et en bonne santé a un chant fort et profond, qui démontre sa «supériorité» aux autres mâles de son espèce. Il est typique qu'un oiseau plus faible du voisinage fasse silence, aussitôt qu'un autre plus fort se met à chanter.

Certains oiseaux, comme les Rapaces, notifient leur propriété sur un territoire par des cris aigus, les Coucous avec leur cri particulier, les Pics en tambourinant avec leur bec sur une branche sèche, etc. Au lieu de sons, beaucoup d'oiseaux produisent aussi d'autres bruits caractéristiques selon les espèces. Le plus important en est la note d'appel, utilisée pour communiquer entre eux en dehors de la saison des nids, quand, selon la règle, le mâle ne chante pas; les femelles ont alors un appel identique. En outre il y a des sons qui expriment la peur ou l'alarme. Tous ces sons sont innés pour une espèce donnée et sont produits même par des jeunes élevés en captivité, qui n'ont jamais entendu la voix de leurs parents; mais dans le cas du chant, les jeunes doivent prendre des leçons de leurs parents. Certains oiseaux Chanteurs, comme la Pie-grièche, n'ont pas de chant propre, mais chantent en imitant le chant des autres espèces. Les notes d'appel et d'alarme, ou celles exprimant la crainte, sont des signaux auxquels réagissent les autres oiseaux.

Le nid

Avant de construire leur nid, les oiseaux s'apparient. Chez certaines espèces le couple ne dure que pendant la période de cour, après quoi chaque individu prend sa propre route, le Coucou par exemple. Chez d'autres espèces, les partenaires restent ensemble, certaines seulement pendant la construction du nid, par exemple les Troglodytes, d'autres toute la vie, comme les Oies cendrées ou les Cygnes muets. Chez ces espèces, si l'un des deux vient à périr, l'autre reste seul. Mais, s'ils sont jeunes, ils trouvent d'habitude un autre compagnon. D'autres espèces forment leurs couples dans leurs quartiers d'hiver, ou pendant leur voyage de retour.

Les oiseaux construisent habituellement un nouveau nid, chaque année où les œufs vont être

24/ *Vol nuptial de la Bécasse mâle*

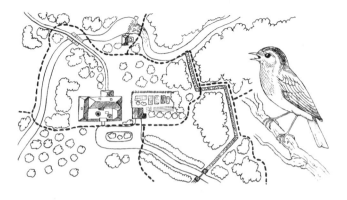

26/ *Territoires personnels des Rouges-gorges mâles*

couvés et la progéniture élevée. La construction du nid est un héritage génétique et les oiseaux n'ont pas besoin d'un apprentissage. Chaque espèce fabrique un type particulier de nid, qu'il est d'habitude aisé d'identifier. Certains, surtout les oiseaux Chanteurs, utilisent des structures complexes. D'autres, comme les Pigeons, font des nids avec quelques brindilles. Les Pics creusent des cavités dans le tronc des arbres, tandis que d'autres préfèrent des cavités toutes faites, comme les Mésanges ou les Étourneaux. Chez certaines espèces le nid est construit par la femelle, et dans de rares occasions par le mâle seul. Dans beaucoup d'espèces, les deux partenaires prennent part à la construction, qui chez les petits oiseaux demande une semaine, et pour les plus grands deux ou trois. Beaucoup d'oiseaux construisent un nouveau nid à chaque saison nouvelle, d'autres se servent du même pendant de nombreuses années, l'adaptant ou y ajoutant des matériaux nouveaux tous les ans, comme font les Cigognes ou l'Aigle des mers. Les oiseaux qui dépendent de l'eau, d'une façon ou d'une autre, construisent souvent leurs nids sur l'eau ou tout près. Les Grèbes par exemple font leur nid sur l'eau même, en le cachant dans les roseaux et les

25/ *Danse nuptiale en groupe des Huîtriers*

joncs. Mais la plupart de ces oiseaux, même les plus aquatiques, font leurs nids de façon que leur œufs restent toujours au sec.

Les Canards bâtissent leur nid sur un fond sec, même s'il doit se trouver tout près de l'eau, par exemple sur la berge et parmi les roseaux brisés. Les nids des Canards peuvent aussi être placés à une certaine distance de l'eau, et certaines espèces pondent leurs œufs dans des creux d'arbres, parfois à plus de 20 mètres au-dessus du sol, dans les nids abandonnés des Rapaces. Les Cygnes construisent leurs nids au bord des marais et aussi sur les petites îles, comme les Oies cendrées, qui, très rarement, peuvent aussi construire leurs nids sur les arbres, par exemple sur un saule têtard, là où les inondations de printemps pourraient endommager les nids du bord de l'eau. Quelques espèces nichent parfois sur des lits de roseaux. La Spatule aussi y construit son nid, mais parfois aussi dans des fourrés ou même sur des arbustes. Les Mouettes fabriquent des constructions directement sur l'eau, ou bien sur de petits îlots ou sur des rochers. Les Échassiers font leurs nids, souvent en lignes irrégulières, à même le sol. Chez quelques espèces, le nid n'est qu'une faible dépression où les œufs sont déposés, sur le sol nu ou sur la roche. Le Guillemot et le Pingouin commun déposent un œuf unique sur le roc nu, en plaçant parfois quelques cailloux ou des brindilles autour. C'est pourquoi les œufs de ces espèces sont piriformes, si bien qu'ils ne peuvent rouler en dehors de leur loge de pierre. Des nids surélevés faits de boue, de sable et de brindilles sont construits par les Flamants sur les hauts-fonds. Ces édifices peuvent avoir plus de 0,50 m de haut.

27/ Vol nuptial du Pipit des arbres

Beaucoup d'oiseaux creusent des trous dans le sol, par exemple les Macareux, ou bien dans la boue et les bancs de sable, comme l'Hirondelle de mer, le Guêpier d'Europe ou le Martin-pêcheur.

Les œufs

La couleur, la forme et, d'habitude aussi, le nombre des œufs, fournissent des caractères pour une espèce donnée. Quelques espèces cependant présentent une variation marquée dans le coloris de leurs œufs. Par exemple les œufs des Mouettes, des Sternes et par-dessus tout ceux des Pingouins, montrent une grande diversité de coloris, au point qu'il y en a à peine deux ou trois sur cent qui aient un coloris semblable. D'autres espèces en revanche ont des œufs unicolores. Les oiseaux qui nichent dans des cavités, ou ceux qui couvrent leurs œufs en les quittant, par exemple les Canards, n'ont pas besoin d'avoir des œufs de couleurs mimétiques. D'autre part, dans le cas de ceux qui les pondent en plein air et les laissent à découvert, les œufs sont tachetés, rayés, mouchetés, et sont faits pour ressembler au milieu qui les entoure et pour échapper à l'observation de leurs ennemis. Par exemple, les œufs du Pluvier de Kent sont impossibles à distinguer des graviers qui les entourent. Il en va de même pour les œufs de beaucoup d'Échassiers. Les Hiboux, les Cigognes et les Pélicans ont des œufs d'un blanc pur. Il est vrai que ceux-ci perdent leur blancheur pendant l'incubation, et acquièrent même une teinte d'un brun foncé, comme ceux du Grèbe à cou noir, qui se tache du fait de la végétation humide qui tombe sur le nid. Les œufs des Cormorans et des Pélicans se recouvrent d'une couche calcaire pendant la couvaison.

Certains oiseaux pondent un nombre d'œufs spécifique et généralement constant. L'Avocette, le Courlis, le Vanneau et beaucoup d'autres Échassiers, pondent quatre œufs, mais le Pluvier de Kent seulement trois. Dans le cas des Mouettes, la couvée complète comprend trois œufs, les Plongeons n'en pondent d'habitude que deux, comme les Pigeons. Le Fou et le Pingouin n'en pondent qu'un. Les Canards en revanche en pondent un grand nombre, d'habitude une dizaine, et souvent davantage. Chez certaines espèces le nombre d'œufs dépend de l'abondance de la nourriture. Ainsi le Harfang des neiges pond d'habitude de quatre à six œufs; mais quand la nourriture est rare, il n'en pond que trois, ou même ne pond pas du tout; et quand les lemmings, qui sont sa nourriture principale, surabondent, il peut en pondre jusqu'à quinze. Les Grives pondent cinq œufs. Les Mésanges en pondent de six à quatorze, et parfois davantage.

Il y a des oiseaux qui ne font qu'une couvée par an, d'autres deux, comme les Mésanges. D'autres encore, comme les Hirondelles ou les Tourterelles, peuvent en faire plusieurs.

La taille des œufs de chaque espèce varie dans certaines limites, mais d'habitude ne s'écarte guère de la moyenne.

Comment couvent les oiseaux

Beaucoup d'oiseaux se mettent à couver après que le dernier œuf soit pondu, par exemple les oiseaux Chanteurs, les Canards et les Gallinacés. Quelques espèces, comme les Hiboux, couvent dès que le premier œuf est pondu, et les poussins éclosent successivement.

28/ *Le Guêpier creuse un tunnel pour son nid avec son bec*

Chez quelques espèces, c'est seulement la femelle qui couve, par exemple chez les Canards, les Oies et les Gallinacés, mais chez d'autres, la tâche de la couvaison est partagée par les deux partenaires, comme chez les oiseaux Chanteurs, les Pics, les Pigeons, les Sternes et les Mouettes. Il est rare que ce travail soit assumé uniquement par le mâle, chez nous en Europe seulement chez le Phalarope et le Pluvier guignard. Quelques oiseaux ne couvent pas leurs œufs eux-mêmes, soit qu'ils les déposent dans les nids d'autres oiseaux, comme le Coucou (c'est ce qu'on appelle du parasitisme social), soit qu'ils enterrent leurs œufs dans le sable chaud comme les Émeus d'Australie.

La longueur de la période d'incubation, c'est-à-dire le temps que les embryons passent dans l'œuf avant d'éclore, varie surtout selon la taille de l'oiseau. Dans le cas des petits oiseaux, cette période est de douze à quinze jours, chez les oiseaux plus grands de trente jours. Les Canards couvent trente-six jours, les Oies trente-huit, les Pingouins quarante-cinq, les Fous cinquante, les Puffins et les Pétrels souvent plus de soixante jours, et les Albatros environ quatre-vingts.

Le poussin se fraie un chemin hors de l'œuf grâce à l'organe qu'on appelle «dent du bec», qui dépasse de la mandibule supérieure. Il s'en sert pour déchirer un petit coin de la coquille. Cette «dent» disparaît rapidement après l'éclosion.

L'abandon du nid
pour le monde extérieur

Les oiseaux sont divisés en deux groupes de base, selon le degré de leur développement à la naissance. Les poussins du premier groupe sont indépendants dès la naissance et suivent leurs parents quelques heures après l'éclosion. Ils se nourrissent eux-mêmes immédiatement, et les parents ne font que pourvoir à leur protection contre les ennemis, le froid, la pluie, etc. Ils les guident également vers leur nourriture, comme le font les Canards et les Poules. Les espèces appartenant à ce groupe sont dites «nidifuges».

Les oiseaux du second groupe sont dits «nidicoles», et au début les poussins sont complètement dépendants des soins que leurs parents leur accordent, en leur apportant la nourriture, et ils les nourrissent pendant un certain temps. Chez beaucoup d'espèces le poussin est dépourvu de plumes à l'éclosion, et les parents doivent aussi le tenir au chaud, comme font les oiseaux Chanteurs ou les Cormorans. D'autres espèces, comme les Mouettes, les Rapaces ou les Rapaces nocturnes, ont des petits qui éclosent avec une couverture de duvet qui les protège du froid.

En règle générale, les poussins de nidicoles sont nourris et soignés par les deux parents, mais chez certaines espèces, en particulier les Rapaces, c'est

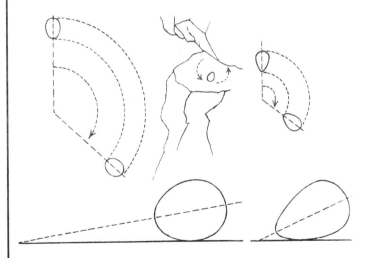

29/ *L'œuf piriforme des Alcidés tourne dans un cercle beaucoup plus restreint que les œufs arrondis de la plupart des oiseaux*

le mâle qui rapporte la nourriture et c'est la femelle qui la dépèce et nourrit les petits.

Les petits des nidicoles demandent de la nourriture sans arrêt, ce qui oblige les parents à une énorme activité. Le procédé le plus courant pour la demande est le cri perçant. D'autres procédés sont visuels. Les jeunes de beaucoup d'espèces ouvrent largement un bec d'un jaune brillant, avec des taches d'autres couleurs et des protubérances multicolores. La troisième méthode est tactile, les jeunes pinçant le bec des parents qui rapportent la nourriture, comme les Hérons. Les oiseaux adultes de quelques espèces placent directement la nourriture dans le bec des poussins; chez d'autres, comme les Hérons, les petits prennent eux-mêmes la nourriture dans le bec de leurs parents, et d'autres espèces encore régurgitent la nourriture à demi-digérée de leur jabot dans le bec des poussins, ou n'importe où dans le nid où ils iront la picorer. De même les parents tiennent le nid propre. Beaucoup d'espèces éliminent la fiente des petits avec leur bec, ou bien la poussent dehors, ou même l'avalent. Les petits d'autres oiseaux font leurs fientes au-delà du bord du nid, ou la font jaillir au loin, comme font les rapaces. Il n'y a que quelques espèces qui laissent leurs fientes s'accumuler dans le nid, les jeunes étant installés sur la pile à mesure qu'elle s'accroît.

Le temps que les poussins restent au nid est très variable. Chez les petits oiseaux Chanteurs, il est de douze à vingt jours, chez les oiseaux plus grands d'un mois. Les poussins de ceux qui nichent dans les trous y restent plus longtemps. Les petits de certains grands Rapaces, comme les Vautours, restent au nid environ cent jours, et ceux de certains Albatros au moins 240 jours. Chez certaines espèces, cette période est très courte. Par exemple chez les Mouettes grise et rieuse, comme chez toutes les Mouettes, les jeunes quittent le nid quelques heures après l'éclosion, ou deux ou deux jours et demi plus tard se dispersent dans le voisinage et se cachent quand un danger menace; ils peuvent également nager.

Une catégorie particulière d'oiseaux sont ceux qu'on peut appeler semi-nidifuges. Les jeunes sont capables d'activités indépendantes et de courir çà et là, ils font leur chemin à travers les roseaux et nagent quelques heures après leur éclosion. Mais les premiers jours les parents leur apportent à manger et ils prennent la nourriture de leur bec. Les Râles en sont un bon exemple. Chez certaines espèces de Râles, les oisillons de la première couvée apportent de la nourriture à ceux de la deuxième. Les poussins de ces espèces commencent à fouiller eux-mêmes pour leur nourriture très tôt, à peine ont-ils quelques jours.

Les oiseaux qui nichent en colonies placent souvent leurs nids tout à côté les uns des autres, et il y en a un nombre énorme sur un très petit espace. Certaines de ces colonies, comme celles des Mouettes, peuvent comprendre des centaines de nids. Comment font dans ce cas les oiseaux pour reconnaître leur nid dans une telle foule? Des expériences ont prouvé que les mouettes et autres oiseaux retrouvent leurs nids selon leur place exacte, qu'ils ont fixée dans leur mémoire. On a découvert également la règle qui veut que la taille et la couleur des œufs n'aient importance. Les Mouettes s'installent sur leur nid, même s'il ne contient que des cailloux, ou même d'autres objets anguleux qu'on a mis dedans. Beaucoup d'oiseaux sont incapables de faire la différence entre leurs propres œufs et des œufs artificiels qu'on a mis dans leur nid.

Comment alors les oiseaux sont-ils capables d'identifier leur progéniture? Les jeunes Mouettes par exemple, quand elles s'égaillent devant une menace de danger et s'égarent sur le territoire d'autres Mouettes, sont non seulement chassées par les autres Mouettes, mais reçoivent aussi de coups de bec sur la tête, et même sont souvent tuées. Il en va de même pour les autres oiseaux coloniaux. Mais on a découvert que, dans les cinq jours qui suivent l'éclosion de leurs propres petits, les Mouettes sont capables de nourrir aussi les petits d'une autre espèce, mais plus tard non. La raison en est que pendant ce temps les adultes ont appris à reconnaître les voix particulières de leurs poussins, au milieu des nombreuses nichées semblables sur leur station. L'ouïe joue un grand rôle dans l'existence des oiseaux. Les parents sont capables de distinguer presque parfaitement les voix de leurs petits, qu'on peut entendre quand ils sont encore dans l'œuf. Ils réagissent aussi immédiatement à la voix d'un poussin égaré, même s'ils ne le voient pas, tandis qu'une poule, utilisée pour une expérience dans ce dessein, voyait bien son poussin en danger, mais, ne l'entendant pas, ne lui montrait aucun intérêt. Des Dindes sauvages frappaient à coups de bec jusqu'à la mort leurs propres couvées au cours d'une expérience, quand on les privait de leur ouïe, mais au contraire réchauffaient un putois, leur mortel ennemi, sur lequel on avait posé un microphone qui émettait les cris d'un dindonneau. D'autres oiseaux aussi répondent aux cris de leur progéniture.

Savoir comment les petits reconnaissent leurs parents est une autre question. La plupart des poussins n'apprennent à reconnaître leurs parents qu'assez longtemps après leur éclosion. Les canardeaux, par exemple, apprennent à reconnaître leur mère après huit ou vingt heures. Pendant cette période, les jeunes oiseaux consignent l'image et la voix de leurs parents dans leur mémoire, et par la suite les reconnaissent sans erreur. Chez quelques espèces, comme les Canards, les jeunes mâles impriment la ressemblance du Canard dans leur mémoire, non pas seulement comme l'image d'une mère, mais aussi d'une femelle, si bien que chez l'espèce sauvage, quand le moment est venu, à part de rares exceptions, ils choisissent une compagne de leur propre espèce. En captivité en revanche, comme les petits sont souvent élevés sans parents, les croisements sont très communs, et même entre espèces étrangères les unes aux autres.

La substitution des œufs

Une face insolite du comportement de certains oiseaux est leur coutume de déposer leurs œufs dans les nids d'autres espèces, phénomène connu sous le nom de parasitisme social. Après leur éclosion, les petits sont élevés par les parents nourriciers, aux dépens de leurs propres poussins. En Europe, l'exemple le plus caractéristique de ce parasitisme est celui du Coucou. En règle générale, le Coucou femelle pond ses œufs dans les nids des oiseaux par lesquels elle-même a été élevée. La simple apparence d'un nid en construction réveille l'instinct dormant dans la femelle, mais s'il y a trop peu de nids dans le voisinage, l'instinct disparaît. La femelle vole aux environs en cherchant un nid convenable, de préférence un qui

contienne déjà des œufs. Aussitôt qu'elle l'a trouvé, elle attend l'absence des oiseaux adultes et pond alors rapidement son œuf, en jetant pardessus le bord un ou plusieurs des œufs légitimes. Fréquemment elle laisse son œuf à quelque distance du nid et le place dedans avec son bec. Un Coucou femelle pond en général de douze à vingt-cinq œufs dans une saison.

On a compté que les Coucous déposent leurs œufs dans les nids de 162 espèces différentes, quoique le plus souvent le choix soit limité à une vingtaine d'espèces de petits Chanteurs. Les œufs des Coucous sont très petits en comparaison avec la taille de l'oiseau, mais leur coquille est plus épaisse que celle des autres espèces. Cette particularité empêche qu'ils se brisent quand ils tombent d'assez haut, dans un nid ou une cavité.

Les oiseaux qui ont été «sélectionnés» par le Coucou, comme parents nourriciers pour leurs petits, ne peuvent bien souvent pas supporter la présence des Coucous au voisinage de leurs nids et ils essaient de les chasser. Si le Coucou trouve le moyen de pondre un œuf dans leur nid, beaucoup d'oiseaux l'éjectent tout simplement, tandis que d'autres abandonnent le nid et en construisent un autre. Les Fauvettes et les Rouges-queues se contentent de couvrir toute la couvée, y compris l'œuf du Coucou, d'une nouvelle garniture de duvet et pondent par-dessus une nouvelle fournée d'œufs. Tous les oiseaux n'en font pas autant. Deux bons tiers couvent les œufs et élèvent les jeunes Coucous.

Savoir comment certains oiseaux reconnaissent, et d'autres pas, le danger présenté à leur espèce par l'œuf du Coucou, est une chose qui attend encore une explication convaincante.

Le petit du Coucou, généralement, éclôt plus tôt que les autres, ou en même temps que ceux

30/ *Coucou déposant son œuf dans un nid de Pipit*

des parents nourriciers, parce qu'il a une période d'incubation très courte. Il est complètement nu à la naissance et éclôt avec les yeux fermés. Pourtant, après dix ou seize heures, il trouve instinctivement le moyen de débarrasser le nid de tout ce qui se trouve autour de lui. La peau du jeune Coucou est extrêmement sensible au contact des objets étrangers. Il pousse sa tête et son cou sous l'objet, lance ses pieds à l'extérieur en maintenant sa tête sur le fond du nid. Il fait ainsi passer l'objet sur son dos, en le maintenant en place avec ses ailes trapues, et il le pousse par-dessus le bord du nid, jusqu'à ce qu'il tombe au-dehors. Ce processus continue jusqu'à ce que tous les œufs ou tous les petits des parents nourriciers aient débarrassé le nid. Cet instinct reste vif pendant trois ou quatre jours. Le jeune Coucou reste alors le seul occupant du nid et reçoit une attention complète de ses faux parents. Il consomme autant de nourriture qu'une famille tout entière d'oiseaux Chanteurs, et il grandit rapidement.

Au moment de l'éclosion le cri du jeune Coucou ressemble à celui de beaucoup de petits des oiseaux Chanteurs, et ce n'est que vers le cinquième jour qu'il change et demande sa nourriture avec le cri du Coucou. Comme son gosier est d'une brillante couleur orangée, son bec largement ouvert «force» ses parents nourriciers à se hâter de le nourrir. Le petit Coucou reste dans le nid de 20 à 23 jours, après quoi il est encore nourri par ses faux parents pendant trois ou quatre semaines, en d'autres termes, bien plus longtemps qu'ils n'auraient nourri leur propre progéniture.

Ce que mangent les oiseaux

Les oiseaux des différents groupes sont admirablement adaptés à la recherche de leurs diverses nourritures, et beaucoup d'entre eux sont très spécialisés sur ce point.

La façon dont beaucoup de Pics trouvent leur nourriture est intéressante. Avec leur bec puissant, ils creusent des trous dans l'écorce, et tout aussi bien dans le bois, pour atteindre divers insectes ou leurs larves qui y vivent. Le Pic extrait sa proie avec sa langue pointue et extensible, pourvue à son extrémité d'une excroissance tactile et gustative en forme de crochet, qui lui permet d'atteindre sa proie même au bout d'une longue galerie. Mais avant de creuser un trou, il s'assure qu'il y a dans le bois une telle galerie, en tambourinant sur le tronc de l'arbre. Le bois déjà troué par les insectes donne un son différent de celui du bois sain. En hiver certaines espèces, comme le Pic-vert, creusent souvent de profonds tunnels dans le sol pour dénicher des fourmis hibernant dans leur fourmilière, et ils les en retirent avec leur longue langue. En cherchant leur nourriture, les Pics ont un style tout particulier. Ils grimpent sur les troncs en spirale, depuis la base jusqu'à une certaine hauteur, puis ils volent sur un autre arbre.

Beaucoup d'oiseaux insectivores capturent leurs proies en volant. Ce sont généralement les meilleurs voiliers du royaume des oiseaux. Le type en est le Martinet, qui ne chasse les insectes que dans l'air. Les Hirondelles de fenêtre et de cheminée, de même que les Hirondelles de mer, n'attrapent d'insectes qu'en vol. Certains Rapaces, comme le Faucon à pieds rouges, et dans bien des cas aussi certains Rapaces nocturnes, capturent des insectes dans l'air. C'est la règle que le Guêpier d'Europe fasse de même, dépassant en vol des insectes aussi rapides que les frelons, les guêpes ou les abeilles. D'autres oiseaux, tels que les Hochequeues et les Gobe-mouches, prennent aussi les insectes en volant.

Les Grives cherchent leur nourriture surtout sur le sol. Un exemple bien connu est celui du

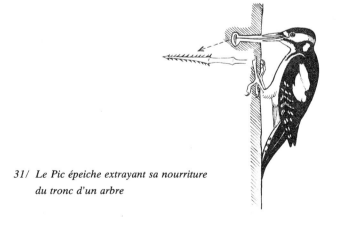

31/ Le Pic épeiche extrayant sa nourriture du tronc d'un arbre

32/ Le Pic vert retirant des larves de fourmis avec sa longue langue

Freux, qu'on voit dans les jardins et les parcs, attendant patiemment l'apparition d'un ver de terre qu'il saisit adroitement et tire du sol. La Grive musicienne est connue pour son habitude d'attraper les coquilles de divers escargots dans son bec et de les heurter contre une pierre jusqu'à ce qu'elles se brisent.

La manière dont le Martin-pêcheur cherche sa nourriture est également intéressante. Il plonge la tête la première vers le fond, ou se lance à toute vitesse dans le ruisseaux ou les torrents où il se meut adroitement grâce à ses ailes, en attrapant des insectes aquatiques ou leurs larves sous les pierres; et quand le courant est trop fort, il s'agrippe aux grosses pierres avec ses griffes pour éviter d'être entraîné.

Pendant l'hiver, beaucoup d'insectivores se nourrissent surtout de diverses graines et de noyaux qu'ils doivent extraire de leur dure enveloppe. C'est ainsi que le Gros-bec peut ouvrir des noyaux de cerises avec son bec puissant, et le Casse-noix peut briser même des noisettes.

Les Chouettes chassent de petits rongeurs sur le sol, mais aussi des chauves-souris, et il y en a même qui capturent de petits oiseaux en vol, quoique généralement elles se mettent en chasse la nuit, quand les autres oiseaux sont endormis.

Les Rapaces européens se nourrissent exclusivement de viande, à part quelques exceptions comme la Bondrée, qui mange des abeilles et ne dédaigne pas les fruits sucrés. Mais les méthodes par lesquelles les Rapaces se procurent leurs proies sont nombreuses et variées. Quelques membres de la famille des Falconidés chassent surtout en l'air, comme le Faucon pèlerin et le Hobereau. Le Busard chasse au sol. L'Autour, ainsi que d'autres Rapaces, attrape la plupart du temps les oiseaux en vol. Les Vautours sont spécialisés dans la charogne, dont ils arrachent des lambeaux de chair et les entrailles. Un vrai spé-

cialiste est le Balbuzard qui plane au-dessus de l'eau sans bouger jusqu'à ce qu'il voie une proie, et il plonge alors à pic, en disparaissant souvent complètement à la vue. Il attrape sa proie avec ses serres qui sont longues, courbes et à doigts opposés, en les enfonçant dans la chair de sa victime. Il peut attraper des poissons qui pèsent plus de deux kilos, qu'il va manger sur un arbre. Le Milan noir, au contraire, se saisit adroitement des poissons crevés qui flottent à la surface, aussi bien que d'autres vertébrés et de leurs restes.

Beaucoup d'oiseaux sont piscivores. Le poisson forme la base du régime des Pingouins. Les Macareux chassent surtout les petits harengs, en en transportant souvent une dizaine dans leur bec à chaque voyage. On s'est fréquemment étonné de constater qu'un Macareux puisse saisir tant de poissons, sans en laisser échapper un seul quand il en prend un autre. L'explication est simple: la tête du poisson est retenue fermement entre la langue et le bord du bec, ce qui permet à l'oiseau de l'ouvrir et de saisir un autre poisson sans aucune difficulté. Le Macareux poursuit sa proie sous l'eau, en se propulsant avec ses ailes et ses pattes en même temps, à une vitesse telle que peu de poissons lui échappent. Il mange aussi divers mollusques et crustacés.

Le Guillemot noir *(Cepphus grylle)* se propulse également sous l'eau grâce à ses ailes. Le Pingouin commun, aussi, se nourrit surtout de poisson, spécialement de harengs, pour la recherche desquels il peut s'aventurer à voler jusqu'à vingt

33/ Modèle des mouvements du Pic noir forant des trous pour sa nourriture

kilomètres de son nid. Il peut aussi rapporter plusieurs poissons à chaque voyage. Les autres Pingouins aussi chassent de petits poissons, des mollusques, des crustacés, ainsi que des vers marins. Le poisson constitue 50 à 80 % de leur nourriture.

Les Albatros, les Puffins et les Pétrels aussi se nourrissent surtout de poissons, de crustacés et de mollusques, et d'autres animaux marins qu'ils capturent surtout en surface. Ils volent souvent dans le sillage des paquebots, attendant les ordures qu'on jette par-dessus le bord. Quelques espèces se nourrissent d'animaux crevés que la marée rejette sur les plages. Les grandes espèces attrapent aussi quelques petits oiseaux.

Les Fous ne mangent à peu près que du poisson. Avec leurs ailes comprimées contre leur corps et leur plumage resserré, ils peuvent plonger jusqu'à 30 mètres de profondeur à la poursuite de leur proie. Il leur arrive même d'atteindre 40 mètres. Mais d'ordinaire ils ne pêchent guère qu'en surface.

Les Pélicans, de même, se nourrissent surtout de poisson et ils sont très bien équipés pour pêcher en force. En pêchant, une troupe de Pélicans forme un demi-cercle et avance vers le bord, les oiseaux battant l'eau avec leurs ailes et la transperçant avec leurs longs becs. Les poissons sont alors piégés dans les hauts-fonds, où ils sont enfournés dans les becs pourvus d'une grande poche extensible. Quelques espèces, comme le Pélican brun *(Pelecanus occidentalis)*, croisent dans l'air au-dessus de l'eau à la recherche de leurs proies. Quand ils voient un poisson près de

35/ *Un Balbuzard attrapant un poisson*

la surface, ils rabattent brusquement les ailes le long de leurs corps et plongent à pic, en se submergeant complètement pendant quelques secondes.

Les Cormorans, eux aussi, sont des pêcheurs experts, qui peuvent plonger à de grandes profondeurs. On a découvert qu'ils peuvent chasser jusqu'à 50 mètres de fond. Quand ils ont saisi une proie, ils remontent à la surface avant de l'avaler. L'appétit insatiable des Cormorans a été utilisé ingénieusement par les pêcheurs, en Chine et au Japon. La technique habituelle consiste à placer un anneau à la base du cou de l'oiseau, anneau attaché à une longue laisse que le pêcheur tient dans sa main. Quand le Cormoran refait surface après avoir plongé et pris un poisson, le pêcheur tire sur la laisse et la resserre, pour empêcher le Cormoran d'avaler sa prise et il extrait le poisson de sa gorge. La méthode classique était de pêcher avec une équipe d'une douzaine de cormorans dressés, un seul homme en tenant quatre.

Beaucoup de Sternes se nourrissent de petits poissons qu'ils chassent surtout en surface, quoique certains puissent plonger quelques secondes. Des espèces plus petites de Sternes capturent également des insectes en vol.

Les Hérons, eux aussi, se nourrissent surtout de poisson, restant debout sans bouger dans un marais ou dans quelque ruisseau tranquille, où ils peuvent percer l'eau de leurs regards. Aussitôt

34/ *Le Harfang des neiges attaquant sa proie*

qu'un poisson approche, le Héron détend brutalement son bec pointu et transperce sa proie. Il est aidé par son cou en forme de S. La même méthode lui sert à capturer d'autres petits vertébrés et des insectes. Les Cigognes se spécialisent dans les grenouilles qu'elles attrapent dans les mares; elles chassent aussi de petits poissons, de petits vertébrés et des insectes, mais aussi des serpents.

Les représentants de la famille des Anatidés, c'est-à-dire les Oies et autres Palmipèdes, ont des crans au bord de leur bec, qui leur servent à cueillir les herbes terrestres ou aquatiques. Mais les Cygnes et les Oies ne sont pas seulement végétariens, ils peuvent à l'occasion manger des insectes, et les Cygnes même de petits vertébrés. Certaines Oies, comme l'Oie empereur *(Anser canagicus)*, ont surtout une nourriture animale, à savoir divers mollusques des rivages.

Le Martin-pêcheur est avant tout piscivore. Il plonge souvent avec une telle force qu'il disparaît complètement dans l'eau. Après avoir saisi sa proie dans son bec, il vole sur une branche pour l'avaler. Il reste souvent sans bouger à la même place, pour guetter sa proie.

Certains oiseaux obtiennent leur nourriture d'une façon étonnante. Les Mouettes pillardes, par exemple, harcèlent les autres Mouettes et les Sternes jusqu'à ce qu'ils régurgitent leur prise, qu'elles attrapent alors en l'air avec une adresse extrême. Mais elles se nourrissent aussi de petits vertébrés, d'insectes et d'œufs d'autres oiseaux.

La Grande mouette est surtout carnivore.

37/ *Sterne plongeant sur un poisson*

D'autres espèces sont souvent végétariennes et mangent aussi divers fruits sucrés.

Les méthodes avec lesquelles certains Échassiers trouvent leur nourriture est vraiment stupéfiante. Les Avocettes marchent dans les marais, en enfonçant leurs pattes dans le sable ou la vase du fond, et en retirent d'innombrables bestioles aquatiques qu'elles cueillent ensuite avec leur bec recourbé.

Le bec puissant des Huîtriers est lui aussi bien adapté, et ils s'en servent pour ouvrir les moules, les palourdes ou pour arracher les arapèdes des rochers.

Les Râles se nourrissent à la surface de l'eau ou dans les marais, leur régime consistant en insectes, en mollusques, en araignées, aussi bien qu'en petites graines et en pousses de plantes vertes.

36/ *Le Guillemot noir nage sous l'eau, les ailes étendues*

Protégeons les oiseaux!

Beaucoup d'oiseaux deviennent de plus en plus rares d'année en année. Dans certains cas c'est l'avidité des hommes qui a été responsable de leur extermination totale. Un bon exemple en est le Grand pingouin. Aux XVIIIe et XIXe siècles, il nichait encore en abondance en Islande, sur les côtes de l'Irlande, de l'Écosse, de Terre-Neuve, dans les Hébrides et les Féroé, sur les côtes du Danemark, du sud de la Suède et de la Norvège, au Groenland et sur la côte est de l'Amérique du Nord. Au XVIIIe siècle ses œufs étaient encore collectés en si grand nombre, que dans beaucoup d'endroits il avait complètement disparu. Les chasseurs prenaient les œufs, mais tuaient aussi les adultes pour leurs plumes, leur viande et leur graisse qu'ils vendaient. Aujourd'hui cette espèce superbe est une chose du passé et on n'en connaît plus que 65 spécimens empaillés dans des musées.

Mais le Grand Pingouin n'est pas le seul oiseau à avoir disparu en tant qu'espèce. Le même destin a atteint le Canard du Labrador, qui nichait au Labrador sur les îles rocheuses qui entourent le golfe du Saint-Laurent et hivernait sur un espace allant de la côte de la Nouvelle-Écosse au New Jersey. Son histoire est très courte. Il a été découvert par les savants en 1788. Trente ans plus tard, ce territoire reçut des habitants, ainsi que les îles; les chasseurs tuèrent les oiseaux et prirent les œufs dans les nids pour les vendre au marché de New York. Le canard du Labrador disparut ainsi rapidement et le dernier spécimen fut tiré en 1875, près de Long Island. Aujourd'hui il n'y en a plus que 42 spécimens empaillés dans des musées et on n'en a pas conservé un œuf.

Plusieurs autres espèces d'oiseaux se sont éteintes, comme le Cormoran à lunettes qui autrefois nichait en grand nombre aux îles du Commandeur, et beaucoup d'autres espèces ne doivent survivre qu'aux mesures de protection dont elles sont l'objet.

Dans la première moitié du XXe siècle, le nombre des Guillemots au Labrador, en Norvège, en Suède, en Islande, au Groenland et ailleurs, a diminué d'une façon alarmante. D'autres Pingouins ont été également massacrés pour leur viande et leurs œufs, qui auparavant se rassemblaient en troupes innombrables. Dans certaines stations de nichées, comme le Labrador ou Helgoland, le Macareux a disparu en même temps. Dans le passé, les Macareux étaient tués pour leur chair que les gastronomes trouvaient aussi bonne que celle des Perdrix. Même si ces espèces sont maintenant protégées en beaucoup d'endroits, ailleurs on continue encore à les chasser. On les prend dans des filets attachés à de hauts mâts. Aujourd'hui, grâce aux mesures prises, le Macareux recommence à nicher en de nombreux points des côtes de la Norvège, de l'Islande, de l'Angleterre, sur les côtes ouest de la France et sur la côte ouest des États-Unis. Il forme des colonies de plusieurs centaines de milliers de couples. Il y en a près de 50 000 couples sur l'île Vedoy, tandis qu'on n'en compte que quelques centaines sur la côte du Groenland. Les colonies les plus importantes sont celles de l'Islande et des Féroé, où on compte deux millions et demi de nids, de même qu'on en compte deux millions pour toute la Grande-Bretagne. La population totale dans le monde est estimée à 50 millions, et du fait que beaucoup de stations ont été déclarées en réserves, on n'a plus à craindre la disparition de cette espèce, même si on la chasse encore dans certains pays.

Les Guillemots et les Petits Pingouins ont aussi été tués en grand nombre dans le passé et ont couru grand risque de disparaître. Le plus grand dommage qu'ils aient couru fut la récolte de leurs œufs. En Islande, en 1913, plus de 110 000 Guillemots et Pingouins ont été capturés, sans compter 250 000 Macareux, en 1923, près de 50 000 ainsi que dans les années suivantes, où leur nombre a progressivement diminué jusqu'à 9000. Au Groenland, quelque 20 000 Guillemots de Brunnich ont encore été capturés tous les ans au début de notre siècle. Aux Féroé, 500 000 œufs de Guillemots on été récoltés dans une période de six semaines en 1945. En Nouvelle-Zemble, pas moins de trois millions d'œufs ont été récoltés, ainsi que 500 000 Macareux capturés de 1930 à 1950. En 1932 et 1933 la viande et les œufs de ces Pingouins représentaient plus de 50 % de toute la production de la Nouvelle-Zemble. On estime que, jusqu'à une période récente, près de dix millions d'œufs de Guillemots et un million d'œufs du Guillemot de Brunnich étaient récoltés tous les ans. Le nombre des œufs des autres oiseaux européens, Mouettes et Sternes, se comptait par centaines de mille. Les Guillemots adultes et les Pingouins étaient capturés par les chasseurs au collet (et le sont encore par endroits). On séchait leur chair, et en Islande on en nourrissait même les chiens. Cette viande ne sent pas le poisson et elle est considérée comme une gourmandise par les gens du pays. Leur peau est utilisée par les Esquimaux pour faire des vêtements. Les œufs frais sont encore considérés comme une source importante de nourriture. Par endroits il est permis de ramasser les œufs, mais seulement ceux de la première couvée; la seconde est protégée par la loi. Les oiseaux font une deuxième couvée dans un délai de 15 à 20 jours. Dans les régions nordiques, toutefois, les œufs peuvent être ramassés de cette façon, seulement dans les nids qui sont visités par les renards, qui ne se contentent pas de détruire les œufs, mais aussi les couvées. Quand elle est protégée complètement, une colonie d'oiseaux a un poten-

39/ *Le Canard du Labrador, espèce éteinte*

tiel de multiplication de seulement 10 % par an, mais si la loi ne protège que la deuxième couvée, c'est à peine si la colonie maintiendra son statu quo, à condition que son nombre ne soit pas diminué par d'autres circonstances comme les ennemis naturels, mauvais temps et autres.

Mais il faut bien noter que, là où ces oiseaux en danger sont strictement protégés, dans leurs réserves naturelles, leur population s'accroît progressivement. Les pays qui procèdent à cette protection des oiseaux sont, au premier rang, la Suède, la Norvège, l'Angleterre, l'U.R.S.S., la République Fédérale d'Allemagne, et la France qui a constitué en réserves intouchables un grand nombre de stations maritimes.

L'Eider présente un cas encore plus curieux. Bien que ses œufs fussent récoltés çà et là, il était en général protégé. Mais ceux qui le protégeaient le faisaient pour des raisons commerciales parce que le duvet dont ils tapissent l'intérieur de leurs nids est une matière commerciale très importante. Le duvet tout frais, qui n'a pas encore été souillé, est le plus précieux. Quand on a enlevé ce duvet, l'Eider s'en arrache du nouveau pour le remplacer, d'habitude après avoir commencé à couver. Mais ce deuxième duvet est de moindre valeur, car il est souvent sali. Pour se procurer des Eiders avec plus de facilité, les collecteurs, dans bien des endroits, font des trous dans des pierres ou installent des troncs d'arbres creux, où les Eiders trouvent une bonne place où installer leurs nids. Ils n'y sont dérangés par personne, si ce n'est par les ramasseurs de duvet et n'ont aucune peur de

38/ *Le Grand pingouin, espèce éteinte*

l'homme. Les Eiders sont très abondants là où ils sont protégés. Les couples construisent leurs nids tout près les uns des autres, de manière à former de vastes colonies. Un seul nid contient environ 15 grammes, parfois jusqu'à 40 grammes, d'«eiderdown», mot dont le français a tiré «édredon». Seuls les nids temporaires ne contiennent aucun duvet. L'instinct de couver est si fort chez les Eiders que beaucoup de femelles célibataires s'installent sur les nids d'autres oiseaux, souvent abandonnés, et les couvent elles-mêmes. Un collecteur peut ramasser deux kilos de duvet par jour. La plus grande quantité de duvet vient d'Islande, où il est récolté depuis des siècles, et selon d'anciens textes, les Eiders y étaient déjà protégés, en certains endroits, dès 1281. Depuis 1702 les Eiders sont protégés dans toute l'Islande par la loi, et tuer un seul Eider était puni par une lourde peine de prison. En 1805 l'Islande a vendu une tonne de duvet et plus de quatre tonnes en 1916, ce qui représente la récolte de plus de 220 000 nids. Ce nombre représente en fait tous les nids de la population d'Islande, qu'on estime à un demi-million.

On récolte aussi, depuis près de mille ans, ce duvet sur les côtes de Norvège. L'Eider y est maintenant protégé. Il y en a à peu près 200 000 en Norvège, 100 000 en Finlande, 80 000 sur les côtes de l'Angleterre, et plus de 5000 au Danemark. La population totale de l'Europe est estimée à un million d'oiseaux et celle du monde à deux millions.

Beaucoup d'autres oiseaux aquatiques, particulièrement les Oies, sont encore plus menacés et certaines espèces sont rigoureusement protégées, non seulement pendant leur couvaison, mais aussi dans leurs quartiers d'hiver, qui se trouvent très loin de leurs nids et dans des pays complètement différents. Telle est l'Oie à poitrail rouge *(Branta ruficollis)* qui niche au nord de la Sibérie et s'envole vers le nord de l'Azerbaïdjan pour l'hiver. On chassait beaucoup cette Oie autrefois, mais à présent elle est totalement protégée, car sa population totale est estimée à 40 000 individus

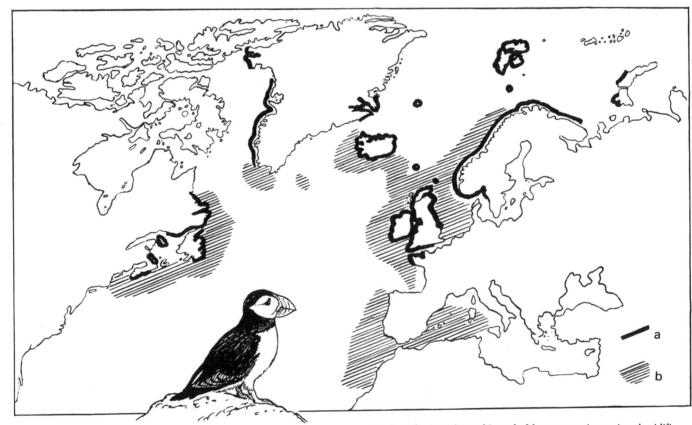

40/ *Distribution géographique du Macareux moine a-aires de nidification b-aires d'hivernage*

à peine. La Bernache nonnette est aussi mal lotie. Elle se trouve au nord de l'Atlantique et hiverne sur les côtes ouest de l'Europe. Du Groenland, elle voyage aussi vers les côtes de l'Amérique du Nord. Le nombre de ces oiseaux est estimé tout juste à 30 000.

La Bernache cravant niche dans les toundras arctiques de l'Europe, de l'Amérique et de l'Asie. Mais elle a diminué en nombre d'une façon inquiétante, depuis quelques décennies. En 1931 une troupe de 10 000 de ces oiseaux hivernait en Hollande, mais en 1953, ils n'étaient plus que 1000. Au Danemark leur nombre est descendu de 7000 à 2000. Au commencement de ce siècle, quelque 350 000 de ces oiseaux hivernaient en Europe, tandis qu'en 1950 ils n'étaient plus que 20 000. Leur population américaine, qui comprend 90 % du total de ces Bernaches, n'est estimée qu'à 175 000, ce qui est très peu.

D'autres espèces d'Oies ont aussi décliné d'une façon marquée, par comparaison avec les années passées. L'Oie rieuse *(Anser albifrons),* du nord de l'Europe, de l'Asie et du nord de l'Amérique, hiverne dans l'Europe de l'Ouest et du Sud, en Asie Mineure, au nord de l'Inde, à l'est de la Chine, au Japon et sur la côte atlantique de l'Amérique du Nord. La Hollande en abrite pour le moment 50 000 en hiver et l'Angleterre 7000. On estime le nombre de cette espèce pour le monde entier à 500 000.

Plus rare est l'Oie naine dont la population mondiale est estimée à 100 000 exemplaires. Elle niche dans les toundras d'Europe et d'Asie et hiverne en Europe de l'ouest, en Asie Mineure, au sud de la Caspienne, aussi bien que dans la région du Nil.

L'Oie des moissons est devenue beaucoup plus rare ces dernières années. Ses régions de couvaison sont les parties arctiques de l'Europe et de l'Asie, ainsi que les côtes du Groenland. En Europe, elle hiverne à l'ouest et au sud. Par endroits, elle est encore très abondante, comme en Islande, où on estime leur nombre à 50 000 oiseaux pour le moment.

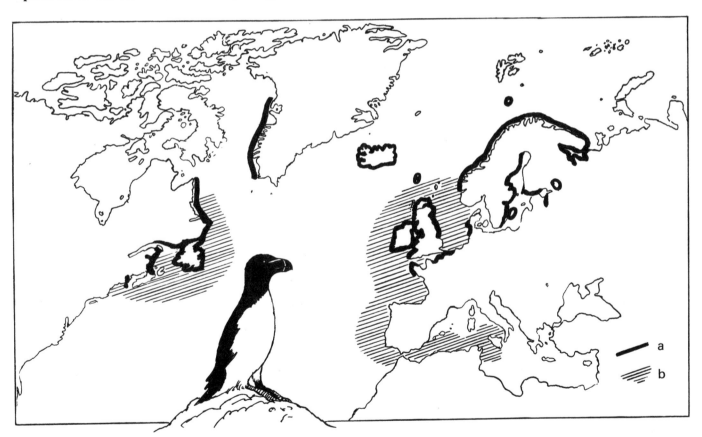

41/ *Distribution géographique du Petit pingouin*

Actuellement, il semble que le nombre des Oies des neiges *(Anser caerulescens)* ait quelque peu augmenté, mais sans retrouver son niveau d'autrefois. Cette espèce niche surtout sur les côtes arctiques de l'Amérique, et, à un moindre degré, sur les côtes sud-ouest du Groenland et de l'île Wrangel. Au milieu du XVIIIe siècle, elle surabondait encore dans les toundras de Sibérie, mais, au début du XIXe siècle, elle a disparu, sans qu'on sache exactement pourquoi. Dans ces dernières années elle a aussi hiverné en grand nombre au Japon, mais depuis le milieu de notre siècle elle en a disparu. Sans aucun doute, la raison en est le massacre durant la période de mue, pendant laquelle ces oiseaux sont incapables de voler. Et l'Oie des neiges niche le long de côtes facilement accessibles. Les Esquimaux en tuent des milliers pendant la mue, et de plus ramassent les œufs. La plus grande partie de ces Oies de Sibérie hivernait dans le sud-ouest de l'Amérique, où les oiseaux de l'île Wrangel hivernent encore aujourd'hui. En 1840, les lieux d'hivernage furent visités par des chasseurs venus d'Europe ou des États-Unis, et un chasseur pouvait en tuer, à lui seul, une centaine en un jour. Actuellement, cette Oie ne se trouve plus que sur l'île Wrangel, où on comptait 450 000 adultes en 1960. Dans les dernières années, grâce à la protection des oiseaux en général, cette espèce est revenue en abondance dans ses anciens lieux de nichage en Sibérie, où son nombre s'accroît d'année en année. Cependant le plus grand nombre d'Oies des neiges niche dans le Canada arctique, où leur population est estimée à 50 000 individus. Il y en a probablement un million et demi sur toute la Terre.

Un des oiseaux de mer qui se sont le mieux refaits, grâce aux mesures de protection, est le Fou de Bassan *(Sula bassana)*. Le nombre de ces oiseaux avait rapidement diminué, parce que les œufs et les jeunes étaient enlevés au nid. Le nombre de ces Fous était estimé à 330 000 en 1834, tandis qu'à la fin du siècle ils n'étaient plus que 60 000. Beaucoup de ces oiseaux avaient été tués entre 1880 et 1910, époque où les pêcheurs détruisaient les nichées de Fous, qu'ils considéraient comme leurs concurrents dans la pêche au hareng. Certaines de leurs colonies ont été complètement détruites. On ne prenait pas seulement les œufs et les petits, mais aussi les plumes

42/ *La rare Oie bernacle*

qui garnissaient le fond des nids. Les colonies de ces Fous en Islande comptaient 4000 Fous, et surtout des jeunes, tous les ans. Ils étaient tués par les pêcheurs, même en pleine mer. Ils ont été tués en Islande depuis le XIIIe siècle. Mais, depuis 1940, le Fou est strictement protégé sur certaines îles de l'Islande et de la Norvège, de France aussi, si bien que leur nombre a augmenté ces dernières années, et il est protégé également en Angleterre.

Les Rapaces ont aussi marqué un terrible déclin. L'Europe est la patrie de quelque quarante espèces de Rapaces, mais la plupart sont extrêmement rares. L'homme est responsable de la disparition presque totale du Gypaète barbu *(Gypaetus barbatus)*. Il fut un temps où ce Vautour nichait régulièrement dans les Alpes d'Allemagne où le dernier spécimen vivant a été tué en 1855. Aux environs de 1866, ce Rapace nichait dans les Alpes suisses, mais il n'avait pas été revu jusqu'en 1955, presque un siècle plus tard, quand il s'est montré dans le Salzkammergut, en Autriche. On l'a signalé nichant dans les Carpathes en 1935, mais on n'en a plus vu depuis.

Certains membres de la tribu des Faucons, à part la Crécerelle et le Faucon à pieds rouges, qui sont largement répandus dans toute l'Europe, se font de plus en plus rares. Le Faucon pèlerin *(Falco peregrinus),* quoique répandu dans toute l'Europe, est devenu très rare par endroits. Il a souvent été chassé sans merci, pour l'empêcher de prendre les Pigeons domestiques, et on a épuisé ses anciens nids. Il est vrai que ce Faucon chasse des oiseaux et surtout des Pigeons, des

Moineaux, des Pies, des Freux et des Corbeaux, qui ont récemment crû en nombre exagéré par l'absence de leur ennemi naturel. De plus, quand ils émigraient, ils se gavaient de Pigeons retournés à l'état sauvage, dont ils trouvaient une abondance dans les grandes villes. Étant donné que, dans ces dernières années, ce Faucon n'a plus niché dans beaucoup de pays d'Europe où il était courant autrefois, il devient urgent de le protéger de toutes les façons possibles, comme on le fait maintenant en France pour tous les Rapaces.

Il y a bien longtemps que le Sacre *(Falco cherrug)*, l'un des plus grands de la famille, avait coutume de nicher en Europe centrale. Aujourd'hui on ne le voit plus, avec quelque régularité que dans l'Europe de l'Est. Sa disparition d'Europe centrale, au XIXe siècle, a été provoquée surtout par les collectionneurs, qui tiraient les adultes pour les expositions ornithologiques, et par ceux qui enlevaient les œufs des nids. Le Faucon polaire *(Falco rusticolus)*, un des plus beaux de la famille, est devenu extrêmement rare de nos jours et il est strictement protégé dans ses lieux de nidification, tout au nord de l'Europe et au Groenland.

Le Faucon hobereau *(Falco subbuteo)*, quoique incapable d'attraper des oiseaux, car il se nourrit surtout d'insectes, a été tué sans merci par les chasseurs et dans bien des régions il a été complètement exterminé. Il devrait lui aussi être complètement protégé.

Ce qu'on doit faire de certains oiseaux de proie, comme les Autours, est un sujet de discussion entre les groupes de protection de la nature et les gardes-chasse. Il est vrai que les Autours s'attaquent surtout aux oiseaux (qui font presque 90 % de leur nourriture), mais ils attaquent principalement des Corvidés, qui causent tant de dommages aux nids des oiseaux Chanteurs. Naturellement, l'Autour a aussi pour victimes les oiseaux ordinaires ou d'agrément, ainsi que les Pigeons. Et cependant il mérite d'être protégé. L'expérience prouve que, là où il a été exterminé, les Geais, les Corbeaux et les Pies se sont multipliés avec tant d'abondance, qu'ils provoquent bien plus de dégâts que ceux que pourraient faire plusieurs familles d'Autours. De plus, l'Autour est sédentaire et ses jeunes restent près de leur nid de base, et ne s'installent qu'à soixante kilomètres du nid où ils ont été élevés. C'est ce qui rend possible la statistique d'une population d'Autours sur un territoire donné.

L'Épervier, un des plus communs parmi les petits Rapaces, chasse lui aussi beaucoup de petits oiseaux, mais en tête de liste il faut mettre le Moineau commun, qu'on considère souvent comme un fléau. Et quoiqu'il chasse beaucoup d'autres victimes, tout comme l'Autour, il joue un rôle écologique important dans l'équilibre des espèces.

Une protection absolue, durant toute l'année, doit être accordée à la Buse commune, encore commune dans toute l'Europe, car elle se nourrit surtout de campagnols, de souris et d'autres ron-

43/ *Une famille de Petites oies à tête blanche prenant un bain*

44/ *Le Gypaète barbu, espèce en voie de disparition a-aires de modification b-aires d'hivernage*

geurs nuisibles, en même temps que d'insectes. Elle est d'ailleurs complètement protégée en France, comme tous les autres rapaces. Des analyses détaillées du contenu de l'estomac des Buses ont révélé que les campagnols et les souris font 96 % de leur régime. Les 4 % restants sont faits de petits gibiers, surtout d'oiseaux crevés ou malades.

La disparition rapide des Aigles, des Busards, des Milans, des Vautours et d'autres espèces de Rapaces européens, prouve la nécessité indiscutable de protéger et de préserver ces espèces.

Les Rapaces nocturnes dont il y a quarante espèces en Europe, doivent aussi être protégés toute l'année. Le Grand-duc *(Bubo bubo)*, la plus grande espèce européenne, est une de ces espèces presque en voie d'extinction en Europe, mais qui, grâce aux mesures de protection prises par les gouvernements, commence à croître en nombre. Même si leurs victimes sont parfois des levrauts, des Faisans ou des Canards sauvages, la plus grande part de leur régime est faite de campagnols et de souris, ce qui en fait un oiseau très utile. Parmi les oiseaux qu'il mange, les Perdrix et les Poules d'eau viennent en tête, suivies par un grand nombre de Freux et d'autres Corvidés.

Contrairement aux Rapaces, qui dépouillent

d'abord leurs victimes, puis en dépècent la chair, les Chouettes et analogues en avalent de gros morceaux, ou même de petits animaux tout entiers. Les parties non digestibles — plumes, poils, os et carapaces des insectes — sont régurgitées en boulettes solides, qui semblent avoir été compressées. Si on les analyse soigneusement, on y trouvera les restes entiers de campagnols et de souris, ainsi que des élytres d'insectes. Il est ainsi possible de déterminer non seulement la quantité, mais aussi la nature, de la nourriture absorbée par la Chouette. Des analyses ont révélé que le régime du Chat-huant, l'un des nocturnes les plus communs en Europe, consiste surtout en petits rongeurs. Dans des cas tout à fait individuels, les oiseaux en formaient 40 %. De ces 40 % la moitié était faite de Moineaux et l'autre moitié de Verdiers, de Fauvettes, d'Étourneaux et de Merles, en d'autres termes d'oiseaux qui se trouvent partout en abondance et qui, dans bien des cas, sont des fléaux. Si les hannetons constituent une grande part du régime des Chouettes, elles nous débarrasseront peut-être de ces insectes indésirables.

Une autre espèce commune, le Hibou, se nourrit largement de petits rongeurs, surtout les années qui présentent une surpopulation de souris. Autrement, leur principale nourriture est faite de Moineaux, presque 67 %, suivis de Verdiers, de Friquets et de Merles, autrement dit d'oiseaux plus ou moins nuisibles. Ce n'est que dans des cas

45/ *Le Milan noir — oiseau rare de l'Europe centrale*

46/ *La Chevêche en chasse*

Il y a quatre espèces de Chouettes et Hiboux communes en Europe. Les autres sont rares et doivent être soigneusement protégées.

Un danger mortel pour les oiseaux: le pétrole

Un grand danger pour les oiseaux de mer est apparu depuis quelques années, qui a détruit des colonies entières d'oiseaux complètement protégés: le pétrole. Chaque année, des bateaux-réservoirs ont des avaries en mer, et un bateau inconnu a lâché 5000 tonnes de pétrole dans la mer, en janvier 1953, entre Heiligenhafen et l'île de Fehmarn sur la côte nord-est de l'Allemagne. Des milliers d'oiseaux hivernent là à ce moment de l'année, surtout des Eiders, des Harles et d'autres

très rares qu'on a trouvé dans leurs pelotes des restes de Perdrix. Quand les hannetons abondent, ils forment aussi une bonne part de la nourriture des Hiboux, dont ils nourrissent aussi les petits.

Dans le cas de l'Effraie, on trouve une moyenne de 69 % de campagnols et de souris, 25 % de musaraignes, 3 % seulement d'oiseaux; des Chauves-souris, des reptiles et des batraciens forment le reste. Dans les «années de souris», le pourcentage de ces rongeurs dans leur alimentation atteint 95,7 %. Il vaut la peine de noter que, dans ces années-là, l'Effraie, et d'autres nocturnes, font deux couvées dans la saison.

La Chevêche se nourrit également de petits rongeurs, qui font 66 % de son régime et parfois 100 %. Dans les mois d'été, les insectes sont largement consommés, mais la Chevêche s'adonne à la chasse aux chauves-souris et aux petits oiseaux, surtout les Étourneaux, suivis par les Moineaux, les Merles, les Grives, et autres oiseaux très abondants.

47/ *Le Grand-duc, oiseau eurasien devenu rare*

espèces de Canards et de Plongeons. Le résultat fut la mort de milliers d'oiseaux.

En décembre 1955 une catastrophe identique s'est produite dans les mêmes parages, causant la mort de 5000 Eiders. Un autre désastre eut lieu le 19 janvier 1955 au nord des îles de la Frise, quand un bateau danois répandit 8000 tonnes de pétrole qui recouvrirent 1600 kilomètres carrés. Les résultats furent catastrophiques. Près d'un demi-million d'oiseaux de mer moururent englués dans le pétrole, sans parler d'innombrables poissons. En janvier 1960 5000 oiseaux de mer moururent sur la côte de l'île suédoise de Gotland, pour avoir été en contact avec le pétrole. Dans ces dernières années, il y a eu bien des désastres de ce genre sur les côtes d'Europe de l'Ouest et de Grande-Bretagne. Des centaines de milliers d'oiseaux y ont laissé leur vie. Par endroits des centaines d'amis de la nature sont venus en aide aux oiseaux atteints, mais les résultats n'ont guère récompensé leurs efforts. Ils n'ont, en effet, pu en sauver que quelques centaines. Les plumes des oiseaux qui entrent en contact avec le pétrole perdent leur compacité et leur imperméabilité, les oiseaux se refroidissent, perdent le pouvoir de voler, sont incapables de chercher leur nourriture, et de plus l'huile pénètre dans tout leur système digestif, le résultat étant une mort lente, mais certaine. L'huile répandue, en plus, souille les rochers et les plages. Mais le plus terrible est la mort lente infligée à des milliers d'oiseaux par ces nappes de pétrole.

Problèmes posés par certains oiseaux de mer

Dans beaucoup d'îles où les oiseaux sont rigoureusement protégés en réserves naturelles, certaines espèces se mettent à se multiplier rapidement, et leur nombre marque un accroissement notable. C'est vrai surtout pour certaines espèces de Mouettes. C'est ainsi par exemple que, dans l'île de Walney, à l'ouest de la côte de l'Angleterre du Nord, il n'y avait plus que 120 couples de Goélands argentés en 1947, et aujourd'hui il y en a 17 000. Une autre colonie, dans l'île de May, sur la côte est de l'Écosse, se maintenait avec

seulement quelques couples de ces Goélands en 1907, en 1936 il y en avait 455 qui nichèrent là, en 1967 11 000 couples et aujourd'hui 15 000. Jusqu'à une date récente, ce Goéland argenté a été protégé tout au long de l'année, également sur les côtes d'Allemagne et d'autres pays maritimes de l'ouest, ainsi qu'en France. En Allemagne fédérale et au Danemark, il s'est multiplié considérablement. Le même phénomène s'est produit sur les îles de Memmertsand, de Mellum et de Langeoog où 3000 couples ont niché en 1906, mais depuis 1930 leur nombre a atteint 30 000 couples. La présence de ces Goélands sur ces îles y interdit la nidification d'autres oiseaux. La même chose est arrivée dans les îles de la Mer du Nord. Là, cette mouette n'a pas d'ennemis naturels, vu le déclin du nombre des Rapaces. Mais même dans les îles voisines, où se trouvaient des stations de Sternes, de Canards et d'autres oiseaux, ceux-ci étaient incapables de mener à bien leurs couvées, parce que les Goélands y volaient et enlevaient les œufs, ainsi que les petits déjà éclos. C'est pourquoi il est maintenant permis de tuer ces Mouettes en Allemagne du 1 août jusqu'au 31 mars et de collecter leurs œufs jusqu'au 15 juin. Dans les dernières années, cette Mouette est venue s'installer sur les côtes de la Baltique, où autrefois elle nichait rarement. Aujourd'hui cette côte foisonne de milliers de couples de cette espèce. Elle a commencé aussi à se multiplier en grand nombre sur la côte sud de la Suède, où elle provoque de graves dommages aux couvées de Canards et autres oiseaux. Aussi les conservateurs de la nature sont-ils en train de régulariser cette multiplication en ramassant les œufs.

Le Goéland marin, qui, récemment encore, nichait très rarement sur les côtes d'Europe, a commencé aussi à se multiplier, de telle façon qu'il a fallu prendre des mesures de protection. En Angleterre, il était sur le point de s'éteindre, et on n'en connaissait que 600 couples en 1930. Mais aujourd'hui, il y en a 2200. On a constaté la même croissance sur la côte des États-Unis, où cette espèce a niché pour la première fois en 1916. Cette espèce se nourrit surtout de Puffins de l'île de Man (45 %), de lapins sauvages (16 %), de jeunes Mouettes (4 %), de Puffins communs (2 %), et de poisson pour les 21 % qui restent. Une surpopulation de ces Mouettes marines dans certaines îles isolées et désertes peut décimer entièrement les autres populations de petits oiseaux. Dans certains endroits, les nids de Sternes fournissent la moitié de la nourriture des Mouettes. Dans une colonie d'Avocettes nichant dans l'île anglaise d'Havergate, réserve d'oiseaux dépendant de la Société Royale pour la protection des oiseaux, le Goéland marin a été responsable du massacre de tous les jeunes.

En Camargue, des narcotiques ont été ajoutés à des appâts utilisés pour contrôler les Mouettes, et dans certains points de la Hollande on les a empoisonnées avec de la strychnine. On a aussi essayé de stériliser les oiseaux adultes. Mais les appâts empoisonnés, hélas, ont fait autant de victimes parmi les autres oiseaux, que les Mouettes en auraient mangé.

Dans les dernières années, il s'est révélé aussi nécessaire de réduire le nombre des Goélands cendrés sur certaines îles, car ils causaient des dégâts énormes aux autres oiseaux, en pillant les œufs et les jeunes dans les nids.

Certaines espèces de Mouettes, comme la Mouette rieuse qui s'est installée dans les villes, y provoquent aussi de gros dommages, en souillant les monuments de leurs excréments.

Ces problèmes posés par certains oiseaux de mer montrent combien les résultats peuvent être désastreux quand l'équilibre écologique est bouleversé. En premier lieu et surtout c'est l'absence de Rapaces, capables de réguler le nombre des oiseaux de mer, qui est en cause. La protection des Rapaces (dont il est question ailleurs dans ce livre) est désormais pour l'homme une obligation absolue. En France même leur chasse est actuellement complètement interdite.

Comment protéger les oiseaux

Beaucoup d'oiseaux familiers, et surtout les espèces insectivores, diminuent en nombre tous les ans. Ils font leurs nids dans les fourrés épais où ils cherchent leur nourriture. Leurs demeures dans les sous-bois et les haies sont souvent détruites, de même que le long des lisières au bord des forêts, et ils sont alors privés de leur environnement naturel. Un grand nombre sont incapables de s'adapter à des conditions nouvelles, et ils abandonnent leurs habitats. La Pie-grièche, par exemple, a l'instinct inné de construire son nid dans les buissons d'épines, dans les endroits découverts, et ne peut pas vivre dans un bois de sapins, ni construire son nid sur le sol, comme l'Alouette. Tous les couples d'oiseaux qui nidifient ne peuvent se resserrer dans les localités convenables, car chacun a besoin d'un espace spécifique, et cet espace ne cesse de décroître.

Le seul moyen de préserver les oiseaux dans leur habitat originel est de planter des arbres et des buissons dans tous les endroits impropres à l'agriculture — sur les talus qui bordent les routes, dans les carrières abandonnées, le long des ruisseaux et des limites des champs. Ce ne sont pas seulement les oiseaux qui feront là leurs nids, mais de tels endroits fourniront aussi des abris pour les lièvres, les cervidés et autres petits gibiers. Les buissons qui conviennent le mieux sont ceux qui portent des baies ou des fruits comestibles, surtout en automne ou en hiver, en fournissant dans ces saisons de la nourriture aux oiseaux, par exemple le houx, la symphorine, l'épine noire, le troène, le cornouiller, le sureau, l'églantier ou le cornouiller sanguin, et des arbres tels que le frêne, le bouleau et l'aulne. Les haies peuvent aussi comprendre de petits chênes, des tilleuls, des pins, dans les branches desquels beaucoup d'oiseaux font leurs nids.

Même des personnes isolées peuvent contribuer à la protection des nids dans les buissons, en plantant des haies de verdure autour de leurs jardins ou de leurs parcs. Les meilleures haies sont faites de charmes, d'érables champêtres, de troènes et d'églantiers, peut-être avec du lierre grimpant çà et là. Ces haies peuvent être plantées même tout près de la maison. Les oiseaux, en général, ne sont pas troublés par la présence de l'homme et n'y font pas attention. Il est pourtant important de tailler les haies tous les ans, pour les rendre plus épaisses. Des arbres isolés ou des buissons dans un jardin attireront les oiseaux. Les arbres les plus convenables dans ce but sont les conifères d'ornement avec des branches bien serrées, comme les thuyas et divers genièvres. Les Fauvettes se plaisent particulièrement dans les buissons épais des groseilliers à maquereau. Les oiseaux ainsi protégés par un abri se rendent très utiles en détruisant un nombre considérable d'insectes nuisibles.

Une grande variété d'espèces recherchent le sanctuaire que constituent les parcs et les grands jardins abondamment plantés de buissons et de vieux arbres, comme les conifères. Même les oiseaux forestiers viennent parfois nicher là, car l'environnement y est semblable à celui de leurs conditions naturelles et leur offre de nombreuses occasions de faire leur nid. On peut trouver là également les Rapaces nocturnes et les Coucous. C'est une des principales raisons pour lesquelles de telles oasis de verdure, au cœur des grandes villes, doivent être soigneusement préservées.

On doit noter spécialement les oiseaux qui nichent dans des cavités. Les cavités naturelles se trouvent surtout dans les vieux arbres, qu'on supprime un jour ou l'autre, en privant ainsi des oiseaux d'une occasion de nicher. Quelques-uns cherchent des substituts aux cavités naturelles dans le trou d'une vieille souche ou dans un tas de cailloux, mais la couvée est alors bien plus vulnérable aux attaques des petits prédateurs et des chats errants.

Les Mésanges sont les plus typiques des oiseaux qui nichent dans les cavités des parcs et des jardins. Elles jouent un rôle important dans l'équilibre de la vie sauvage, car elles comptent parmi les insectivores les plus efficaces. Le simple fait d'installer un nichoir et de la nourriture pendant l'hiver peut en augmenter le nombre, de manière à maintenir la population des insectes

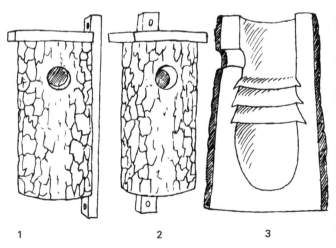

48/ 1, 2 nichoirs 3 en coupe

dans des proportions raisonnables. Les nichoirs attirent surtout la Mésange à tête noire (dite charbonnière), et la Mésange bleue. Tout nichoir conviendra, qu'on le creuse dans un tronc d'arbre ou qu'on le fabrique avec quelques planches. Le premier ressemble à une cavité naturelle, à part le toit qui est fait d'une planchette et qu'on peut soulever pour atteindre l'intérieur et la nettoyer. Mais il y faut une vraie bille de bois et il arrive qu'il soit abîmé la seconde année si le tronc n'est pas suffisamment sec. D'autre part, les nichoirs en planches sont très faciles à réaliser et peuvent être faits avec du bois de second choix. Les planches doivent être bien jointives, sans aucun espace entre elles, et le fond doit être cloué entre les planches verticales, pour empêcher l'entrée de la pluie pendant la couvaison. Il faut aussi faire deux ou trois petits trous dans le fond, pour permettre à l'eau de s'écouler, si par hasard il en est entré dedans. Le toit doit être amovible ou articulé avec une charnière, de façon à pouvoir être soulevé.

L'entrée sera placée dans le tiers supérieur du nichoir, et pour le mieux au milieu, quoiqu'on puisse aussi bien la mettre en coin. Il ne faut pas mettre de perchoir devant le trou, car il empêcherait les oiseaux d'entrer (ils s'enfilent dans le trou en volant), mais aussi permettrait aux ennemis de pénétrer plus facilement.

On ne clouera pas les nichoirs directement sur la branche d'un arbre, mais sur une planche de base qu'on attachera par derrière, ou sur le côté. Certains nichoirs peuvent aussi être suspendus à une branche.

La meilleure forme de nichoirs pour les Mésanges bleues ou d'autres petits oiseaux mesure 12 × 12 cm de base et 20 cm de haut, avec un trou d'entrée de 26 mm de diamètre, et ces nichoirs seront placés de 1,50 m à 5 m du sol. Il n'y a pas de danger que de tels nichoirs soient occupés par les moineaux, car l'orifice est trop petit pour eux.

Pour la Mésange charbonnière, le nichoir aura les mêmes dimensions, mais il aura 5 cm de plus en hauteur et le trou d'entrée aura 35 mm de large. D'autres petits oiseaux, comme les Gobemouches ou les Rouges-queues, y nicheront quelquefois. Dans les jardins les Moineaux y trouveront aussi un refuge confortable. Mais la Mésange charbonnière n'est pas d'humeur à supporter de tels intrus et elle expulse le Moineau, débarrasse son nid et y construit le sien avec de la mousse.

Des nichoirs de 50 × 50 cm de base et de 28 cm de haut, avec une entrée de 50 mm, conviennent aux Étourneaux, mais sont utilisés également par les Casse-noix et par les Pics-verts. Mais les Pics entaillent souvent cet orifice avec leur bec puissant et, ce faisant, brisent le nichoir. C'est pourquoi, dans les endroits où les Pics abondent, il vaut mieux clouer un morceau de contre-plaqué avec un trou de même dimension sur la face extérieure. Ces nichoirs seront placés de 3 à 8 mètres au-dessus du sol.

Les plus grands nichoirs ont de 20 à 40 cm de large au carré, et 35 cm à 50 cm de haut avec une entrée de 90 à 130 mm. Les occupants de tels nichoirs comprennent le Choucas, la Crécerelle, l'Effraie et d'autres grands oiseaux qui nichent dans des cavités. Ces nichoirs doivent être placés à 6 m du sol, ou même plus haut. L'entrée sera carrée et percée au coin supérieur de la planche de devant.

Ce qu'on appelle semi-nichoir est d'un modèle un peu différent et se trouve recherché par les oiseaux qui nichent dans de demi-cavités, comme l'Émouchet ou le Hochequeue. De tels nichoirs font 12 × 12 cm de base et 12 cm de haut; la planche de devant ne va que jusqu'à mi-hauteur. On les suspendra à 1,50 m du sol sous les auvents des constructions basses, contre les murs d'une ferme, d'un bûcher, etc. Pour les Rouges-queues et les Hochequeues on peut aussi pratiquer des demi-cavités dans la muraille.

Les Hirondelles de cheminée et de fenêtre peuvent aussi être aidées dans leur quête d'un endroit où construire leur nid de boue. Pour l'Hirondelle de cheminée, qui aime construire à l'intérieur des bâtiments, dans les passages ouverts et dans les étables, on peut y fixer des poutres, où elles accrocheront leur nid. Pour l'Hirondelle de fenêtre, qui ne niche qu'à l'extérieur, des espèces de consoles placées en dessous des toits ou des balcons sont nécessaires pour supporter le nid; car le nid étant fait de boue, il faut que celle-ci sèche contre le mur, si le mur est lisse, le nid ne peut y adhérer et risque de tomber sur le sol en même temps que la nichée.

Les nichoirs doivent être fixés dans des endroits où ne pourront accéder ni les chats ni les putois ni

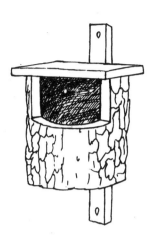

49/ *Demi-nichoir*

les martres. Si on les cloue contre un arbre, le tronc sera protégé avec du fil de fer barbelé ou des branches épineuses, par-dessus lesquelles les ennemis ne peuvent grimper.

En outre, les nichoirs ne doivent pas être placés trop près les uns des autres, car, comme nous l'avons déjà dit, les oiseaux ont, pour chaque espèce, leur territoire spécifique de nidification. Les nichoirs sont espacés au moins de 25 à 30 mètres. Dans les bois cette distance sera plus grande. Il faut prévoir un quart d'hectare pour un nid.

La fin de février est le meilleur moment pour placer les nichoirs dans les parcs et les jardins. En même temps les vieux nichoirs seront réparés et nettoyés, car, en règle générale, les oiseaux refusent de nicher dans un nichoir sale.

Les Rapaces nocturnes, eux aussi, peuvent être aidés pendant leur période de nidification. Les nichoirs à Chouettes, de la forme indiquée plus haut, seront attachés au sommet d'un arbre sur le bord d'un bois, pour que l'oiseau puisse surveiller les environs. Pour l'Épeiche et la Chevêche, le nichoir aura 30 × 30 cm de base et 45 cm de haut, et l'entrée aura 90 mm de large. Ces petits nocturnes se servent souvent des nichoirs à Moineaux. Les nichoirs de ces minuscules Rapaces seront placés à 8 mètres du sol environ.

Certains oiseaux aquatiques peuvent aussi être efficacement protégés durant leur couvaison.

Il est essentiel que la plus grande tranquillité soit maintenue sur les marais, les étangs et les lacs, particulièrement sur les rives des rivières, de sorte que les oiseaux ne soient pas dérangés sans

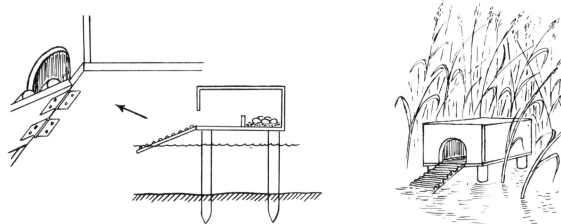

50/ Nichoir pour Canards

nécessité pendant leur couvaison et qu'ils puissent prendre soin de leur nichée comme ils le doivent. De grands dommages peuvent être causés par les chiens errants, qui lèvent les Canards et autres oiseaux en train de couver, et dont certains abandonnent leur nid quand ils sont dérangés trop souvent. Il est tout aussi important de leur trouver des endroits où se dissimuler. Les Canards, et évidemment les autres oiseaux aussi, doivent se trouver en sécurité et ce n'est possible que sur les bords des rivières, dans les buissons et les hautes herbes. C'est pourquoi le rideau continu des roseaux de l'an passé doit être préservé sur les bords des étangs, et sur les lacs où les roseaux et les joncs sont nettoyés, il faut en laisser debout çà et là quelques groupes, où les oiseaux aquatiques peuvent pondre tranquillement, surtout au printemps alors que la nouvelle végétation n'a pas encore grandi. Plus importants encore pour les Canards sont des canaux ouverts, et seulement partiellement couverts de roseaux et de basses touffes d'herbe. Laisser quelques-uns de ces passages tels quels est une nécessité, pour assurer la menée à bien des pontes et des couvées. Les vieilles cabanes sont un bon abri pour les Grèbes, les Râles, les Mouettes et beaucoup d'autres espèces. Mais les roseaux qu'on a laissés debout le long des hauts-fonds seront fréquentés par plusieurs espèces de Canards à la recherche de leur nourriture. Une autre règle impérative veut qu'on ne coupe jamais les roseaux pendant la période de nidification, car un tel procédé est responsable de la mort de beaucoup de poussins et de la destruction des œufs.

Un endroit parfait pour les nids de Canards est une petite île ou plusieurs, au milieu d'un grand marais. Ces îlots peuvent aussi se trouver près du bord du marais. Des îlots émergés ont beaucoup d'avantages. Les Canards y trouvent le moyen de faire leurs nids entourés d'eau, et là les nids ne courent pas le risque d'être submergés en cas de hausse du niveau de l'eau. En outre, les prédateurs ont du mal à atteindre ces îlots, sans compter que les oiseaux y sont moins exposés à être troublés que sur les bords. Les grosses touffes d'herbe (qu'on appelle des tourons), qui se trouvent sur les bords, sont aussi un bon endroit pour les Canards qui bâtissent leurs nids. Des nichoirs en bois peuvent être placés avec grand profit dans les roseaux et les joncs, aussi bien que sur les îlots. Le nichoir sera placé au-dessus du plus haut niveau probable de l'eau, et un embarcadère avec des barreaux sera fixé à l'entrée. Ceci rend facile pour les oiseaux d'entrer dans le nichoir, quel que soit le niveau de l'eau, qui ainsi ne peut compromettre l'heureuse issue de la couvaison. Les nichoirs auront 60 cm de long, 40 cm de large et 50 cm de haut, avec une entrée de 12 à 15 cm de diamètre. Les nichoirs seront traités avec une substance imperméabilisante pour empêcher les dommages de l'humidité. L'endroit de la ponte lui-même, qui doit être séparé par une petite barre de bois, sera tapissé de tourbe, de feuilles sèches et de mousse. Pour les Canards qui nichent dans les trous des arbres, par exemple les Morillons, le nichoir sera placé contre un arbre au-dessus de l'eau. Un tel nichoir aura 60 cm de haut, 40 cm de large et un trou d'entrée de 12 cm. Le nid sera tapissé de même et on y aménagera une petite dépression, pour que les œufs ne puissent rouler en dehors. Sur les étangs on peut aussi pourvoir les Canards de mangeoires, soit flottantes, soit attachées à des piquets de bois à 30 cm au-dessus de la surface et pourvues de sortes de marche-pieds. Un toit au-dessus de la mangeoire tiendra la nourriture au sec quand il pleut.

Avec des constructions aussi simples et peu coûteuses, il est possible d'augmenter le nombre des Canards et des autres oiseaux aquatiques.

Quand on draine des marécages, il faut laisser intactes quelques parcelles aux bons endroits, de sorte que les oiseaux d'eau et de marais ne s'en aillent pas, appauvrissant la faune locale et l'image caractéristique du paysage d'une région donnée.

On peut procurer de bonnes conditions de nidification à certains oiseaux de mer, et les aider à augmenter leur nombre. Pour le Harle bièvre, des nichoirs en bois seront placés sur un arbre à 2,50 m au-dessus du sol. Ils auront 85 cm de haut, de 23 à 28 cm de large, avec une entrée de 12 cm de diamètre. Pour l'Eider des trous dans les rochers ou dans des troncs d'arbres, placés de telle sorte qu'ils puissent bâtir leurs nids à l'intérieur, leur donneront beaucoup d'occasions de nicher.

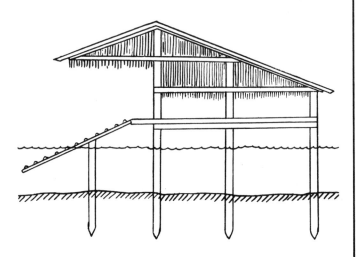

51/ Mangeoire pour les Canards (d'après Rott)

La nourriture des oiseaux en hiver

Beaucoup d'oiseaux restent en hiver sur leur lieu de nidification, si froid que soit le temps. D'autres, dont le régime consiste en baies, restent aussi longtemps qu'ils trouvent à manger, puis s'envolent ailleurs pour trouver de la nourriture. Enfin il y en a qui installés dans le Grand Nord, au-delà du cercle arctique, émigrent vers le sud en grandes troupes et passent l'hiver en Europe centrale ou du Sud.

Parmi les espèces sédentaires, se trouvent la plupart des Mésanges, des Casse-noix, des Pics et beaucoup de Granivores comme le Verdier, le Pinson, le Tarin, le Chardonneret, le Bruant et le Moineau. Tous rôdent dans la campagne, d'habitude en petites troupes, tout au long de l'hiver, et ils visitent souvent les jardins. Leur nombre s'accroît d'oiseaux venus du nord comme la Linotte, le Pinson des Ardennes et le Bouvreuil.

En règle générale, les oiseaux n'ont pas de difficultés à se nourrir en hiver, aussi longtemps qu'il n'y a pas trop de neige et que le sol et les arbres ne sont pas couverts de glace. Les Mésanges et les Pics tirent des insectes, leurs larves ou leurs œufs, des fentes de l'écorce des arbres, mais une couche de glace leur interdit tout accès à leur nourriture. Beaucoup de Granivores sont évidemment privés de nourriture quand il y a une grosse couche de neige, car ils cherchent d'habitude leur nourriture sur le sol, où ils trouvent beaucoup de graines d'herbes.

Quand le mauvais temps dure longtemps, les oiseaux ont grand mal à se nourrir et beaucoup d'entre eux meurent de faim. C'est dans de telles périodes que beaucoup d'oiseaux visitent les villes et les alentours des maisons, même les oiseaux forestiers, et ce qu'ils y trouvent à manger en sauve un grand nombre de l'inanition. Mais les oiseaux ne peuvent pas se nourrir seulement de miettes de pain ou de gâteau. Pour la grande majorité, les miettes sont un régime complètement inadéquat, exception faite des Tourterelles à collier, des Freux et des Moineaux. La nourriture naturelle est de loin la meilleure, en particulier les graines, pourvu, évidemment, qu'elles ne soient ni rances ni moisies. Les graines oléagineuses, en particulier, fournissent aux oiseaux en hiver une bonne provision de calories. Certains oiseaux mangent aussi des graines en hiver, alors qu'en été ils ne mangent que des insectes, par exemple les Mésanges, les Casse-noix et les Pics. Les graines de tournesol sont très bonnes pour ces espèces. Une Mésange en prendra une à la fois sur la mangeoire et l'emportera sur un arbre voisin où elle se perchera, craquera l'écale avec son bec et mangera l'amande douce et huileuse. Les grains de chènevis conviennent également, mais leur écale est très dure, et il est bon de la briser un peu d'avance avec un rouleau à pâtisserie, avant de la donner aux oiseaux. Les oiseaux mangent aussi des graines de millet, d'alpiste, de lin, de colza, d'avoine mondée, et d'œillette. Les Tourterelles mangent aussi du maïs. En outre on peut également leur donner des graines de gazon, de chardon et de conifères, aussi bien que de sorbier, de houx, de sureau et autres, qu'on a fait sécher durant les derniers mois de l'été. Les Mésanges apprécient aussi la graisse de rognon, et à l'occasion, les vers de farine.

Certains oiseaux, comme le Chardonneret, ne rendent visite que très rarement aux mangeoires. Pour eux il est possible de couper des tiges de chardons en automne et de les conserver jusqu'en hiver. A ce moment-là, il suffit de les étaler sur la neige.

On offre généralement la nourriture aux oiseaux dans une mangeoire en bois qui peut être

52/ *Plateau mangeoire de jardin*

recouverte d'une vitre. On peut mettre de petites mangeoires au bord d'une fenêtre, et de plus grandes dans les jardins ou les parcs. Il faut toujours prévoir un petit toit pour garantir la nourriture de la pluie et de la neige. Parfois on construit ces mangeoires avec une entrée vers le fond, les oiseaux volant de bas en haut, tandis que l'espace réservé à la nourriture est entouré de verre. De cette façon la nourriture est protégée contre le vent et les oiseaux peuvent l'atteindre plus facilement par mauvais temps. Tout aussi convenables sont les mangeoires automatiques, qui contiennent une grande provision de graines qui tombent dans l'auget, dès qu'une graine a été prise et consommée. Évidemment de telles mangeoires doivent être réapprovisionnées régulièrement.

La répartition des espèces d'oiseaux

La composition d'une population d'oiseaux dans une région donnée change avec les années. Certaines espèces peuvent disparaître de leur aire, et des espèces nouvelles peuvent venir s'y installer.

L'homme est responsable de la disparition de beaucoup d'espèces, soit directement, soit indirectement, par exemple en drainant des marais, en dépouillant la campagne de sa végétation naturelle, etc. Ainsi la Grue cendrée, qui nichait en grand nombre en Angleterre au moyen âge, en est totalement absente depuis le XVIIIe siècle.

D'autre part, des oiseaux, qui n'y avaient jamais niché, ont étendu leur territoire et ont commencé à en conquérir d'autres. Certains ont lancé des invasions sur une large échelle. Un bon exemple en est la Tourterelle à collier, originaire de l'Inde et du sud de la Chine. Au XVIe siècle elle a été introduite en Asie Mineure, où elle était maintenue en captivité à la cour de certains sultans. Plus tard, au XVIIIe siècle, cette Tourterelle a commencé à s'étendre plus loin que l'Asie Mineure, et en même temps en direction du Japon. Par la suite, elle a conquis toute la péninsule des Balkans et est apparue à Bucarest, à Budapest, à Prague, à Hanovre, à Munich et en 1951 aussi loin au nord que Rostock. En 1952, elle s'est montrée en Angleterre pour la première fois, en 1954 elle fit route vers la Norvège, puis vers l'Écosse, et en 1964 on la vit en Islande. Elle est maintenant partout implantée en France. Elle s'établit rapidement n'importe où, se multipliant avec une rapidité extraordinaire, et semble insensible aux hivers les plus longs et les plus rigoureux. Aujourd'hui personne n'est en mesure d'expliquer comment cette espèce a été amenée à quitter sa patrie, dans le climat chaud de l'Inde, pour s'étendre avec une rapidité aussi étonnante vers l'ouest et le nord, en partant du sud-est de l'Europe. Dans l'espace de quelques années, elle a colonisé toute l'Europe, avec une préférence pour les zones bâties.

Tout aussi intéressante est la dispersion du Serin à travers l'Europe, où il est maintenant devenu sédentaire dans les parcs et les jardins. Au XVIIe siècle l'aire du Serin d'Europe était réduite aux régions méditerranéennes, mais aux environs de 1800 il a commencé à s'étendre en volant par-dessus les Alpes. Il retournait comme un migrateur à son habitat naturel du sud en hiver et remontait vers le nord avec le printemps, mais en allant tous les ans un peu plus loin. En 1922 il a commencé à nicher en Hollande, en 1942 il est apparu au sud de la Suède, et en 1949 il s'est montré au Danemark. Actuellement, il colonise sans cesse de nouveaux territoires, faisant route à travers les montagnes et nichant à des altitudes de 1350 m.

Mais certaines espèces ont été introduites par l'homme volontairement dans des sites nouveaux pour elles, où elles se sont rapidement acclimatées et où elles font maintenant partie de la faune locale. Ainsi le Faisan, introduit dès le moyen âge dans l'Europe centrale et de l'Ouest, où il s'est adapté à des conditions nouvelles et où il fait partie, maintenant, des oiseaux les plus communs de notre continent. Une des raisons qui ont fait que le Faisan s'est si bien acclimaté est qu'il vole mal et qu'il appartient par nature au groupe des oiseaux sédentaires.

Mais dans les dernières décennies beaucoup d'oiseaux d'eau et de marais, qui sont des migrateurs et sont connus pour être d'excellents voiliers, ont envahi entièrement de nouveaux territoires et y ont établi de nouvelles populations, parfois avec l'intervention de l'homme, mais aussi sans elle. Un bon exemple récent est celui du Canard morillon, originellement indigène au nord-est de l'Europe. A la fin du XIXe siècle, il s'est aventuré aussi loin que l'Islande, après s'être d'abord installé en Scandinavie et en Grande-Bretagne. Au XXe siècle, il a commencé à s'étendre vers le sud, en commençant par occuper la côte de la Baltique. Son avance vers le sud a continué, et en 1948 il est apparu dans le sud de la Moravie, en 1950 dans le sud de la Bohême, si bien qu'en 1960 il niche en grand nombre en République fédérale d'Allemagne et il est devenu un des Canards les plus communs de l'Europe centrale. Mais il n'a pas encore atteint l'Autriche ni la Hongrie, quoique ses couvées aient été observées plus ou moins régulièrement en Suisse, en France, en Yougoslavie, en Bulgarie, en Roumanie et même à Chypre. Comme il est d'abord simplement passé à travers l'Europe centrale dans ses vols migratoires pour gagner ses quartiers d'hiver dans l'Europe de l'Ouest, du Sud et du Sud-Ouest, dans ces dernières années des individus venus du nord ont hiverné régulièrement en grandes bandes près des rivières d'Europe centrale.

Un autre oiseau qui agrandit son aire, mais dans ce cas vers le nord, est la Nette rousse, originaire des îles de la Méditerranée, du sud-est de l'Espagne et du nord de la Baltique et de la Caspienne. Elle s'est montrée en nombre toujours plus grand en Europe centrale, et elle niche

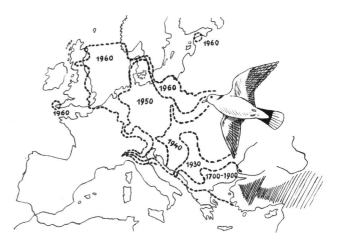

53/ *Distribution géographique de la Tourterelle à collier*

maintenant régulièrement par endroits en Allemagne et en Tchécoslovaquie, mais en ayant aussi établi des stations de couvaison en Hollande, au Danemark et en Belgique.

Un des derniers occupants de l'Europe centrale est le Garrot, Canard typique du nord de l'Europe. Il s'est d'abord établi en certains endroits de la Pologne du Nord et au nord de la République démocratique d'Allemagne, mais en 1960 il s'est étendu jusqu'à la Bohême, où son nombre augmente déjà considérablement. En outre, il niche régulièrement en Grande-Bretagne, ainsi qu'en Suisse.

Parmi les oiseaux d'eau qui ont été acclimatés en Europe par la volonté de l'homme, c'est l'Oie du Canada qui vient en tête de liste. Cette Oie de grande taille, originaire de l'Amérique du Nord, a été amenée en Angleterre en tant qu'espèce semi-domestiquée au XVIIᵉ siècle. Ensuite, elle revint à l'état sauvage, et maintenant il y en a plus de 3000, selon les experts. Cette Oie du Canada a été également introduite en Suède, où elle a aussi formé des populations. Mais contrairement à celles d'Angleterre qui sont sédentaires, elles émigrent en hiver vers la Hollande et la République fédérale d'Allemagne. Ces dernières années, cette Oie est apparue encore dans d'autres endroits d'Europe centrale, même pendant la saison des couvées. Ces individus devaient être échappés de jardins zoologiques. Mais ils peuvent très bien, c'est évident, être à l'origine de populations nouvelles.

Durant ces toutes dernières années, un autre oiseau, qui répond au nom d'Érismature roux, niche de plus en plus fréquemment dans certaines régions d'Europe, alors qu'il était indigène dans l'ouest du bassin méditerranéen, en Asie Mineure et dans les déserts et les lacs qui entourent la mer d'Aral. Les oiseaux qu'on a trouvés çà et là en Europe centrale et de l'Ouest, ne sont sans doute que des individus échappés de zoos ou relâchés volontairement, et de ce fait on ne peut pas encore parler de véritables populations.

Un autre oiseau qui se répand beaucoup est le Cygne. On le tenait autrefois en semi-captivité sur les bassins des châteaux et des parcs, comme oiseau d'ornement, mais beaucoup de Cygnes se sont établis sur les lacs où ils pondent, comme à l'état sauvage, et se mettent à nicher régulière-

54/ Oies du Canada en vol

ment. Par endroits pourtant, comme en Pologne ou en République démocratique d'Allemagne, les populations de Cygnes sont indigènes. Des oiseaux de la tribu des Hérons sont également en train d'étendre leur aire, et cherchent de nouveaux territoires, quoiqu'ils ne montrent pas la même fécondité que les Canards. Le Héron pourpre, par exemple, niche couramment dans le sud, le sud-est et le sud-ouest de l'Europe. Dans les dernières décennies, on le trouve de plus en plus fréquemment en Europe centrale, où, quoique encore rare, il forme déjà de petites populations.

Le Bihoreau est un autre oiseau qui commence à s'établir dans de nouvelles résidences en Europe, avec une fréquence croissante. Ces dernières années, de nouvelles colonies ont été observées dans l'Europe centrale et de l'Ouest.

Certains Échassiers ont également étendu leur domaine. C'est le cas de la Barge à queue noire, autrefois exclusive du nord de l'Europe. Ces derniers temps elle s'est domiciliée en Europe centrale, où on la trouve maintenant en quantité. Les Avocettes aussi nichent maintenant à l'occasion dans certaines régions d'Europe centrale.

Les oiseaux anthropophiles

De très nombreuses espèces d'oiseaux se rassemblent dans les espaces construits. La plupart ont trouvé dans les bâtiments des endroits favorables à la construction de leurs nids, d'autres ont été attirés par la facilité de la nourriture. Quelques espèces ont même pris avantage des conditions que l'homme, sans le savoir, leur avait préparées, pour se multiplier à un rythme fantastique, parfois dans des proportions proches de la catastrophe. L'exemple typique en est celui du Moineau, qui s'est associé à l'homme sans doute dès que celui-ci s'est mis à cultiver les céréales; ce fut la première espèce à rechercher le voisinage de ses maisons.

Le Moineau commun est devenu un fléau, parce que, pendant presque toute l'année, 80 % de son régime consistent en grains. En outre, il dévore les boutons des arbres fruitiers et des groseilliers, et il ravage les jeunes laitues. Même s'il nourrit ses petits d'insectes et de leurs larves, tant qu'ils sont au nid, ceci ne compense pas leurs nuisibles activités. Dans les grandes villes, ils sont des visiteurs particulièrement maudits dans les marchés, les halls d'expositions et autres lieux, où ils souillent la nourriture et infectent les étalages et les équipements. Les experts ont été jusqu'à présent incapables de résoudre le problème quasi-éternel des Moineaux. On a des rapports du XVIIIᵉ siècle qui révèlent que c'était une obligation de tuer les Moineaux dans beaucoup de pays d'Europe, et les paysans devaient fournir un nombre fixé de têtes de Moineaux aux autorités, pour prouver qu'ils avaient obéi aux ordres. Le Moineau est en outre très querelleur, chassant les autres oiseaux et occupant souvent les nichoirs. On le trouve aujourd'hui surtout au cœur des grandes villes, dans les artères les plus encombrées, dans les squares, où d'autres oiseaux seraient incapables de subsister. Il s'adapte à ce nouvel environnement avec une rapidité étonnante et se met à manger tous les restes de nourriture d'origine végétale ou animale. Il a même appris à s'«arranger» avec l'homme, car il semble jauger exactement jusqu'à quel point il peut s'approcher de lui sans risque. Dans un parc, par exemple, il ira jusqu'à accepter de prendre de la nourriture dans la main, sachant que là il n'y a pas de danger. Mais cette longue association avec l'homme ne l'a pas privé de sa méfiance instinctive. Dans bien des cas on ne peut éviter la nécessité de réduire le nombre des Moineaux, mais on peut le faire sans leur causer de souffrances inutiles.

Le Merle noir, lui aussi, se trouve régulièrement en compagnie de l'homme, mais sa «domestication» s'est faite beaucoup plus tard que celle du Moineau. Au milieu du XVIIIᵉ siècle, les ornithologues le décrivent encore comme un oiseau farouche et forestier. Après quoi il s'est mis peu à peu à faire son nid dans les parcs et les jardins, mais ce n'est que tout récemment qu'il a commencé à envahir les banlieues des villes et à pénétrer les parcs de l'intérieur, bâtissant même ses nids dans de tout petits espaces sur des arbres ou des buissons. Cette vie près des hommes a affecté aussi les habitudes migratrices de ces oiseaux. A l'origine, ils migraient vers le sud-ouest et hivernaient sur les bords de la Méditerranée. Seuls quelques mâles restaient sur les lieux de nidification pendant les mois d'hiver. Mais maintenant, ce ne sont plus seulement les mâles, mais aussi un grand nombre de jeunes et des femelles qui restent là toute l'année parce qu'ils trouvent sur place une nourriture suffisant à leurs besoins. Les Merles noirs restés fidèles à leur habitat forestier migrent encore en grand nombre vers des régions plus chaudes. Maintenant les Merles qui restent dans les agglomérations urbaines font leurs nids non seulement sur les bosquets et les arbres, mais aussi directement sur les toits, les bords de fenêtres, les balcons, les combles des hangars, les grandes boîtes aux lettres et ainsi de suite. Les allées et venues ne les dérangent pas dans leur couvaison, et souvent les femelles sont si peu effrayées qu'elles se laissent caresser. En hiver les Merles noirs visitent fréquemment les mangeoires installées sur les fenêtres et ont même appris à manger divers restes de nos repas sur la table même de la salle à manger. Cette bonne chère leur plaît à l'évidence et ne leur cause aucun problème de digestion. On en a même vu qui visitent les garde-manger sur les fenêtres et y chipent les bons morceaux pour leurs petits.

Beaucoup de nids de Merles dans les parcs des

villes sont détruits par les chats errants. Mais ces oiseaux assurent la préservation de l'espèce en construisant un nid nouveau et en pondant une seconde fois. Il est intéressant de remarquer que les Merles des villes se multiplient plus rapidement, font plus de nichées et plus de petits en un an que ceux des forêts, parce qu'ils ont beaucoup de nourriture et un environnement plus chaud. Les populations de Merles dans les villes augmentent sans cesse, et on voit souvent des individus complètement blancs ou partiellement albinos.

Depuis quelques années la Grive musicienne est aussi devenue un oiseau citadin, quoique, en majorité, elle vive encore dans les bois. Mais chaque année cet oiseau se montre de plus en plus dans les parcs et les jardins, construisant son nid dans le voisinage immédiat des maisons ou dans les bâtiments eux-mêmes. Contrairement aux Merles, ces Grives continuent à migrer, mais reviennent nicher au même endroit très tôt au printemps.

L'Hirondelle, originaire des stations rocheuses, qui avait l'habitude de construire son nid sous un rebord de roche, ou au bord des grottes, a à peu près complètement abandonné son habitat primitif. En Europe il est très rare de la trouver dans de tels endroits, tant elle s'est accoutumée au voisinage de l'homme. Elle a en fait envahi l'intérieur et l'extérieur des maisons, construisant son nid dans les étables, les granges, les corridors, et même dans les salles de bain et dans les chambres d'habitation! Elle n'est pas troublée par les activités humaines, ne demandant qu'une petite ouverture par laquelle elle puisse entrer et sortir en volant. Elle est évidemment bien plus en sûreté à l'intérieur, où elle se trouve virtuellement à l'abri des attaques des prédateurs ou des Hiboux. Elle a conquis le cœur de l'homme par sa grâce et sa beauté, et elle est considérée comme un «morceau de nature» dans la maison. Mais dans les grandes villes, ce bel oiseau ne sera plus bien longtemps visible, à cause de la difficulté de trouver les matériaux pour son nid et de l'absence d'insectes. Elle est plus abondante dans les secteurs ruraux, où elle peut facilement trouver des endroits où nicher, mais aussi en abondance les insectes qui lui sont nécessaires. Elle revient régulièrement dans le même nid pour nicher tous les ans.

55/ *La Cigogne blanche*

L'Hirondelle de fenêtre a également envahi le domaine des hommes. Des colonies entières construisent leurs nids sur les murs des maisons, sous les auvents, sous les balcons. C'est elle qu'on voit encore dans les grandes villes où elle a remplacé les autres Hirondelles. Mais dans les villes très polluées par les fumées industrielles elle disparaît complètement.

Un autre oiseau devenu citadin est le Martinet. Originaire de régions rocheuses, il choisit toujours des endroits élevés pour son nid, qu'il place sous les combles des plus hautes maisons, dans les clochers, dans les fissures des hauts murs, mais il ne recherche pas pour autant l'intimité de l'homme.

L'Étourneau, lui aussi, fréquente régulièrement au printemps les parcs et les jardins, surtout s'ils sont pourvus de nichoirs. Ne trouve-t-il pas de nichoir, il se contente d'un trou dans un mur. Oiseau forestier à l'origine, nichant dans les cavités des troncs d'arbres ou dans les branches creuses, l'Étourneau, lui aussi, s'est accoutumé à la présence de l'homme qui lui a fourni des nichoirs et des sites convenables dans ses jardins. On peut dire qu'il a été virtuellement «appâté» par la vie citadine. Mais beaucoup d'Étourneaux sont restés fidèles à leur habitat naturel, et on les voit dans les forêts claires où ils trouvent toutes les cavités qu'il leur faut pour leurs nids.

Deux autres oiseaux, le Rouge-queue noir et le Rouge-queue à front blanc, qui tous deux migrent vers le sud en hiver, se voient de plus en plus dans les lieux habités. Le Rouge-queue noir, en particulier, se voit souvent dans les granges à la campagne et niche aussi dans les banlieues des grandes villes, où il se contente d'occuper un trou dans un mur fait par la chute d'une brique, ou mieux encore un semi-nichoir placé à son intention. Autrefois cet oiseau n'habitait que les pentes des hautes montagnes, où on peut encore le voir aujourd'hui, mais la plupart d'entre eux semblent maintenant préférer le voisinage de l'homme. Le Rouge-queue à front blanc est aussi en augmentation, car il se rend compte des avantages que lui donnent les endroits bâtis, et il se trouve surtout dans les parcs et les jardins publics.

Un des oiseaux les plus communs dans nos parcs est le Pinson. Dans les parcs il vole au-dessus des gens et souvent vient prendre sa nourritu-

57/ *Moineaux*

re dans la main, surtout en hiver. Mais on le trouve aussi dans les bois. La raison de sa fréquence dans les villes est sans doute due à une crise de surpopulation. Cette explication est confirmée aussi par le fait que, dans ces dernières années, les Pinsons se sont installés dans les régions du nord où ils n'existaient pas autrefois, mais ils ont maintenant étendu leur aire jusqu'au cercle arctique.

Le Serin, aussi, est un compagnon obligatoire de nos maisons désormais.

La Tourterelle turque s'est maintenant établie dans nos villes et se trouve toute l'année dans les endroits bâtis des plus grandes cités. Il ne lui faut que quelques petits arbres pour y faire son nid.

Certains Corvidés sont également des habitants communs des villes, dans l'Europe d'aujourd'hui. En premier lieu est surtout le Choucas, qui niche dans les clochers des églises et dans les tours des châteaux. Parfois toute une colonie de Corneilles s'établit dans les vieux parcs et les grands jardins des villes.

Les Mésanges bleues ou charbonnières en ont fait autant, et nichent non seulement dans les nichoirs, mais aussi dans les crevasses des vieux murs.

A la campagne et dans les banlieues des grandes villes, on voit souvent les deux espèces de Hochequeues qui nichent près des maisons, dans les jardins et les parcs, aussi bien que d'autres oiseaux Chanteurs et des représentants de la famille des Pics, comme le Torcol ou le Pic vert.

On voit aussi de plus en plus souvent dans les

56/ *Un Étourneau*

villes de Faucons crécerelles. Ce petit Rapace fait son nid dans les hautes tours des églises ou des châteaux, mais souvent aussi dans les combles des grandes maisons.

Certains Rapaces nocturnes se mettent à faire leurs nids près des maisons des hommes. L'Effraie, par exemple, niche souvent sur les frontons ou dans les pigeonniers, et dans les villes souvent dans les clochers.

Mentionnons encore la Cigogne, qui fait son nid sur le faîte des toits ou sur les cheminées abandonnées; mais elle est en voie de disparition en France, on ne la voyait qu'en Alsace et on n'en compte plus qu'une trentaine de couples.

Chaque année de nouvelles espèces d'oiseaux se rapprochent de l'homme, parce qu'elles trouvent près de lui de meilleures occasions de nichage, ainsi qu'une riche nourriture pour leurs couvées. Dans l'Europe de l'Ouest, ces années dernières, leur nombre inclut la Corneille noire, la Grive draine, le Biset et la Poule d'eau.

Le monde des oiseaux qu'on trouve au voisinage de l'homme est en changement perpétuel. Certaines espèces doivent être strictement protégées, tandis que pour d'autres il faut limiter leur nombre selon les circonstances. Pour savoir si une espèce est utile ou nuisible, il faut souvent des études approfondies et des observations détaillées, fondées naturellement sur la meilleure connaissance possible de l'ensemble du royaume des oiseaux sous tous ses aspects. Ce n'est qu'à cette condition que les oiseaux resteront comme une partie importante du monde naturel, qui apporte à l'homme autant de joie que de bienfaits.

Georges BECKER

Bibliographie sommaire

Barruel (P.): *Les oiseaux dans la nature,* Payot, Paris, 1949

Barruel (P.): *Vie et mœurs des oiseaux,* Horizons de France (Coll. «La nature vivante»), Paris, 1953

Berlioz (J.): *Les oiseaux,* P. U. F., Paris, 1962

Boubier (M.): *Les oiseaux,* P. U. F. (Coll. «Que sais-je?»), Paris

Burtin (L.) in: *La vie des animaux* (2 vol. consacrés aux oiseaux), Larousse, Paris, 1949

Delapchier (L.): *Atlas des oiseaux,* 4 fasc., Boubée, Paris

Fahringer: *Encyclopédie des oiseaux,* Nathan, Paris, 1956

Fisher (J.): *Les oiseaux dans le règne animal,* Payot, Paris, 1949

Hanzak (J.) et Formanek (J.): *Encyclopédie des oiseaux,* Gründ, Paris, 1976

Koenig (C.): *Oiseaux d'Europe* (3 vol.), Hatier, Paris, 1968−1969−1971

Ménégaux (A.): *Oiseaux de France* (4 vol.), Lechevalier, Paris

Peterson (R. T.), Mountfort (G.) et Hollom (P. A. D.): *Guide des oiseaux d'Europe,* Delachaux et Niestlé, Neuchâtel (4e édition), 1967

Spirhanzl-Duris (J.): *Atlas illustré des oiseaux,* Gründ, Paris, 1965

DESCRIPTIONS ET PLANCHES

Les planches représentent 256 espèces d'oiseaux. Dans les cas où la coloration du mâle (♂) diffère de celle de la femelle (♀) — c'est ce qu'on appelle le dimorphisme sexuel — les deux formes sont figurées. Les oiseaux sont groupés selon le système de la classification zoologique.

Le texte en dessous du dessin fournit les données biologiques de l'espèce figurée, en même temps que les détails d'un intérêt particulier, par exemple la longueur moyenne de l'oiseau en centimètres, mesurée de l'extrémité du bec à celle de la queue, la couleur de l'oiseau, une description phonique de son chant, la forme et la dimension de ses œufs. Ces dimensions sont données en millimètres, la première figure indiquant la longueur minimale de l'œuf, la seconde sa longueur maximale, la troisième sa largeur minimale et la quatrième sa largeur maximale. Très souvent le lecteur trouvera également ici la silhouette en vol ou les empreintes de pattes de l'oiseau.

Tous les oiseaux sont divisés en trois groupes, selon qu'ils restent toute l'année sur leur lieu de reproduction, ou non; ce sont 1° les oiseaux non migrateurs, ou sédentaires; 2° les oiseaux migrateurs; 3° les oiseaux erratiques.

La taille des oiseaux est souvent comparée avec celle d'espèces très connues, par exemple celle des Moineaux, etc. Le biotope où se rencontre le plus souvent l'oiseau est donné en tête de la page.

Plongeon arctique

Gavia arctica

Le Plongeon arctique habite le nord de l'Europe et le nord-ouest de l'Asie. Il nidifie également en Écosse, rarement en Poméranie, au nord de la R.F.A. et en Pologne.

A l'époque des nids, il se tient sur les étangs, en général au voisinage des rivages maritimes. Il fait son nid sur les îlots entourés d'eau profonde. C'est un simple creux, non rembourré, dans l'herbe, tout près de l'eau. La femelle pond, en avril ou en mai, un ou deux œufs, rarement trois. Les deux partenaires se relaient sur la couvée 28 à 32 jours. Une fois les petits élevés, les plongeons restent par petits groupes.

Ils abandonnent leurs aires de nidification les plus septentrionales dès la mi-août, souvent avec des petits encore incapables de voler. Ils descendent les rivières à la nage jusqu'à la mer et continuent en longeant les côtes. La principale migration a lieu en novembre, le retour vers les nids entre début mars et fin avril. Les Plongeons arctiques hivernent sur la Baltique, la mer du Nord et la Méditerranée, parfois aussi au nord de la mer Noire et de la Caspienne. En règle générale, à l'époque de la migration, des individus se rencontrent sur les eaux continentales qui ne gèlent pas.

Les Plongeons arctiques se nourrissent surtout de poissons, mais aussi de crustacés, de mollusques, occasionnellement de grenouilles, vers, insectes aquatiques. Ils vont chercher leur nourriture jusqu'à 45 m de profondeur sous l'eau.

Voix :
un profond « ouâoue », un sifflant « coucoui » ; en vol, des « ga-ga-ga » d'oies

Longueur :
58—69 cm
Mâle et femelle sont de la même couleur, terne en hiver.

Œuf :
75,7—95,7 × 45,5—56,0 mm

Migrateur

Plongeon catmarin

Gavia stellata

La patrie du Plongeon catmarin comprend l'Islande, le nord de l'Écosse, l'Irlande, la Scandinavie, les Hébrides, les Orcades, les Shetlands et la région de Mourmansk. Il vit aussi au Groenland et dans l'Extrême-Nord américain.

Le Plongeon catmarin nidifie au bord de marécages peu étendus, mais profonds, de lagunes et de lacs proches des côtes. Il construit son nid de tourbe, de mousses et de brins d'herbe, toujours très près de l'eau, et parfois même à la surface. Le couple revient plusieurs fois à la même place. La femelle pond en général deux œufs de mai à juin, et les deux partenaires couvent alternativement environ 28 jours, parfois jusqu'à 36 jours. Ils s'installent sur le nid sitôt le premier œuf pondu. Si la couvée est détruite, la femelle pond de nouveau.

Le Plongeon catmarin est un oiseau migrateur. Dans les régions les plus au sud de son domaine, il est partiellement erratique. Les populations d'Europe hivernent sur la côte atlantique de l'Europe jusqu'au sud de l'Espagne, mais aussi dans la mer du Nord, la Baltique, la Méditerranée et la mer Noire. A l'époque de la migration, le Plongeon catmarin se rencontre sur les eaux continentales, mais il n'y reste que quelques jours. Sa nourriture se compose essentiellement de poissons, surtout poissons de mer, tels que harengs, sardines, morues ; il se nourrit aussi partiellement d'amphibies, de crustacés, de mollusques, de vers et insectes aquatiques.

**Migrateur
Erratique**

Œuf :
65,0—86,0 × 41,0—51,0 mm

Longueur :
53 à 61 cm
Le mâle et la femelle sont de la même couleur, terne en hiver.

Voix :
des « couac » caquetants et répétés ; « grê-grê-grê » ; pendant le rut : « okk-okk-êrr »

Grèbe huppé

Podiceps cristatus

Le Grèbe huppé est répandu dans presque toute l'Europe excepté le nord. En Scandinavie, il ne vit que dans les régions les plus au sud et ne se rencontre pas non plus en Islande. Ceux des contrées les plus à l'est et les plus au nord de l'Europe sont migrateurs, les autres sont erratiques ou même sédentaires.

Le Grèbe huppé vit sur les lacs ou les grands étangs offrant de vastes zones de roseaux. Il revient aux aires de nidification parfois dès février, parfois aussi en mars ou en avril. Alors se déroule sur l'eau la parade amoureuse du printemps : les partenaires se saluent à plusieurs dizaines de mètres de distance en tendant le cou au ras de la surface. Puis ils nagent l'un vers l'autre en gonflant leurs huppes, font des signes de tête, joignent leurs cous et poussent en même temps un cri. Ils construisent leur nid flottant, haut parfois de 80 centimètres, avec des plantes aquatiques qu'ils remontent du fond de l'eau. La femelle pond de 3 à 6 œufs blancs qui brunissent légèrement par la suite. Les parents se relaient sur la couvée ; la femelle cependant couve plus souvent. Une fois secs, les petits grimpent sur le dos des parents, se cachent sous leurs ailes et se laissent transporter, même s'ils savent eux-mêmes nager et plonger. Les parents nourrissent d'abord les jeunes avec de petits insectes, des mollusques, etc. Les oiseaux adultes se nourrissent surtout de poissons parasites et de larves d'insectes.

Voix :
un profond « greuk, greuk » ou bien « guêg, guêg », surtout au moment du rut

Longueur :
48 cm
En plumage d'hiver il perd les plumes de sa huppe.

Œuf :
46,5—62,7 × 33,0—39,7 mm

Grand comme un Canard

Migrateur
Erratique
Sédentaire

Grèbe à cou noir

Podiceps nigricollis

Originaire du sud-est européen, le Grèbe à cou noir s'est répandu au cours des quatre-vingts dernières années dans le centre et dans l'est de l'Europe ainsi que dans le sud de l'Espagne, en Italie, en Angleterre, en Hollande et dans l'est de la France. Les populations d'Europe orientale émigrent en hiver vers la Méditerranée et vers l'ouest. Le Grèbe préfère les lacs et les étangs peu profonds, mais vastes, pourvus d'une végétation dense qui lui permet de se cacher.

Les Grèbes reviennent à leurs aires de nidification en mars-avril, déjà par couples, et le rut commence aussitôt. Même pendant cette période, les Grèbes à cou noir restent en bandes et constituent des colonies. Le nid est construit à la surface de l'eau à l'aide de plantes aquatiques en décomposition. La femelle construit, le mâle lui apporte les matériaux. La femelle pond en avril-mai de 3 à 4, parfois jusqu'à 6 œufs, et les deux partenaires couvent tour à tour de 19 à 23 jours. Les parents portent les petits sur leur dos et s'en occupent avec soin pendant plusieurs semaines.

Le Grèbe à cou noir se nourrit d'insectes, de larves, de petits mollusques et crustacés et aussi de têtards et de petits poissons. Il pêche sous l'eau, en général à 2 mètres de profondeur.

Œuf :
39,0—48,5 × 27,1—34,0 mm

Longueur :
30 cm

Le mâle et la femelle
sont de la même couleur.

Voix :
des notes sifflantes comme
« ouït », parfois de légers
« bi-ip »

Grand comme
une Tourterelle

**Migrateur
Sédentaire**

Castagneux

Podiceps ruficollis

Le Castagneux est répandu dans toute l'Europe excepté le nord. En Scandinavie on ne le trouve que
dans les régions les plus au sud. Les individus d'Europe orientale sont migrateurs et hivernent dans le
centre et le sud-est de l'Europe. Ceux qui habitent le
centre, l'ouest et le sud de l'Europe sont sédentaires,
mais nomadisent en hiver à la recherche d'eaux qui
ne gèlent pas. Le Castagneux habite à proximité des
lacs et des étangs, mais aussi des cours d'eau, pourvu
que le courant y soit lent et que leurs berges soient
touffues. Il se montre extrêmement craintif.

Les aires de nidification voient arriver des couples
qui, souvent, sont restés ensemble pendant l'hiver.
Presque aussitôt commence la parade amoureuse ; le
mâle renverse la tête en arrière, gonfle ses plumes,
fait jaillir l'eau du bec et des pattes. Le Castagneux
nidifie une première fois en avril, une seconde fois en
juin-juillet. Le nid est installé sur l'eau, caché dans
des roseaux touffus. En fait, il s'agit d'un tas de
plantes aquatiques en décomposition. La femelle
pond de 4 à 6 œufs. Les parents se relaient pour les
couver — 20 à 21 jours — et s'occupent ensuite très
soigneusement des petits pendant 10 jours.

Le Castagneux se nourrit d'insectes, de larves, de
petits mollusques, de vers, de crustacés, de petits
têtards et de poissons. Il pêche surtout sous l'eau.

Voix :	Longueur :	Œuf :
trilles de « bibibi »	27 cm	32,8—43,0 × 23,0—28,3 mm
	Habit simple, plus clair sur le dessus.	

Grand comme
une Tourterelle

Migrateur
Sédentaire

Pétrel tempête

Hydrobates pelagicus

La patrie du Pétrel tempête comprend l'est de l'Atlantique nord et l'ouest de la Méditerranée. Hors de la saison des nids, il habite uniquement la pleine mer. En hiver, il vole jusque sur les rives ouest et sud de l'Afrique, mais quelques individus restent toute l'année dans la région de leur nid. Très rarement, il s'égare vers l'Europe centrale.

Le Pétrel tempête revient vers les aires de nidification − les îlots rocheux − le plus souvent fin avril, mais souvent se tient déjà plus tôt sur les eaux environnantes. Il fait son nid dans des trous du sol, des fissures de rocher, des terriers de lapins, sous des saillies rocheuses, etc. Il est rare qu'il se creuse lui-même un trou. La femelle pond de fin mai à début juillet, parfois même fin août, un seul œuf. Si celui-ci se perd, elle peut pondre un nouvel œuf, même en septembre. Les deux partenaires couvent alternativement. Le petit éclôt au bout de 38 à 41 jours. Les parents le nourrissent toutes les nuits.

C'est en effet la nuit, et cela même en dehors de la saison des nids, que le Pétrel tempête est le plus actif, entre 22h 30 et 3h 30 du matin. Au début, l'un des parents reste toujours près du jeune ; ce n'est qu'après 30 jours qu'ils le laissent seul. Le jeune oiseau quitte le terrier au bout de 54 à 68 jours.

Le Pétrel tempête se nourrit de petits céphalopodes, crustacés, mollusques, petits poissons et insectes.

Œuf :
25,0—30,7 × 19,0—23,0 mm

Longueur :
15 cm
Le mâle est de la même couleur que la femelle.

Voix :
sur les nids, des sons grinçants, bourdonnants ou rauques comme
« hi-kav »,
« ti-ti-tikk-ti-ti-tikk »,
« arrr-r-r-r », et d'autres cris semblables

Migrateur

Puffin des Anglais

Puffinus puffinus

Le Puffin des Anglais est répandu en Islande, dans l'archipel des Féroé, les Shetlands, les Orcades, les rives ouest de l'Angleterre et de l'Irlande, en Bretagne et dans les petites îles de la Méditerranée. Il est erratique et migrateur. Pendant la migration, on le rencontre souvent sur les rives de la mer du Nord et de la Baltique. Il erre aussi jusque sur les côtes du Portugal. Individuellement, il s'égare vers l'intérieur des terres. En dehors de la saison des nids, il se tient sur la pleine mer ou sur les côtes.

Le Puffin des Anglais arrive à son aire de nidification, par bandes, en février ou mars, et s'installe sur les îles rocheuses et les récifs, d'où il vole aisément vers la mer. Les Puffins forment des colonies nombreuses. Ils nichent dans les creux du sol ou les fissures de rochers. Ils creusent souvent eux-mêmes une cavité, parfois dans un sol dur. La femelle pond un œuf unique, blanc, en avril ou mai, rarement au début juin. Pendant la couvaison, les deux partenaires se remplacent tous les 3 à 5 jours. L'oiseau qui couve ne prend pendant ce temps aucune nourriture, tandis que son compagnon va se nourrir parfois à plus de 1 000 km de distance. Au bout de 51 à 61 jours, le petit éclôt. Après 10 semaines, il quitte le nid, mais est encore incapable de voler et saute seulement jusque sur l'eau. Ensuite seulement ses rémiges se développent. Le Puffin des Anglais se nourrit de petits poissons, de crustacés et de mollusques.

Voix :
divers sons caquetants et croassants comme
« goukk-oukkê-k-é-é »

Longueur :
36 cm
Le mâle est de la même couleur que la femelle.

Œuf :
54,5—65,5 × 39,3—45,1 mm

Migrateur
Erratique

Fulmar

Fulmarus glacialis

L'Islande, l'Irlande, la Grande-Bretagne, la Bretagne, la côte ouest de Norvège et du Groenland, les îles de Nouvelle-Zemble et les îles des mers arctiques jusqu'aux îles de l'Ours sont la patrie du robuste Fulmar. Il n'y demeure que pendant la saison des nids, sinon il habite la pleine mer. Il est erratique et migrateur.

Le Fulmar arrive à son aire de nidification pendant l'hiver, de décembre à avril, mais reste sur la côte. Ce n'est qu'en fin avril, plus souvent en mai ou au début de juin, qu'il établit son nid sur les îles rocheuses ou les falaises maritimes. Les Fulmars nichent en colonies qui comptent des centaines, parfois des milliers d'individus. Les nids y sont distants de 1 à 5 m. Ils sont situés sur une saillie rocheuse, sans aucune garniture. La femelle pond un seul œuf, rarement deux. Les deux partenaires couvent alternativement 52 jours environ. Le petit sera nourri par ses parents une seule fois par jour, mais les 14 premiers jours, le père ou la mère se remplacent sans cesse pour le réchauffer. Le petit Fulmar quitte le nid au bout de 48 à 57 jours et est déjà capable de voler. Mais il ne deviendra adulte qu'au bout de sept ans.

Le Fulmar se nourrit en pleine mer de mollusques, de crustacés, parfois aussi de poissons. Il attrape sa nourriture en surface. Il ne plonge qu'exceptionnellement et pas à plus d'un mètre de profondeur.

Grand comme
une Corneille

**Migrateur
Erratique**

Œuf :
67,0—81,5 × 43,2—54,8 mm

Longueur :
47 cm
Le mâle est de la même
couleur que la femelle.

Voix:
« êg-êg-êg-orr »
croassants

Fou de Bassan

Sula bassana

En Europe, le Fou de Bassan nidifie sur les côtes
d'Irlande, d'Angleterre, d'Écosse, de Bretagne,
d'Islande, des îles Féroé et autres petites îles de ces
contrées. C'est exclusivement un oiseau de mer, qui
demeure presque toute sa vie sur la pleine mer.
Parfois, de jeunes oiseaux s'égarent sur le continent.

Le Fou de Bassan arrive à son aire de nidification
de février à début avril. Il niche en colonies nombreuses, de fin mars à mai, sur les îles Britanniques,
l'Islande, sur des îles rocheuses, le plus souvent à ciel
ouvert, sur quelque sommet. Il construit son nid avec
des algues, de l'herbe, des morceaux de bois. Dans
les colonies de Fous de Bassan, on peut trouver deux
à trois nids sur un mètre carré. La femelle pond un
seul œuf, muni d'une coquille solide. Les deux partenaires se relaient sur le nid. Le petit met parfois plus
d'un jour à éclore, et cela après 39 à 46 jours de
couvaison. Il garde les yeux fermés trois jours. Il est
couvert d'un duvet clairsemé. Les parents le nourrissent même la nuit. Le petit plonge son bec jusque
dans leur gosier. Au bout de onze semaines, le petit,
gavé, pèse 1 kg de plus qu'un oiseau adulte. Il quitte
le nid au bout de 75 jours, encore incapable de voler.
Il se contente de nager. Il peut nager jusqu'à 70 km
de son nid avant d'être capable de voler. Il vole
à l'âge de 95 à 107 jours. Lorsqu'il a quitté la colonie,
le jeune Fou doit se nourrir lui-même. Il pêche des
harengs, des maquereaux, des sardines, même la
nuit.

Voix :
habituellement des
« errah » aboyants

Longueur :
91,5 cm

Poids:
3 à 3,5 kg
Le mâle et la femelle sont
de la même couleur. Le
petit est tacheté.

Œuf :
62,0—87,5 × 41,0—54,0 mm

Migrateur

Grand Cormoran

Phalacrocorax carbo

Le Grand Cormoran habite l'Asie, l'Europe et l'Amérique du Nord. En Europe, il abonde sur les côtes, mais vit aussi dans l'intérieur, sur les rivières et les eaux stagnantes. Il est erratique et migrateur. Il niche en colonies, souvent en compagnie de Fous de Bassan, sur des îles rocheuses ; il construit également son nid dans des arbres.

Les colonies peuvent compter plusieurs milliers de couples. A l'intérieur des terres, il s'installe volontiers dans les colonies de Hérons cendrés. Sur les rochers, son nid est peu garni ; sur les arbres, il est tissé de branchettes et de brins d'herbe. Les Grands Cormorans bâtissent souvent de nouveaux nids, en utilisant la base des nids anciens. Les deux partenaires y travaillent, arrachant les branchettes grâce à leur bec robuste. La femelle pond d'avril à mai, en général 3 à 5 œufs, que les deux oiseaux couvent alternativement 23 à 29 jours. Les petits n'ouvrent les yeux que 3 jours après l'éclosion. Ils prennent la nourriture dans le gosier de leurs parents. Ils restent dans le nid 35 à 56 jours, puis se rassemblent en bandes et errent avec les adultes.

Les Grands Cormorans pêchent surtout des poissons, mais aussi, à l'occasion, des crustacés, en particulier des crabes, qu'ils attrapent parfois en grandes quantités. Ils s'associent volontiers aux Pélicans, qui ne plongent pas, tandis que les Cormorans, eux chassent en profondeur.

Œuf:
56,2—70,8 × 33,8—44,4 mm

Longueur :
91,5 cm
Le mâle est de la même
couleur que la femelle.

Voix :
de rauques « crâ, cra-a »

Migrateur
Erratique

Cormoran d'Aristote

Phalacrocorax aristotelis

Le Cormoran d'Aristote est répandu sur les rives occidentales de la région de Mourmansk, de la Norvège, de l'Islande, des îles Britanniques, de l'Irlande, sur les côtes ouest de l'Europe jusqu'aux îles de la Méditerranée, et aussi sur les côtes sud-est de l'Europe. Il habite exclusivement les rives maritimes, surtout les falaises abruptes. En hiver, il se tient aussi sur les côtes de la mer du Nord et de la Baltique. Il vole rarement vers l'intérieur des terres.

Le Cormoran d'Aristote vit en colonies moins serrées que le Grand Cormoran. Son nid est fait d'algues marines, d'herbe, de feuilles et de branchettes. Il l'installe sur une saillie rocheuse. La femelle pond de 2 à 6 œufs, habituellement de début avril à fin mai. Les deux partenaires couvent alternativement 30 à 32 jours. Une demi-heure après l'éclosion, les petits réclament déjà leur nourriture. Les deux parents les nourrissent trois à quatre fois par jour. Les petits plongent la tête dans le sac gulaire des parents pour y prendre la nourriture. Ils restent dans le nid 47 à 50 jours, puis s'en vont sur l'eau, mais ne savent pas encore voler. Ils commencent à voler au bout de 55 à 58 jours. La mortalité est très forte chez les jeunes. 80 pour cent périssent au cours de leur première année, tandis que, chez les adultes, la mortalité n'est que de 14 pour cent.

Le Cormoran d'Aristote se nourrit uniquement de poissons, qu'il va chercher en plongeant jusqu'à 20 m de profondeur.

Voix :
des sons croassants
comme « ark ark ark »

Longueur :
76 cm
Le mâle est de la même couleur que la femelle. A l'époque des nids, il a une courte huppe.

Œuf :
56,6—74,6 × 34,9—41,7 mm

**Sédentaire
Erratique**

Pélican blanc

Pelecanus onocrotalus

En Europe, le Pélican blanc niche encore dans le delta du Danube, près de la mer Noire. Il est erratique et migrateur. En dehors de la saison des nids, il nomadise vers l'ouest jusqu'en France, vers le nord jusqu'en Suède et en Finlande. De nos jours, les grandes colonies ont été anéanties et les bandes d'oiseaux les plus importantes ne comptent au maximum que quelques centaines d'individus. Ils quittent les aires de nidification de septembre à octobre pour hiverner surtout en Égypte et au Proche-Orient. Ils reviennent dans leur patrie de fin mars à mai.

Les Pélicans blancs construisent dans des fourrés de roseaux difficilement accessibles un grand nid de joncs, de roseaux, de branchettes, là où l'eau est peu profonde. Ils s'installent sur le nid plusieurs jours avant la ponte. Entre avril et juin, la femelle pond un ou deux œufs, rarement trois. Les deux partenaires couvent alternativement de 29 à 32 jours, et tous deux nourriront ensuite les petits. Au bout de cinq semaines, les jeunes Pélicans nagent aux alentours du nid, à douze semaines, ils savent voler ; à quatorze ou quinze semaines, ils sont tout à fait indépendants.

Les Pélicans blancs pêchent souvent en bandes. Ils forment un demi-cercle pour chasser les poissons vers les bas-fonds où ils les attrapent facilement. Ils ne plongent pas. Ils se nourrissent de poissons, mais aussi, de canetons égarés, etc. Lors du vol, ils replient la tête et le cou en arrière comme les hérons.

Migrateur Erratique

Œuf :
80,0—104,0 × 52,0—64,5 mm

Longueur :
140 à 178 cm
Le mâle est de la même couleur que la femelle. Les petits sont brunâtres.

Voix :
sons mugissants

Pélican frisé

Pelecanus crispus

Le Pélican frisé habite le sud-est de l'Europe ; il nidifie en Bulgarie, Roumanie, Yougoslavie et Grèce. Il abonde surtout dans le delta du Danube ; la population y est migratrice. En hiver il s'envole vers le Nil.

Le Pélican frisé quitte son aire de nidification dès la fin août et revient en mars. Une semaine après son retour, il commence à bâtir son nid. Le mâle apporte les matériaux dans son bec, s'approche du nid en nageant et les remet à la femelle. Le nid est ordinairement disposé sur un pied de roseau touffu ou autres plantes brisées et toujours sur un bas-fond. Quand les colonies sont nombreuses, les nids sont tout proches les uns des autres. De fin mars à début mai, la femelle pond habituellement deux œufs que les deux partenaires couvent en se remplaçant. Ils s'installent sur le nid sitôt le premier œuf pondu. Les petits éclosent le plus souvent au bout de 30 à 32 jours. Les parents leur jettent d'abord la nourriture dans le nid. Quand les jeunes grandissent, ils prennent eux-mêmes celle-ci dans la poche gulaire de leurs parents. Les jeunes Pélicans savent voler à douze semaines et sont indépendants au bout de 14 à 15 semaines.

Les Pélicans frisés se nourrissent exclusivement de poissons. Ils pêchent en bandes, souvent dans les baies côtières, mais aussi en pleine mer.

Voix :
des sons mugissants comme « wo-wo-wo », « kh-kh-kh », et d'autres semblables

Longueur :
171 cm
Le mâle est de la même couleur que la femelle.

Œuf :
78,0—106,0 × 53,0—64,0 mm

Migrateur

Héron cendré

Ardea cinerea

Les aires de nidification du Héron cendré se trouvent dans l'ouest, le centre et l'est de l'Europe, au sud et sur les rivages ouest de la Scandinavie et − par îlots − même en Espagne. Les populations de l'ouest sont sédentaires. Celles du nord et de l'est s'envolent d'octobre à novembre pour hiverner dans les régions méditerranéennes.

Les oiseaux reviennent vers les aires de nidification en mars. Ils choisissent des rivières envahies par la végétation avec des rives boisées, des étangs, des lacs et des marécages, mais aussi des forêts à proximité des eaux. Après leur arrivée commence une curieuse parade amoureuse. Le mâle se tient sur un endroit surélevé, pousse des cris sonores, gonfle les plumes et ouvre le bec pour attirer quelque femelle volant aux alentours. Le couple construit ensuite son nid avec des branchettes, des brindilles, des tiges de roseaux, en général bien haut sur un arbre. D'avril à mai, exceptionnellement fin mars, la femelle pond en général 4 ou 5 œufs, que les deux partenaires couvent alternativement de 25 à 28 jours. Les parents donnent d'abord la becquée aux petits, puis leur déposent la nourriture dans le nid. Au bout de 8 à 9 semaines, les jeunes Hérons sont déjà grands et volent.

Les Hérons cendrés pêchent des poissons, des têtards, des grenouilles, de petits mammifères, des oiseaux, des serpents, des mollusques et des insectes.

Grand comme
une Cigogne
Migrateur
Erratique
Sédentaire

Œuf :
52,4—69,5 × 38,5—49,7 mm

Longueur :
91 cm

Mâle et femelle de même coloration.

Voix :
des « gra », « grak » aigus ; dans les moments d'agitation « graïk » et sur le nid quelque chose comme « khraïkh »

Héron pourpre

Ardea purpurea

Le Héron pourpre d'Europe nidifie dans le sud et le centre de la France, en Espagne, au Portugal, en Italie, dans toute la péninsule balkanique, en Hongrie, parfois aussi en Autriche, en Tchécoslovaquie, en Suisse et en Hollande.

Les Hérons pourpres d'Europe sont migrateurs et hivernent surtout dans l'est et l'ouest de l'Afrique. Ils reviennent vers les aires de nidification en avril, par couples, et s'établissent par petites colonies. Ils construisent leur nid en général sur des tiges brisées de roseaux ou de cannes, environ 50 centimètres au-dessus de la surface de l'eau, et l'achèvent pendant la couvaison. La femelle pond de 4 à 6 œufs, sur lesquels les deux partenaires se relaient pendant 26 jours environ. Ils apportent ensuite aux petits la nourriture dans la poche de leur cou et les jeunes la prennent eux-mêmes du bec des parents. Par la suite, ceux-ci rejettent la nourriture sur le nid et les jeunes la picorent. Les petits quittent le nid après 6 semaines.

Le Héron pourpre se nourrit de petits poissons, grenouilles, têtards, insectes, mollusques, mais aussi de petits hérissons et mammifères ou même parfois d'oisillons. Les Hérons marchent souvent dans les bas-fonds ou bien attendent, immobiles, que leur proie se rapproche pour la saisir d'un rapide coup de bec ou même pour la harponner au sens propre du terme.

Voix :
appels comme « chraït »
ou encore « rraïb »

Longueur :
79 cm

Mâle et femelle sont de la même couleur.

Œuf :
50,0—61,2 × 36,5—44,7 mm

Migrateur

Aigrette garzette

Egretta garzetta

L'Aigrette garzette est largement répandue en Afrique et en Asie. Elle nidifie aussi en Europe : en Espagne, au sud du Portugal, au sud de la France et dans la presqu'île Balkanique. Elle habite surtout les deltas, les lagunes et les marécages, parfois aussi − rarement − les eaux continentales. Elle est migratrice et, à l'époque de la migration, elle nomadise dans le centre et l'ouest de l'Europe. Les individus d'Europe hivernent en Afrique du Sud jusqu'au Cap, et parfois aussi en Asie du Sud. Ils s'envolent vers le sud depuis la fin août jusqu'en septembre, ou même en novembre et décembre pour ceux qui habitent dans les régions les plus méridionales.

L'Aigrette garzette revient à son aire de nidification de la mi-mars à mai ; en France, on la rencontre dès le mois de février. Elle niche en colonies, souvent en compagnie d'autres genres de hérons. Le nid est bâti sur des buissons ou des arbres, parfois dans les bois. Il peut y avoir plus de 20 nids sur un seul arbre, souvent à 75 cm seulement les uns des autres. Peu après leur retour, les deux partenaires le construisent ensemble avec des brindilles et des tiges de roseaux. En mai ou juin, la femelle y pond de 3 à 6 œufs. Les deux partenaires se remplacent sur la couvée, sitôt la ponte du premier œuf, ce qui fait que les petits éclosent les uns après les autres. L'incubation dure de 21 à 25 jours. Les petits sont nourris par les deux parents qui vont chercher la nourriture jusqu'à 20 km du nid.

Œuf :
41,1—55,0 × 30,0—38,0 mm

Longueur :
56 cm
Le mâle est de la même couleur que la femelle.

Voix :
« kerk » croassants

Migratrice

Héron bihoreau

Nycticorax nycticorax

Le Héron bihoreau habite la partie sud, sud-est et sud-ouest de l'Europe. On le trouve aussi par îlots en Europe centrale, en Hollande et en France dans le delta du Rhône.

Les sujets d'Europe hivernent en Afrique tropicale et reviennent vers les nids en avril. Ils recherchent les marécages, les lacs, les étangs et les rivières, pourvu qu'y croissent arbres et buissons. Ils s'établissent souvent au bord des forêts, à proximité de l'eau, parfois même dans des parcs. Le mâle commence à bâtir un nid et attire une femelle qui continuera elle-même la construction tandis que le mâle lui apportera les matériaux. La femelle pond de 3 à 5 œufs et se met à couver dès le premier. Le mâle remplace régulièrement sa compagne, en général toutes les 2 à 4 heures. Au bout de 20 à 23 jours, les petits éclosent. Les parents les nourrissent avec soin dans le nid pendant 21 à 28 jours. Puis les petits se dispersent sur les branches avoisinantes et commencent à voleter au bout de 6 semaines.

La nourriture des Hérons bihoreaux se compose de petits poissons, de vers, d'insectes, etc. Ils pêchent ordinairement dans l'ombre, au crépuscule ou très tôt le matin et, pendant le jour, ils se reposent dans les buissons épais. Lorsqu'ils doivent nourrir leurs petits, ils se mettent cependant aussi en chasse dans la journée.

Voix :
un « couac » caquetant,
audible de loin

Longueur :
61 cm

Le mâle et la femelle sont
de la même couleur.

Œuf :
43,7—56,5 × 31,0—39,7 mm

Grand comme
un Canard

Migrateur

Blongion nain

Ixobrychus minutus

A l'exception de la Scandinavie et des îles Britanniques, toute l'Europe est le domaine du Blongion nain. A la fin août et en septembre, il s'envole pour hiverner dans l'est et le nord-ouest de l'Afrique. Il revient vers les aires de nidification en général fin mars, parfois aussi en avril ou début mai. Il habite les lacs, les étangs, le delta des fleuves, mais aussi de petits marais, pourvu qu'ils offrent assez de végétation.

Le mâle arrive le premier, choisit l'emplacement du nid et commence à bâtir. Après quelques jours, arrive la femelle qui termine la construction à l'aide des matériaux que le mâle lui apporte. Le nid est caché très soigneusement. La femelle pond 5 ou 6 œufs. Le mâle se relaie avec elle pour les couver. Sur le nid, le Blongion nain prend souvent une attitude figée, le bec levé à la verticale et le cou tendu. Il se confond ainsi complètement avec l'environnement végétal. Les petits éclosent au bout de 16 à 19 jours et restent dans le nid 10 à 12 jours. Les parents leur apportent la nourriture qu'ils leur donnent les premiers jours de bec à bec, et qu'ensuite ils déversent dans le nid.

Le Blongion nain se nourrit d'insectes, de petits poissons, de têtards, de mollusques et de crustacés.

Œuf :
30,0—39,0 × 23,3—27,7 mm

Longueur :
36 cm
Le mâle a le dos noir, la femelle le dos brun.

Voix :
de brefs « ourr, ourr », sur le nid aussi « yick », « gaïck » ou « gaît »

Migrateur

Butor étoilé

Botaurus stellaris

Pendant les tièdes nuits de printemps, des hululements inquiétants, aux résonances profondes, s'élèvent des marais, marécages ou vastes cannaies des lacs et des étangs. C'est le Butor étoilé qui manifeste sa présence. Le domaine de cet oiseau robuste s'étend sur toute l'Europe à l'exception du Grand Nord. Les sujets de l'ouest et du sud de l'Europe sont habituellement sédentaires, ceux des autres régions hivernent souvent dans l'ouest et le sud-ouest de l'Europe, mais aussi en Afrique du Nord vers laquelle ils s'envolent de septembre à octobre.

Les Butors étoilés reviennent aux aires de nidification en mars ou avril. Le nid plat, fait d'un tas de tiges de roseaux et de joncs, est le plus souvent posé sur un bas-fond et caché dans l'épaisseur de la végétation. D'avril à mai la femelle pond 5 ou 6 œufs et commence à couver dès le premier œuf. Le mâle ne s'occupe pas de la couvée. Même lorsque les petits éclosent, l'un après l'autre, au bout de 25 à 27 jours, la femelle s'en occupe seule. Les premiers jours elle leur jette la nourriture dans le nid. Au bout de 8 semaines les jeunes Butors volent et prennent leur indépendance. Très souvent les Butors prennent dans les roseaux une attitude de « pieu », la tête dressée à la verticale ; la couleur aidant, ils se confondent ainsi à merveille avec l'environnement.

Ils se nourrissent surtout d'insectes, larves, têtards, grenouilles, petits poissons et attrapent aussi occasionnellement de petits mammifères.

Voix :
de profonds « u-pououh »,
plus rarement aussi
« grag » ou « grog » en
volant « haou-haou »

Longueur :
76 cm

Le mâle est de la même
couleur que la femelle.

Œuf :
47,5—58,2 × 33,5—41,0 mm

Presque aussi grand
qu'une Oie

Migrateur
Sédentaire

Cigogne blanche

Ciconia ciconia

La Cigogne blanche est l'un des plus connus parmi les oiseaux européens qui s'installent au voisinage de l'homme et sous sa protection. Elle est répandue dans le centre, le nord-ouest et le sud-est de l'Europe. On la rencontre aussi en Espagne et dans les régions les plus au sud de la Scandinavie. C'est un oiseau migrateur qui, du début août jusqu'en septembre, entreprend de longs voyages vers le sud-ouest et le sud-est, selon les populations, et vole jusqu'en Afrique de l'Est et du Sud.

En mars ou au début avril, la Cigogne reparaît sur les aires de nidification. Son nid est un amas de branches et de brindilles. Les Cigognes reviennent au même nid pendant des années, le consolidant chaque fois. Un nid « neuf » est bâti en 8 jours. En avril et mai, la Cigogne pond en général 4 ou 5 œufs que les deux partenaires couvent alternativement. Pendant la nuit la femelle couve seule. Les petits éclosent en général au bout de 30 à 34 jours. Les parents leur déposent la nourriture dans le nid. Les petits commencent à voler au bout de 54 à 63 jours.

Les Cigognes sont exclusivement carnivores. Elles chassent dans l'eau des bas-fonds, dans les prairies et les champs, le plus souvent de petits rongeurs, mais aussi des grenouilles, des hérissons, de petits poissons et même des insectes, des vers, etc.

Migratrice

Œuf :
65,0—81,5 × 46,0—57,0 mm

Longueur :
102 cm

Le mâle et la femelle sont de la même couleur.

Voix :
claquements de bec
Les petits émettent des sons miaulants.

Cigogne noire

Ciconia nigra

La Cigogne noire affectionne les forêts de feuillus de l'Europe centrale, du Nord-Est, de l'Est et de l'Espagne. Elle préfère la plaine, mais elle ne dédaigne pas pour autant la montagne, pourvu qu'on y trouve des étangs, des rivières, de grands ruisseaux, etc. Les populations européennes émigrent en août et en septembre vers l'Afrique orientale et du Sud. Elles regagnent leurs territoires de nidification vers la fin de mars ou en avril.

Fin avril ou début mai, la Cigogne noire construit un grand nid plat, d'ordinaire sur un arbre à environ 15 mètres au-dessus du sol. Elle l'installe sur une branche, souvent au plus près du tronc ; elle emploie comme matériaux des branches, ainsi que des mousses et de petites brindilles, etc., pour le rembourrer. Parfois, elle se sert même d'un vieux nid abandonné de Rapace comme base à sa construction et, dans les régions montagneuses, elle l'établit parfois sur un rocher en saillie. La ponte est de 3 à 5 œufs, que les deux partenaires couvent alternativement pendant 30 à 34 jours. Ils vont chercher la nourriture pour leurs petits à de très grandes distances, parfois même à plusieurs kilomètres du nid. Les jeunes sont aptes à s'envoler après 54 à 63 jours.

La Cigogne noire se nourrit essentiellement de poissons, mais elle détruit également des amphibiens, de petits mammifères, de gros insectes, ainsi que d'autres animaux invertébrés.

Voix :
elle émet des sifflements comme un « fuo »

Longueur :
96 cm
Mâle et femelle de même coloration. Les jeunes ont les pattes et le bec gris-vert.

Œuf :
60,0—74,3 × 44,0—54,7 mm

Presque aussi grande qu'une Cigogne blanche

Migratrice

Spatule blanche

Platalea leucorodia

La Spatule blanche habite le sud de l'Espagne, la Hollande, le lac de Nezider, en Hongrie, et dans le sud-est de l'Europe. En août-septembre elle s'envole vers l'Afrique tropicale pour revenir à son aire de nidification en mars-avril.

Les Spatules blanches s'établissent dans les lacs où poussent des végétaux, dans les deltas des rivières, les marais, etc. Elles nichent par colonies, souvent en compagnie d'autres oiseaux. Le nid est bâti sur un pied de roseau touffu avec des tiges de roseaux ou de joncs, ou bien il est fait de brindilles et situé sur des buissons ou même sur des arbres, surtout des chênes. Le nid est bâti par le couple qui l'utilise souvent plusieurs années. La femelle pond généralement dès la fin avril, en mai ou en juin. La couvée est de 3 à 5 œufs tachetés. Ces taches disparaissent pendant la couvaison. Les deux partenaires se relaient sur les œufs 24 à 25 jours. Ils s'occupent aussi tous les deux des petits qui prennent leur nourriture directement de l'œsophage de leurs parents. Les jeunes quittent le nid au bout de 6 à 8 semaines et, peu après, sont capables de s'envoler.

Les Spatules se nourrissent de divers insectes aquatiques et de leurs larves, d'œufs de têtards, de crustacés, de petits poissons, etc.

Œuf :
52,7—74,6 × 36,8—49,5 mm

Longueur :
86 cm
Au temps de la nidification, plumes plus longues sur la tête.

Voix :
des sons profonds et rauques et des claquements de bec

Migratrice

Flamant rose

Phoenicopterus ruber roseus

En Europe, le Flamant rose nidifie au sud de la France, en Camargue, dans le delta du Rhône ; et au sud de l'Espagne. Il hiverne le plus souvent en Afrique du Nord et en Méditerranée, mais parfois aussi nomadise autour de son aire de nidification. Exceptionnellement, il nomadise jusqu'en Grande-Bretagne, en Europe centrale, en Norvège et en Finlande. Il habite les lagunes côtières et les lacs peu profonds. Les individus qui nidifient en U.R.S.S. s'envolent régulièrement vers le delta du Danube où ils se tiennent sur les bas-fonds des lagunes côtières. Ils nidifient en colonies souvent très nombreuses.

Les Flamants bâtissent un nid en forme de cône de 20 à 50 cm de hauteur. Ils le tassent avec leurs pattes et, du bec, creusent au sommet le nid proprement dit, où la femelle pond le plus souvent un œuf, parfois deux, ou même trois. Elle couve seule 30 à 32 jours. Quatre jours après l'éclosion, parfois un peu plus, les petits quittent le nid et forment de petites bandes qui pataugent dans les bas-fonds. Les parents nourrissent les petits dans le bec avec une bouillie liquide spéciale, et cela pendant trois semaines. Les petits cherchent ensuite leur nourriture eux-mêmes, mais les adultes la complètent encore deux à trois semaines.

Les Flamants se nourrissent surtout de petits crustacés, mais aussi de mollusques, vers, insectes aquatiques, et partiellement de plantes.

Voix :
pareille à celle des oies; au vol : « cacac »

Longueur :
127 cm
Le mâle est de la même couleur que la femelle. Les petits sont jaunâtres.

Œuf :
77,0—103,5 × 47,7—60,1 mm
Les œufs sont blancs.

Erratique
Migrateur

Cygne domestique

Cygnus olor

La patrie de ce grand Cygne est l'Angleterre, le nord-ouest et le centre de l'Europe, le sud de la Suède et, dans le sud-est de l'Europe, les côtes nord de la mer Noire et le pourtour de la Caspienne. Il est presque partout sédentaire, cependant il nomadise en hiver. Les populations du Grand Nord sont migratrices et hivernent le long des côtes de la Baltique ou bien volent jusqu'en Belgique et en Hollande.

En de nombreux endroits, les Cygnes sont à demi-domestiqués. Ils arrivent par couples, lesquels sont souvent stables. La femelle construit un grand nid, pour lequel le mâle lui apporte les matériaux du voisinage. La femelle pond de 4 à 7 œufs qu'elle couve presque seule. En général le mâle reste tout près, surveille jalousement les environs, et attaque tous les intrus. Les petits éclosent au bout de 35 jours. Les parents s'en occupent tous les deux. Les jeunes Cygnes sont grisâtres. Ils ne sont capables de voler qu'au bout de 4 mois et demi et ne deviennent adultes qu'au bout de 4 ans.

La nourriture des Cygnes est surtout végétale, mais ils se nourrissent aussi partiellement d'insectes, mollusques, etc.

**Sédentaire
Erratique**

Œuf :
98,8—122,0 × 68,0—80,0 mm

Longueur :
mâle 159 cm,
femelle 155 cm

Poids :
10 kilos
Mâle et femelle sont de la
même couleur.

Voix :
sifflement

Cygne chanteur

Cygnus cygnus

Le Cygne chanteur habite l'Islande, le nord de l'É-cosse, de la Scandinavie, de la Finlande et de la partie européenne de l'Union soviétique. Il nidifie aussi au nord de l'Asie. Il a ses quartiers d'hiver pratiquement dans toute l'Europe, mais se tient le plus régulière-ment sur les côtes d'Islande, de Grande-Bretagne, d'Irlande, de Scandinavie, d'Allemagne, de Hollande et sur les bords de la mer Noire et de la Caspienne. Il nomadise vers les eaux continentales qui ne gèlent pas, mais seulement au cours d'hivers très froids et par petits groupes.

A l'époque des nids, il habite les eaux côtières, les deltas, mais aussi les lacs et les grands fleuves de la toundra arctique. Il préfère les eaux stagnantes pour-vues de roseaux touffus. Il construit son nid sur des îlots ou dans les marécages. C'est en général un grand tas de roseaux et d'autres végétaux. La femelle garnit de duvet la cuvette du nid, y pond trois à six œufs et commence à couver trois jours après la ponte du dernier œuf. Elle couve seule. Le mâle reste à proxi-mité et monte la garde. Après 30 à 40 jours, les petits éclosent et, sitôt secs, les parents les mènent à l'eau. Le duvet des petits est joliment rosé. Au bout de deux mois, ils sont pourvus de plumes d'un gris sale qui permet de les distinguer facilement des adultes.

Le Cygne chanteur se nourrit de plantes : herbes, pousses vertes et graines variées. Les jeunes mangent aussi des insectes aquatiques et des larves.

Voix :	Longueur :	Œuf :	
sons tonitruants	152 cm	104,5—126,3 × 68,0—77,4 mm	
	Le mâle est de la même couleur que la femelle.		

Migrateur

Cygne de Bewick

Cygnus bewickii

Le Cygne de Bewick habite les toundras d'Europe et de la partie asiatique de l'U.R.S.S. Il se distingue du Cygne blanc par sa taille plus petite et par son bec dont seules les ouvertures nasales sont jaunes. Il hiverne normalement en mer du Nord et autour de l'Angleterre et de l'Irlande. Il constitue par endroits des bandes comptant des milliers d'individus. On le rencontre en moins grand nombre sur les rives de la Baltique et jusque sur la mer Noire et la Caspienne.

Le Cygne de Bewick quitte sa patrie début octobre. Il revient début avril vers ses aires de nidification, dans les toundras marécageuses, à proximité des côtes. Il a une préférence pour les contrées aux lacs peu profonds et aux petites rivières. Il construit son nid sur une éminence proche des eaux. La femelle le bâtit seule avec de la mousse, du lichen et autres matériaux végétaux, et garnit de fin duvet la cuvette du nid. Elle pond en général 3 ou 4 œufs, habituellement dans la seconde moitié de juin, et les couve seule 34 à 38 jours. Le mâle, pendant ce temps, reste à proximité et monte la garde.

Le cygne de Bewick se nourrit surtout de végétaux, mais il consomme aussi, en petites quantités, des insectes aquatiques et leurs larves, occasionnellement des petits poissons ou des têtards.

Œuf :
96,0—114,0 × 64,3—71,7 mm

Longueur :
122 cm
Le mâle est de la même couleur que la femelle.

Voix :
des sons tonitruants profonds, des tons musicaux

Migrateur

Oie des moissons

Anser fabalis

L'Oie des moissons est répandue surtout dans les parties sud de la toundra arctique. Son territoire européen comprend l'Islande, le nord de la Scandinavie, la Finlande et le nord de l'U.R.S.S. Les populations européennes hivernent à l'ouest et au sud de l'Europe, mais aussi sur les côtes du sud de la Scandinavie et les bords de la mer Noire. Elles hivernent aussi sur le continent, dans les prairies à proximité des eaux. Lorsqu'elles paissent, quelques individus montent la garde. En général, elles se reposent pendant la journée et cherchent une pâture après le coucher du soleil.

Les Oies des moissons regagnent leurs aires de nidification en mai. Elles recherchent de préférence les berges des lacs et des rivières, mais aussi les pentes rocheuses des ruisseaux de montagnes. Peu après leur retour, les Oies des moissons se préparent à nicher. La femelle construit son nid dans un petit creux sous des buissons ou des arbustes et le garnit de végétaux et de duvets. Elle pond ensuite 3 à 7 œufs, habituellement en juin, et les couve seule 27 à 30 jours, tandis que le mâle monte la garde près du nid. En cas de danger, les deux oiseaux s'aplatissent sur le sol et dressent le cou. Les Oies des moissons quittent leur patrie par bandes fin août ou début septembre — ou même en octobre, pour celles qui habitent plus au sud.

Leur nourriture se compose d'herbe, de pousses vertes, de baies et de graines. Les adultes à l'époque de la mue et les petits se nourrissent aussi d'insectes.

Voix :
des sons comme
« anng-anng », « caïah »
ou « caïaïac »

Longueur :
71—89 cm
Le mâle est de la même
couleur que la femelle.

Œuf :
74,0—91,0 × 42,0—59,0 mm

Migratrice

Oie rieuse

Anser albifrons

En Europe, l'Oie rieuse ne nidifie que sur les côtes septentrionales d'U.R.S.S. Elle est répandue dans le nord de l'Asie, de l'Amérique et sur la côte est du Groenland. Elle hiverne sur les côtes ouest de l'Europe, de la Grande-Bretagne et de l'Irlande, à l'est de la Scandinavie et sur la mer Noire. Il lui arrive de voler jusqu'en Europe centrale.

L'Oie rieuse revient à ses aires de nidification à partir de la mi-mai ; elle ne regagne les régions montagneuses qu'à la mi-juin. Elle nidifie souvent en petites colonies, habite les toundras sans arbres, les régions marécageuses proches de la mer, les îlots et les deltas, mais aussi les berges des rivières et les lacs. Elle construit son nid sur des éminences de terrain, mais aime également les terrasses sur les pentes. Il n'est pas rare que l'Oie rieuse niche près de l'aire de nidification d'un Faucon migrateur, dont la présence est une garantie contre les Canards. La cuvette du nid est garnie de divers matériaux végétaux et, lorsque la couvaison commence, de duvet épais. Fin mai, plus souvent fin juin, la femelle pond 3 à 7 œufs qu'elle couve seule pendant 26 à 30 jours. Le mâle reste pendant tout ce temps près du nid, ou, même, sur le nid. Lorsque les petits quittent le nid, les familles se rassemblent en bandes et recherchent les prairies humides à riche végétation, sur les berges des rivières et des lacs.

L'Oie rieuse se nourrit d'herbe, de pousses, de baies et de graines.

Œuf :
72,0—89,6 × 46,7—59,0 mm

Longueur :
66—76 cm
Le mâle est de la même
couleur que la femelle.

Voix :
des tons hauts comme
« lio-lioc », « cou-liou », et
d'autres semblables

Migratrice

Oie naine

Anser erythropus

La patrie de l'Oie naine comprend les toundras d'Europe et d'Asie, c'est-à-dire, pour l'Europe, le nord de la Scandinavie, de la Finlande et de l'U.R.S.S. Elle hiverne au sud-est de l'Europe, sur les rives de la mer Noire et de la Caspienne. Elle ne s'égare vers l'intérieur qu'individuellement, en général quand elle est en retard. On la rencontre en Europe centrale de septembre à novembre, puis de mars à début mai, lorsqu'elle revient à son aire de nidification. Elle parvient à celle-ci fin mai ou début juin.

Jusqu'à la fonte des neiges, les oiseaux restent en groupe et vagabondent à travers les vastes espaces environnants. Puis les couples s'isolent et se cherchent, à l'abri d'un fourré, un emplacement pour leur nid. La femelle pond le plus souvent 4 à 5 œufs, fin juin ou début juillet. Elle couve seule 26 à 27 jours, tandis que le mâle reste à proximité et avertit sa compagne en cas de danger. Lorsque les petits sont élevés, les Oies naines se rassemblent en vol nombreux. En juillet, lors de la mue, elles restent souvent hors de l'eau et, en cas de danger, s'enfuient en courant très rapidement.

Les Oies naines ne cherchent leur nourriture que sur la terre ferme. Elles se nourrissent d'herbe, de pousses, de feuilles et de baies.

Voix :
Le mâle émet des sons hauts comme « kiou-iou » ou « kiou-iou-iou », la femelle « caou-iaou ».

Longueur :
53—56 cm
Le mâle est de la même couleur que la femelle.

Œuf :
69,0—84,5 × 43,0—52,0 mm

Migratrice

85

Oie cendrée

Anser anser

Le domaine de cette grande Oie comprend l'Écosse, l'Islande, les rivages de la Scandinavie et une partie de l'Europe centrale et sud-orientale. Les Oies cendrées d'Écosse sont sédentaires. Les populations du nord et du centre de l'Europe hivernent dans l'ouest de l'Europe et en Méditerranée. Les individus migrateurs quittent leur demeure en septembre et octobre et y reviennent le plus souvent en mars. Pour nidifier, les Oies cherchent de grandes étendues d'eaux stagnantes, lacs et étangs avec de vieilles cannaies.

Les couples d'Oies restent stables toute leur vie. Sitôt leur retour, ils s'approprient en général le même lieu pour établir leur nid, que la femelle construit seule avec les matériaux qu'elle trouve dans le voisinage immédiat. Les bords du nid sont abondamment garnis de duvet. L'Oie pond de 4 à 9 œufs et les couve de 27 à 30 jours. Pendant ce temps le jars reste au voisinage du nid et surveille attentivement les alentours. Les parents s'occupent tous les deux des oisons. Le jars surveille sa famille et en cas de danger – par exemple la menace d'un oiseau de proie – il fait courageusement face à l'attaquant. A l'âge de 57 jours, les oisons sont capables de voler, mais restent encore près des parents et les différentes familles se groupent en une grande bande.

La nourriture de l'Oie cendrée se compose surtout de verdure et de graines très diverses.

Œuf :
74,0—99,0 × 51,4—62,0 mm

Longueur :
mâle 82,5 cm
femelle 70,5 cm
Mâle et femelle sont de la même couleur.

Voix :
les « gagagag » bien connus

Migratrice
Sédentaire

Bernache du Canada

Branta canadensis

La Bernache du Canada est originaire d'Amérique du Nord. Depuis le XVIIe siècle, cependant, elle fut élevée en Angleterre, à l'état demi-sauvage, puis en Suède. De là, elle fut ensuite lâchée dans la nature, et c'est ainsi que naquirent les populations européennes. La population d'Angleterre est sédentaire, tandis que les oiseaux nichant en Suède hivernent sur les côtes allemandes et en Hollande, et, parfois, nomadisent aussi dans d'autres pays d'Europe. Il peut cependant en ce cas s'agir d'oiseaux échappés des jardins d'acclimatation. En hiver, la Bernache du Canada reste surtout sur les côtes. Elle a son aire de nidification dans les marécages côtiers, mais aussi à l'intérieur des terres, dans les prairies proches des eaux, et, parfois, dans les forêts clairsemées pourvues de petits lacs et d'étangs.

La Bernache du Canada construit son nid sur des îlots ou directement dans les marais. La cuvette du nid est rembourrée de feuilles sèches, de brins d'herbe et d'autres matériaux végétaux et, après la fin de la ponte, de duvet épais. La femelle pond début avril 5 à 6 œufs qu'elle couve seule 28 à 29 jours. Le mâle veille continuellement à proximité du nid. Lorsque les petits sont élevés, les familles se groupent et vagabondent en bandes à travers le pays. Elles pâturent surtout le soir et tôt le matin, en général sur le sol ferme. Leur nourriture se compose d'herbe, de céréales, de pousses, de baies et de graines, occasionnellement aussi d'insectes, de larves et de mollusques.

Voix :
des sons comme
« ê-haouc »

Longueur :
mâle 99 cm,
femelle 93,5 cm
Le mâle est de la même
couleur que la femelle.

Œuf :
79,0—99,0 × 53,5—64,5 mm

Erratique
Migratrice

Bernache nonnette

Branta leucopsis

La Bernache nonnette est répandue dans l'Atlantique nord, de l'est du Groenland au Spitzberg et aux îles de Nouvelle-Zemble. Elle hiverne sur les côtes d'Irlande, d'Angleterre, de Hollande, du Danemark, d'Allemagne et du nord de la France. Quelques bandes volent jusqu'en Méditerranée, aux Açores, et sur la côte est de l'Amérique du Nord. La migration commence fin août, début septembre. Les oiseaux du Spitzberg vont vers leurs quartiers d'hiver et en reviennent à travers la pleine mer et le long des côtes de la Scandinavie. Ceux du Groenland traversent l'Islande et ceux de Nouvelle-Zemble traversent la Baltique. Leurs aires de nidification sont près des côtes, ou sur les berges des rivières.

Les Bernaches nonnettes nichent en colonies, souvent près d'oiseaux de proie qui les protègent, en particulier contre les renards arctiques. Elles arrivent dans leur patrie dans la seconde moitié de mai, elles font leur nid sur les falaises et s'installent souvent dans les colonies de Guillemots de Troïl, de Goélands argentés ou d'autres oiseaux de mer. La femelle pond de 3 à 5 œufs, parfois jusqu'à 7, en général dans la seconde moitié de juin, et les couve seule 24 à 26 jours. Une fois secs, les petits sautent du rocher dans l'eau.

A l'époque des nids la nourriture de la Bernache nonnette se compose de plantes des côtes, de pousses, etc., en hiver de plantes aquatiques, d'algues marines, de crustacés et de mollusques et insectes aquatiques.

Œuf :
68,0—82,7 × 46,0—54,0 mm

Longueur :
58 à 69 cm
Le mâle est de la même
couleur que la femelle.

Voix :
des « gnac » rapidement
répétés

Migratrice

Bernache cravant

Branta bernicla

La Bernache cravant peuple les toundras côtières au nord de l'Asie et de l'Amérique ; en Europe, elle niche sur les îlots de la côte nord de l'U.R.S.S. et hiverne sur les côtes du Danemark, de la R.F.A., plus rarement de la R.D.A., de la Hollande, de la Belgique, de la France, de l'Angleterre et de l'Irlande. Elle retourne dans sa patrie début juin et commence, aussitôt son arrivée, à bâtir son nid, une cuvette peu profonde, abondamment rembourrée de matériaux végétaux et de duvet. La Bernache cravant niche en petites colonies sur des éminences de terrain, au sec. En juin la femelle pond 3 à 6 œufs qu'elle couve seule 24 à 26 jours. Il est curieux de constater que les mâles se séparent très tôt de leurs familles et constituent des bandes indépendantes. En été a lieu une mue complète qui, chez les adultes, commence à la mi-juillet. Les nouvelles rémiges sont poussées entre le 10 et le 15 août. Dans la première moitié d'août, les jeunes aussi sont capables de voler, mais n'ont pas encore leur plumage complet. En hiver, la Bernache cravant se nourrit de plantes marines ; en été, d'herbe, de lichen, de mousse, etc., mais aussi de crustacés, mollusques, insectes aquatiques, larves et autres invertébrés. La Bernache cravant devient de plus en plus rare. Jusque vers 1930, environ 10 000 de ces oiseaux hivernaient en Hollande ; depuis 1953, on en trouve à peine 1000. La situation est la même sur les autres lieux d'hivernage.

Voix :
des sons gutturaux comme « rronnk » ou « rott »

Longueur :
56 à 61 cm
Le mâle est de la même couleur que la femelle.

Œuf :
63,5—78,5 × 41,0—51,0 mm

Migratrice

♀

♂

Tadorne de Belon

Tadorna tadorna

Le Tadorne de Belon habite les côtes de l'Irlande, de l'Angleterre, de la Scandinavie, du Danemark, de la R.F.A., de la R.D.A., de la Hollande, de la France et les rivages de la mer Noire. Il est de plus répandu jusqu'en Chine centrale et en Afghanistan. Il habite aussi les lacs salés d'Asie. Il hiverne dans tout le sud et l'ouest de l'Europe et en Afrique du Nord. A l'époque de la migration, on le rencontre, de façon irrégulière, sur les étangs et les fleuves à l'intérieur des terres. Dans les contrées les plus méridionales de son aire d'habitation, il est sédentaire. Il préfère les rives sablonneuses ou vaseuses, ou encore les îlots, souvent au voisinage de colonies de Mouettes, Sternes et autres oiseaux semblables. Il niche volontiers dans un terrier abandonné, de renard par exemple, mais s'installe aussi dans un tas de pierres ou dans le creux d'un rocher gisant sur le sol. La cuvette du nid est sobrement garnie de feuilles ou de bouts de bois, ou même seulement de duvet. La femelle pond, de mai à juin, 7 à 12 œufs, quelquefois plus, jusqu'à 20. Elle couve seule 27 à 29 jours. Le mâle se tient à une faible distance et surveille les abords du nid. Quand les petits sont éclos et secs, la mère les conduit à l'eau. Le Tadorne de Belon se nourrit de mollusques marins, de crustacés, de vers, d'insectes aquatiques et de leurs larves, partiellement aussi de plantes. Il avale aussi à l'occasion du frai et des têtards.

Migrateur
Sédentaire

Œuf :
61,1—71,1 × 42,0—51,0 mm

Longueur :
61 cm
La femelle est de couleur plus terne. A l'époque de la parade nuptiale, le mâle porte une protubérance rouge à la racine du bec.

Voix :
des rapides « ac-ac-ac » et aussi « ra-re »

Canard siffleur

Anas penelope

♀

♂

Le Canard siffleur habite le nord et le nord-ouest de l'Europe. Il nidifie aussi en Écosse et sur les rives de la Baltique. En Écosse, en Islande et sur le rivage sud-ouest de la péninsule scandinave, il est sédentaire ou erratique en hiver. Les individus des autres parties de l'Europe sont attirés vers le sud-ouest et hivernent sur les rivages de la mer du Nord ou sur les côtes de la Baltique. Beaucoup vont jusque sur les côtes ouest de l'Europe et de la Méditerranée, parfois même jusqu'en Afrique, sur les grands lacs. Ils quittent leurs demeures depuis la fin août jusqu'en septembre et y reviennent en mars ou début avril, déjà par couples. Pendant le rut, les canards nagent autour des canes, hérissent les plumes de leur tête, lèvent les ailes et par moments lèvent brusquement la tête et sifflent. Le Canard siffleur vit sur les eaux continentales de toutes sortes, pourvu que les berges en soient riches en végétation.

Les canes construisent leur nid à terre avec des végétaux secs et le garnissent de duvet grisâtre. Le nid est en général caché dans les plantes, à proximité de l'eau. La cane couve seule ses 7 à 10 œufs, pendant 22 à 23 jours. Elle conduit les petits à l'eau sitôt secs.

Les Canards siffleurs se nourrissent surtout de végétaux et d'insectes.

Voix :
le mâle fait entendre des sons sifflants comme
« ouiou ouiouiou ouiouiou »,
la femelle
« terr » ou « trr »

Longueur :
mâle 49 cm, femelle 44 cm
Dimorphisme

Œuf :
49,2—59,9 × 34,7—42,1 mm

**Erratique
Sédentaire
Migrateur**

Canard chipeau

Anas strepera

♂

♀

Le Canard chipeau est très fréquent en Europe orientale et centre-orientale. On le rencontre aussi dans le nord-ouest de l'Europe. Les populations de l'ouest sont sédentaires, les autres migratrices. Elles hivernent surtout dans le sud-ouest de l'Europe, mais aussi en Afrique, jusqu'au-delà de l'Éthiopie.

Les Canards chipeaux reviennent à leurs aires de nidification à la fin mars ou en avril. Ils recherchent les eaux continentales immobiles, aux berges riches en végétation. Pendant la parade amoureuse, plusieurs mâles restent autour d'une seule femelle. Ils nagent le cou tendu, hochant la tête de haut en bas puis, le bec tendu à l'horizontale, ils poussent leur cri. Ils se livrent aussi à une sorte de vol nuptial, au cours duquel ils cessent de battre des ailes et se laissent tomber à terre de biais.

Leur nid est bien caché dans une touffe d'herbe et garni d'herbes sèches. En mai ou juin, les nids sont remplis de 7 à 12 œufs que la femelle couve 26 à 27 jours. Sitôt secs, les petits sont conduits à l'eau par leur mère. Les canetons chipeaux sont capables de voler au bout de 7 semaines et nomadisent ensuite dans les environs.

Les Canards chipeaux se nourrissent de verdure et de graines ou, à l'occasion, de mollusques et d'insectes aquatiques. Seuls les jeunes mangent beaucoup de nourriture d'origine animale.

Œuf :
50,3—59,9 × 34,5—43,5 mm

Longueur :
mâle 51 cm, femelle 48 cm
Dimorphisme

Voix :
des « gagagagagagaga » caquetants ;
le mâle émet aussi des sons sifflants, la femelle fait entendre des «rêckrêckrêck»

Migrateur
Sédentaire

Sarcelle d'hiver

Anas crecca

La Sarcelle d'hiver est la plus petite parmi les espèces européennes de canards. Elle ne pèse que 300 grammes. Elle est répandue dans toute l'Europe. Même si elle ne nidifie pas en Espagne, au Portugal, en Italie et dans les Balkans, on l'y rencontre souvent en hiver. Certaines Sarcelles migrent en Afrique, jusqu'au Soudan. Elles reviennent aux aires de nidification en mars ou au début avril et recherchent les eaux pourvues d'une végétation abondante.

La femelle construit son nid à terre, caché dans les hautes herbes. Il est fait de végétaux secs et le bord en est garni de duvet. A partir de la mi-avril jusqu'en juin, la femelle couve seule ses 8 à 10 œufs, et cela pendant 22 à 25 jours. Le mâle reste sur l'eau à proximité du nid. Les canetons sont petits, mais très vifs. Ils savent plonger et chercher eux-mêmes leur nourriture.

Les Sarcelles se nourrissent de végétaux et de petits animaux. La nourriture d'origine animale (vers, insectes) domine au printemps et en été, la nourriture végétale (graines, verdure) à l'automne. Lorsque les petits sont élevés, les Sarcelles d'hiver se rassemblent en bandes nombreuses.

Voix :
le mâle pousse des
« krilouk » ou « krouck »
sonores,
la femelle de
rapides
« guêguêguêguê »

Longueur :
mâle 36 cm, femelle 34 cm
Dimorphisme

Œuf :
41,0—50,0 × 30,0—35,5 mm

**Grande comme
un Pigeon**

Migratrice

Sarcelle d'été

Anas querquedula

La Sarcelle d'été habite l'ouest, le centre, l'est et le nord-est de l'Europe ainsi que les côtes sud-est de l'Angleterre et de la péninsule scandinave. Elle hiverne surtout en Afrique tropicale. Elle ne constitue jamais de bandes aussi nombreuses que sa parente la Sarcelle d'hiver. Elle habite les marais et les marécages ainsi que les lacs et les étangs riches en végétation et préfère les eaux situées à proximité de prairies. La Sarcelle d'été arrive sur l'aire de nidification à la fin mars ou en avril. La parade amoureuse a lieu le plus souvent entre plusieurs couples. Les Sarcelles nagent en cercle, les mâles, plumes hérissées, tête inclinée, bec plongé dans l'eau, suivant de près les femelles. Ils hochent la tête et l'inclinent par moments. Finalement ils volent brusquement par petits groupes au ras de l'eau. Vers la fin avril, en mai ou en juin, la femelle construit un nid par terre dans un petit creux bien caché. Elle couve elle-même ses 8 à 11 œufs pendant 21 à 25 jours et s'occupe seule aussi des petits. En juillet, les familles de Sarcelles d'été se rassemblent par petites bandes.

Leur nourriture se compose de graines, de verdure, mais aussi d'insectes, de larves, de petits poissons et têtards. Les Sarcelles comptent parmi les oiseaux les plus rapides. Elles peuvent atteindre près de 100 kilomètres à l'heure.

Œuf :	Longueur :	Voix :
39,3—50,1 × 29,7—35,5 mm	mâle 40 cm, femelle 36 cm, poids autour de 350 g Dimorphisme	le mâle a des appels comme « klerrb », la femelle pousse des « knek »

Grande comme un Pigeon

Migratrice

Canard colvert

Anas platyrhynchos

Les Canards colverts comptent parmi les plus nombreuses et les plus répandues des espèces de canards. Ils nichent dans toute l'Europe où ils sont sédentaires, erratiques, ou même migrateurs pour ceux du Grand Nord qui hivernent dans le centre et l'ouest de l'Europe, ou bien dans le bassin méditerranéen.

Les Canards colverts reviennent aux aires de nidification par couples, vers la fin février ou en mars. Ils habitent les eaux stagnantes, parfois aussi les rivières, et cela même dans les villes. Au printemps a lieu la parade nuptiale : les deux partenaires nagent l'un autour de l'autre, le mâle penche le bec et gonfle ses plumes, agite la queue, hoche la tête, plonge le bec dans l'eau, etc. La femelle construit le nid seule. Il est en général placé à terre, parfois loin de l'eau, parfois aussi sur des arbres. Il est rembourré de feuilles, d'herbes sèches, de brindilles, avec une épaisse garniture de duvet. La femelle pond de 9 à 13 œufs qu'elle couve elle-même pendant 22 à 26 jours. Quand les petits sont séchés, elle les conduit à l'eau.

Les Canards colverts cherchent leur nourriture surtout au crépuscule. Ils se nourrissent de graines, de bourgeons et d'herbes, mais aussi pêchent des insectes, des vers, etc.

Voix :
le mâle émet des « firhb » sifflants ou bien des « reb, reb »,
la femelle des « coin-coin » caquetants

Longueur :
mâle 57 cm, femelle 49 cm
Dimorphisme très visible.
En habit simple, le mâle est semblable à la femelle.

Œuf :
50,0—65,0 × 37,0—45,8 mm

**Sédentaire
Erratique**

Canard pilet

Anas acuta

Le Canard pilet habite surtout le nord et le nord-ouest de l'Europe, mais aussi les parties sud et sud-est de l'Europe centrale, et le nord-ouest de l'Europe y compris l'Angleterre. Dans le nord-ouest, il est en partie sédentaire ; ailleurs, il hiverne en Europe de l'Ouest, autour de la Méditerranée et en Afrique, jusqu'au-delà du Soudan. Les plus nombreux hivernent dans le bassin du Nil. Ils s'envolent vers l'hivernage en août et en septembre et reviennent à la fin mars ou en avril. Ils recherchent les vastes étendues d'eaux stagnantes, surtout les lacs. Dans le nord, ils vivent aussi en grand nombre dans la toundra. Dans les régions septentrionales, ils comptent parmi les espèces les plus nombreuses.

Les Canards pilets arrivent aux aires de nidification par couples. La cane construit un nid à terre dans un petit creux garni de végétaux secs, puis couve seule ses 7 à 11 œufs pendant 22 à 23 jours. Le mâle monte la garde à proximité, caché dans l'herbe, mais la tête dressée, surveillant attentivement les environs. La mère conduit les petits à l'eau et les canetons y plongent volontiers.

Les Canards pilets se nourrissent de diverses graines, pousses, verdure, etc., et attrapent des insectes, des larves, des araignées, des mollusques, des vers. Ils avalent aussi à l'occasion des têtards et de petites grenouilles.

Œuf :
44,1—61,9 × 33,9—43,0 mm

Longueur :
mâle 70,5 cm,
femelle 57,5 cm
Dimorphisme

Voix :
le mâle fait entendre des
« khrif » ou « krlue »,
la femelle des
« rêrrêrrêrr »

**Migrateur
Sédentaire**

Canard souchet

Anas clypeata

Le Canard souchet nidifie dans l'est, le nord-est, le centre et l'ouest de l'Europe, ainsi que le sud de la Suède et de la Finlande et la côte est de l'Islande. En Europe occidentale, il est sédentaire ou erratique. Ceux des autres régions vont hiverner dans le bassin méditerranéen, ou bien en Afrique jusqu'en Ouganda et en Côte d'Or. Ils partent à la fin août ou en septembre et reviennent vers la fin mars ou en avril. Ils recherchent les lacs et les étangs proches de vastes prairies.

En mai ou juin, la cane construit son nid à l'abri des herbes, souvent dans une prairie loin de l'eau, dans un petit creux, sobrement garni de végétaux secs. Lorsqu'elle a pondu ses 7 à 12 œufs, elle garnit le nid d'une abondante couche de duvet grisâtre à taches claires. Elle couve de 22 à 25 jours et emmène ensuite ses petits vers les bas-fonds où ils trouvent facilement leur nourriture. Au bout de 6 semaines ils sont capables de voler. Ils trouvent surtout leur nourriture dans les bas-fonds où, de leur large bec, ils fouillent l'eau et la boue.

Les Canards souchets se nourrissent de divers crustacés, larves d'insectes, mollusques et vers. En automne leur nourriture est surtout végétale.

Voix :
le mâle émet de profonds
« gog-gog », la
femelle quelque chose
comme « ouak » ; mais ils
se font peu entendre

Longueur :
mâle 51,5 cm,
femelle 47,5 cm
Dimorphisme

Œuf :
47,1—58,0 × 34,5—40,0 mm

Migrateur
Erratique
Sédentaire

Nette rousse

Netta rufina

La Nette rousse, canard plongeur à tête rousse et à bec rouge, habite le sud-est de l'Espagne, le sud-est de la France, les îles de la Méditerranée, la Hollande et la Belgique, mais vit aussi par îlots en Europe centrale où elle se répand depuis quelques années. On la rencontre également dans une partie du sud-est de l'Europe. Elle visite parfois l'Angleterre et le Nord jusqu'en Suède, mais ne s'y établit pas. En Méditerranée elle est sédentaire. Les populations des autres régions partent en novembre ou décembre et hivernent dans le bassin méditerranéen.

Fin mars ou début avril, la Nette rousse revient chez elle, dans les eaux stagnantes profondes ou les rivières à cours lent, qui offrent suffisamment de végétation. En mai-juin, la cane construit un nid par terre sur des îlots, plus rarement dans des cannaies sur un plant de roseau touffu. Le nid est fait le plus souvent d'herbes sèches et garni d'une quantité de duvet gris-beige. La cane pond de 6 à 10 œufs et les couve seule 26 à 28 jours. Souvent cependant, la cane Nette rousse pond dans les nids d'autres espèces de canards, par exemple le Fuligule milouin. A l'âge de 8 semaines, les canetons volent.

Les canards Nette rousse se nourrissent de diverses plantes aquatiques, de graines, de petits crustacés, mollusques, vers et insectes. Ils sont capables de plonger jusqu'à une profondeur de 2 à 4 mètres.

Œuf :
51,7—62,3 × 38,2—45,1 mm

Longueur :
mâle 57 cm, femelle 51 cm
Dimorphisme

Voix :
le mâle émet des sons faibles et rauques, la femelle des sons caquetants ou grinçants

Grande comme un Canard colvert

Migratrice
Sédentaire

Fuligule milouin

Aythya ferina

Les Fuligules milouins, canards plongeurs très nombreux, sont répandus dans l'est, le centre et le nord-ouest de l'Europe, ainsi qu'en Angleterre. Dans les climats tempérés, ils sont sédentaires ou erratiques ; ceux du nord et de l'est de l'Europe vont hiverner dans le bassin méditerranéen, mais passent aussi l'hiver en Europe centrale.

Les Fuligules milouins quittent leur patrie à partir de septembre jusqu'à la mi-novembre et y reviennent entre la mi-mars et le début avril. Ils recherchent les lacs intérieurs et les étangs, pourvu que les berges aient une végétation dense. La cane construit son nid sous un couvert de végétation, à terre, à proximité de l'eau. Le nid forme une cuvette assez profonde, garnie de débris végétaux verts et d'une épaisse couche de duvet sombre. Elle pond de 5 à 11 œufs qu'elle couve seule de 23 à 26 jours. Pendant les premiers jours, le mâle reste près du nid, mais ensuite il cesse de s'en occuper. La mère entraîne les petits à l'eau dès le premier jour. Au bout de 7 à 8 semaines, les petits canetons commencent à voler.

La nourriture du Fuligule milouin se compose de verdure provenant surtout de plantes aquatiques, et de graines. Les jeunes et parfois les adultes mangent aussi des crustacés, des mollusques, des insectes et leurs larves. Ils vont chercher leur nourriture jusqu'à une profondeur de 1,5 à 2,5 mètres.

Voix :
le mâle émet des « bibi bibi » sifflants, la femelle de rauques « glrrr » ou « gagagaag grê grê »

Longueur :
mâle 46 cm, femelle 42 cm
Dimorphisme

Poids :
autour d'un kilo

Œuf :
55,8—68,5 × 39,0—46,9 mm

Sédentaire
Erratique
Migrateur

♀

♂

Fuligule nyroca

Aythya nyroca

Le Fuligule nyroca est répandu dans l'est et le sud de l'Europe, mais aussi dans le sud de l'Espagne. Dans le bassin méditerranéen il est sédentaire. Les oiseaux des autres régions vont hiverner surtout en Méditerranée.

Les Fuligules nyroca ne constituent jamais de bandes nombreuses. Ils reviennent par couples vers les aires de nidification à la fin mars ou en avril. Ils se choisissent des plans d'eau où les plantes sont très abondantes, mais cependant pourvus de surfaces libres de végétation. Les couples se tiennent à la surface, près des roseaux et des cannaies où ils se cachent en cas de danger. La cane construit son nid au voisinage de l'eau, par terre, à l'abri de fourrés de roseaux et de joncs. Il est fait à l'aide des végétaux environnants. La cane couvre ses œufs de duvet gris-brun avec des pointes et le milieu plus clairs. En mai et juin elle pond de 6 à 12 œufs et les couve seule de 25 à 28 jours. Dès le second jour, les petits plongent et nagent avec entrain. A 8 semaines ils volent.

La nourriture des Fuligules nyroca se compose de morceaux de végétaux que les oiseaux cueillent en général sous l'eau. Ils chassent aussi de petits invertébrés.

Œuf :
47,2—62,8 × 33,7—43,0 mm

Longueur :
mâle 42 cm, femelle 40 cm
Dimorphisme

Voix :
appel comme « grrr grr »
souvent répété

Sédentaire
Migrateur

Fuligule morillon

Aythya fuligula

Le Fuligule morillon est originaire du nord et du nord-est de l'Europe. De là il est répandu dans l'ouest et le centre où il compte en de multiples endroits parmi les canards les plus nombreux. Les Fuligules morillons de l'ouest et du nord-est de l'Europe sont sédentaires, les autres migrateurs. Ils hivernent surtout sur les côtes occidentales de l'Europe − particulièrement en Angleterre − mais aussi dans le bassin méditerranéen.

Les Fuligules morillons reviennent vers les aires de nidification à la mi-mars ou en avril. Ils aiment les plans d'eau pourvus d'îlots sur lesquels ils établissent de préférence leur nid, que la cane construit de mai à juillet avec des débris de végétaux secs et une grande quantité de duvet foncé. Elle couve seule ses 6 à 12 œufs, ordinairement de 24 à 26 jours. Environ 12 heures après l'éclosion, la mère conduit les petits à l'eau. Les canetons sont tout noirs. Ils commencent à voler au bout de 7 semaines.

Le Fuligule morillon attrape des crustacés, des mollusques, des insectes et leurs larves, etc. A l'occasion, il avale aussi des têtards et de petits poissons. Il accepte également de se nourrir de graines et de parties de plantes. Il va chercher sa nourriture à une profondeur de 2 à 3 mètres. Il est capable de plonger jusqu'à 14 mètres de profondeur.

Voix :
de rauques « arrr » ou de légers « quiououou », ou bien « gooooo»

Longueur :
mâle 42 cm, femelle 38 cm
Dimorphisme

Œuf :
53,0—67,1 × 37,7—47,2 mm

**Migrateur
Erratique**

Fuligule milouinan

Aythya marila

Les régions les plus septentrionales de l'Europe, de l'Asie, du Canada et de l'Alaska constituent la patrie du Fuligule milouinan. En Europe, il nidifie au nord de la Scandinavie, de la région de Mourmansk et en Islande. En dehors de la saison des nids, il reste presque constamment sur mer ou sur les deltas des rivières. Il est migrateur. Des vols dépassant le millier d'individus hivernent sur les côtes ouest de l'Europe, en Grande-Bretagne, au sud de la Scandinavie, en R.F.A., en R.D.A., au Danemark et en Pologne, mais aussi du côté de l'Italie, de la mer Noire et de la Caspienne.

Le Fuligule milouinan regagne son habitat — les eaux stagnantes de la toundra ou bien les cannaies — vers la fin avril. Il s'installe volontiers au voisinage des Goélands cendrés ou de Sternes. Il fait son nid très près de l'eau, mais au sec, et le garnit abondamment de duvet. Le Fuligule milouinan nidifie souvent en colonies. La femelle pond, de mai à juin, 6 à 9, et, rarement, jusqu'à 12 œufs. Elle couve seule 24 à 28 jours, et conduit à l'eau les petits sitôt secs. Les petits se nourrissent d'abord d'insectes qu'ils attrapent dans les roseaux ou à la surface de l'eau. Les adultes se nourrissent surtout de mollusques, de petits crustacés, de vers et d'insectes et, plus rarement, de petits poissons. Ils ne consomment que peu de graines et de verdure.

Œuf :
54,5—68,3 × 39,0—48,0 mm

Longueur :
48 cm
Dimorphisme

Voix :
le mâle émet des
« ouîc-ouîc-ouîc » sifflants,
la femelle de profonds
« arrr », « cack »

Migrateur

Eider à duvet

Somateria mollissima

En Europe, l'Eider à duvet habite les côtes de l'Islande, de toute la Scandinavie, de la Finlande, la région de Mourmansk, les côtes de l'Écosse, de l'Irlande, du Danemark, des îles de la R.F.A., de la Hollande. Il habite aussi le nord de l'Asie et de l'Amérique. Les individus des régions les plus septentrionales sont migrateurs, les autres sont erratiques ou même sédentaires. En hiver, les Eiders à duvet se tiennent en vols nombreux sur les côtes ouest de l'Europe, de la mer du Nord et de la Baltique. Seuls des individus jeunes volent parfois vers le centre de l'Europe.

Les Eiders nichent en colonies comptant de 100 à 1000 couples. Ils sont presque partout protégés et ne craignent pas l'homme. Ils installent leur nid entre des pierres, sous un morceau de bois, sous des buissons, etc. et le garnissent de fines brindilles, de feuilles, d'algues, ou simplement de petits cailloux. La couvée est ensuite entourée d'une grande quantité de duvet. La femelle pond de 4 à 9 œufs ; les jeunes femelles n'en pondent parfois que 2 ou 3. La mère couve seule 25 à 28 jours. Les petits quittent le nid au bout de 5 à 10 heures et vont à l'eau avec leur mère ; la rive est parfois éloignée de 1,5 km. A l'âge de 60 à 75 jours, les jeunes Eiders volent ; à 80 ou 90 jours, ils sont complètement développés.

Leur nourriture se compose essentiellement de mollusques, surtout des moules et des coques. Ils absorbent aussi des crustacés, des vers, des étoiles de mer et des poissons.

Voix :
le mâle émet de sonores
« coû-rê-ê », la femelle des
« corr-r » caquetants

Longueur :
58 cm
Important dimorphisme

Œuf :
68,0—88,0 × 46,7—56,5 mm

Migrateur
Erratique
Sédentaire

♀

♂

Macreuse noire

Melanitta nigra

La patrie de la Macreuse noire comprend le nord de l'Europe et de l'Asie, et l'ouest de l'Alaska. En Europe, elle niche en Islande, au nord de la Scandinavie et de la Finlande, sur les côtes de l'U.R.S.S., de l'Écosse et de l'Irlande. En dehors de la saison des nids, elle reste en mer. Elle est en partie sédentaire, en partie migratrice. Elle hiverne par bandes nombreuses sur toutes les côtes ouest de l'Europe, celles de la Grande-Bretagne, de la mer du Nord et de la Baltique − et parfois sur la côte nord-ouest de l'Afrique. La parade de ce canard commence en septembre ou octobre, dans ses quartiers d'hiver.

La Macreuse noire revient à son aire de nidification en mai. Elle niche sur les lacs, dans les roselières et les toundras. La femelle couve seule ses 5 à 8 œufs, habituellement en juin. Le mâle abandonne rapidement sa compagne. Les petits éclosent au bout de 27 à 31 jours et, lorsqu'ils sont secs, la mère les emmène à l'eau. Les jeunes restent près de la mère 6 à 7 semaines, puis prennent leur indépendance, mais restent groupés.

La Macreuse noire cherche sa nourriture uniquement sous l'eau. Elle plonge jusqu'à 6 m de profondeur. Elle attrape des mollusques, des crustacés, des vers et, autour de son nid, des insectes aquatiques et leurs larves. Elle se nourrit aussi partiellement de végétaux, tels que pousses vertes de plantes aquatiques. Elle échappe aux rapaces en plongeant directement dans l'eau.

Œuf :
59,0—72,0 × 41,3—47,7 mm

Longueur :
48 cm
Dimorphisme

Voix:
le mâle émet des sons de cloche comme « cour-li », la femelle des sons grinçants

Sédentaire
Migratrice

Macreuse brune

Melanitta fusca

En Europe, la Macreuse brune habite la Scandinavie, la Finlande, le nord-ouest de l'U.R.S.S. et l'Écosse ; on la rencontre aussi au nord de l'Asie, jusqu'au Kamtchatka à l'est, et en Amérique du Nord. C'est un oiseau en majorité migrateur, hivernant surtout sur les côtes d'Europe de l'Ouest, de la mer du Nord, de la Baltique et au sud de la mer Noire.

Les Macreuses arrivent sur leurs aires de nidification fin avril ou début mai, déjà par couples. Elles nidifient sur les côtes et les îles, mais aussi à l'intérieur des terres, dans les toundras et la taïga, et, en Scandinavie, même dans les régions montagneuses. Elles construisent leur nid dans les hautes herbes, sous un buisson, entre des pierres, en général au voisinage de l'eau. Le nid est une petite cuvette garnie de maigres débris de feuilles, d'herbe, d'aiguilles de pins, et d'une grande quantité de duvet. La cane pond, de fin mai à juin, le plus souvent 6 à 10 œufs, parfois jusqu'à 14, et les couve seule 28 à 30 jours. Elle reste ensuite sur l'eau avec les petits.

Les canetons se nourrissent de petits crustacés, de mollusques, de larves d'insectes aquatiques et de petites pousses vertes de plantes aquatiques. Les adultes recherchent leur nourriture exclusivement sous l'eau. Ils plongent à une profondeur de 2 à 5 m.

Voix :
le mâle émet des « kiou » sifflants ou des « oueur-eur », la femelle, des sons grinçants et rudes

Longueur :
56 cm
Dimorphisme

Œuf :
64,3—77,5 × 42,6—51,5 mm

Grande comme un Canard colvert

Migratrice

♀

♂

Garrot à œil d'or

Bucephala clangula

La patrie du Garrot à œil d'or comprend toute l'Europe du Nord, mais aussi les rives de la R.F.A., de la R.D.A., de la Pologne et le centre de l'Europe, où il niche en Tchécoslovaquie et en Suisse. En hiver, on le rencontre à l'ouest, au centre, au sud et au sud-est de l'Europe, sur les lacs, les étangs et les rivières, et, là, même dans les villes. Il niche en général tout près de l'eau.

L'accouplement commence dans les quartiers d'hiver. La pariade se poursuit sur les aires de nidification où les oiseaux reviennent dès que la glace fond. La femelle cherche un creux pour son nid et le mâle la suit. Souvent, les oiseaux retrouvent l'emplacement de l'année passée, parfois aussi ils en choisissent un nouveau. C'est un creux d'arbre à 2, 3 ou même 5 m de hauteur. Le Garrot apprécie les nids abandonnés par les pics noirs. D'avril à juin, la femelle pond 6 à 11 œufs, à même le fond du nid ; il est rare qu'elle garnisse celui-ci d'un peu de mousse. Elle entoure cependant les œufs de duvet, et les couve seule 27 à 30 jours. Une fois secs, les petits sautent à bas du nid. Ils tombent en général dans l'épaisseur de l'herbe ou dans l'eau et ne se font aucun mal.

Les Garrots cherchent leur nourriture surtout dans l'eau. Ils mangent des insectes et leurs larves, des vers, des mollusques, des crustacés, de petits poissons et, en moindre quantité, des pousses vertes et des graines. Ils plongent à des profondeurs variant de 1 à 9 m.

Œuf :
52,0—68,0 × 39,4—47,0 mm

Longueur :
46 cm
Dimorphisme

Voix :
le mâle émet des sons
comme « coui-rrik » ;
lors de la pariade, des
« rrrrr » rauques ;
la femelle a de profonds
« grarr grarr »

Migrateur

Harle huppé

Mergus serrator

La patrie européenne du Harle huppé comprend l'Islande, l'Écosse, le nord-ouest de l'Angleterre, la Scandinavie, la Finlande et l'U.R.S.S. En Europe centrale, il niche régulièrement sur les côtes de la R.F.A., de la R.D.A., de la Pologne et du Danemark ; il s'établit aussi, très rarement, en Hollande. Il vit également au nord de l'Amérique et de l'Asie, et au Groenland. En dehors de la saison des nids, il reste en mer et ne fait que traverser les terres. Les individus établis le plus au sud sont sédentaires ou erratiques ; ceux qui sont établis plus au nord sont migrateurs.

Début mai, deux ou trois semaines avant la ponte, la femelle commence à chercher un emplacement propice pour son nid. Le mâle la suit ou l'attend sur l'eau près de la rive. La femelle fait elle-même son nid dans d'épaisses touffes d'herbe ou autre végétation, sous des buissons, mais aussi entre des pierres, des racines d'arbre, des trous du sol, toujours au sec. Le nid est le plus souvent près de l'eau, plus rarement jusqu'à 100 m de la rive. Il est garni de morceaux de végétaux, verts ou secs. La femelle pond de fin mai à juin, parfois encore en juillet, environ 5 à 12 œufs, et les couve seule 28 à 32 jours. Le mâle, pendant ce temps, reste au voisinage, à la surface de l'eau. La mère conduit les petits à l'eau dès qu'ils sont secs. A 59 jours, ils sont capables de voler.

Le Harle huppé se nourrit de petits poissons, de mollusques, de crustacés, de vers et d'insectes aquatiques.

Voix :
le mâle émet des sons durs comme « khnê-ênng »; la femelle émet le plus souvent des « rock-rock-rock »

Longueur :
mâle 59,5 cm, femelle 52 cm
Dimorphisme

Œuf :
56,5—70,7 × 40,3—47,6 mm

Grand comme un Canard colvert

Sédentaire
Erratique
Migrateur

♀

♂

Harle bièvre

Mergus merganser

Le Harle bièvre habite de vastes territoires allant de l'Islande et des îles Britanniques, jusqu'au nord de la Chine et à Sakhalin, en passant par l'Europe du Nord et la partie septentrionale de l'Asie centrale. Il niche aussi exceptionnellement dans les Alpes suisses, ainsi qu'en Amérique du Nord. Il est sédentaire ou erratique ; cependant, les oiseaux des régions les plus septentrionales sont migrateurs. Il nidifie surtout sur les eaux continentales, pourvu qu'elles soient claires et profondes, et que les berges soient garnies de vieux arbres.

En novembre ou décembre commence la pariade et l'accouplement. Au printemps, la femelle cherche un creux dans un vieil arbre, en général feuillu. Elle construit parfois aussi son nid dans le trou d'une paroi rocheuse. Dans les arbres, le nid est à une hauteur de 2,5 m au moins ; dans les falaises, il peut être à 50 m au-dessus de la surface de l'eau. Dans les crevasses, la femelle pond à même le fond du nid. De la mi-mars à mai, la femelle couve seule, après avoir achevé la ponte de ses 7 à 12 œufs. Les petits éclosent au bout de 28 à 32 jours, sautent à bas du nid, et la mère les conduit á l'eau.

Le Harle bièvre est spécialiste en poissons, qui sont la base de sa nourriture ; il avale aussi des crustacés et d'autres petits animaux aquatiques. Il est capable de plonger en cours de vol. Il pêche surtout des anguilles et des salmonidés.

Œuf :
55,4—74,5 × 37,0—50,0 mm

Longueur :
mâle 75,5 cm,
femelle 57,5 cm
Dimorphisme

Voix :
le mâle émet de profonds
sons croassants,
la femelle des sons comme
« carr »

Sédentaire
Erratique
Migrateur

Vautour fauve

Gyps fulvus

Les endroits découverts, secs et empierrés, des versants de montagne et les pentes abruptes sont habités par un puissant Rapace, le Vautour fauve. En Europe, sa zone d'expansion couvre l'Espagne, le sud-ouest de la France, et la partie sud-est du continent. Les jeunes Vautours fauves qui viennent de quitter leur nid s'égarent parfois en Italie du Nord, en Suisse, en Angleterre, au Danemark, en Finlande ou en Europe centrale.

L'adulte regagne déjà son territoire en janvier, moment où se déroule aussi la pariade. En février ou en mars, il construit son aire dans une anfractuosité de rocher, inaccessible, à l'aide de branches qu'il casse souvent lui-même avec son bec. La femelle pond un seul œuf, d'ordinaire blanc, mais qui peut aussi présenter exceptionnellement des taches rousses. Les deux partenaires couvent à tour de rôle durant 48 à 52 jours. Les jeunes restent au nid environ 80 jours. Les parents les nourrissent d'aliments prédigérés au jabot.

Le Vautour fauve se nourrit de cadavres de gros mammifères dont il déchire d'abord les entrailles, puis la chair et même la peau avec son gros bec. Souvent, il fait si bonne chère qu'il est incapable de s'envoler et reste sur place pendant de longues heures à digérer et à se reposer. En cas de danger, il vomit les aliments pour pouvoir prendre son vol. Cet oiseau a une vie très longue : un Vautour fauve, en captivité au jardin zoologique de Halle, en Allemagne, a vécu 118 ans.

Voix :
sifflement ou
croassement

Longueur :
100 cm

Envergure :
240 cm environ
Mâle et femelle de même
coloration.
Cou très long,
caractéristique. En vol, la
tête rentrée entre les
ailes.

Œuf :
82,0—106,0 × 64,0—75,0 mm

Erratique

Vautour moine

Aegypius monachus

Les régions montagneuses d'Espagne, de Sicile et du sud-est de l'Europe sont habitées par un grand oiseau de proie, le Vautour moine. En dehors de la période de nidification, il se manifeste parfois également en Allemagne, en France, au Danemark, en Pologne, en Tchécoslovaquie et dans d'autres pays européens où il ne niche pas.

Vers la mi-février, le Vautour moine construit son nid sur un arbre, avec des branches, et le tapisse des restes de ses proies, peau et poils. Il coupe souvent les branches dont il a besoin, à l'aide de son bec puissant. Les parents couvent alternativement un œuf unique durant 55 jours. A l'éclosion, le petit a une fort grosse tête ; il voit dès le premier jour, mais ses pattes, terminées par des doigts encore maladroits, ne se développeront que plus tard. Ses plumes de contour commencent à pousser un mois après l'éclosion et il faut encore un mois pour qu'elles atteignent la dimension normale. Le jeune est nourri par les parents à partir du jabot. Il reste très longtemps au nid, de 90 à 105 jours, avant de tenter son premier envol.

Le Vautour moine se nourrit de charognes, surtout celles de gros animaux dont il avale la chair, la peau et les os, vomissant ensuite les parties indigestes. Il ne chasse qu'exceptionnellement les animaux vivants, surtout les reptiles, les amphibiens, etc., et ne s'attaque presque jamais à un agneau égaré, par exemple. Le Vautour moine peut atteindre l'âge de cent ans.

**Sédentaire
Erratique**

Œuf :
83,2—107,0 × 56,0—76,0 mm

Longueur :
103 cm

Envergure :
265 à 287 cm
Mâle et femelle de même coloration.

Poids :
entre 7 et 14 kilos

Voix :
un croassement rauque ou sifflant

Aigle royal

Aquila chrysaetos

Les endroits rocheux des montagnes d'Écosse, de Scandinavie, d'Espagne, des Alpes, des Carpates et de certaines autres régions de l'Europe sont habités par un puissant oiseau de proie, l'Aigle royal. L'adulte est généralement sédentaire ; seuls les individus jeunes vont errer à l'automne et se manifestent souvent dans les plaines, voire au voisinage des grandes villes.

Vers la fin de mars ou en avril, l'Aigle royal construit son aire sur une paroi rocheuse inaccessible, parfois sur un arbre, et il la garde ensuite durant plusieurs années. Mais sur son territoire, auquel il reste fidèle, il installe souvent plusieurs aires, qu'il habite parfois alternativement. La femelle pond d'ordinaire 2 œufs qu'elle couve pendant 44 à 45 jours. Le mâle la remplace de temps en temps pour lui permettre de se détendre un peu. Il apporte la nourriture aux petits, la remettant au début à la femelle puis, quelques jours plus tard, lorsque ceux-ci ont déjà grandi, les nourrissant directement. Après 71 à 81 jours, les aiglons prennent leur envol pour la première fois, mais restent encore un certain temps avec leurs parents. Une fois devenus indépendants, ils quittent définitivement l'aire familiale pour s'établir souvent à de grandes distances.

L'Aigle royal chasse marmottes, lièvres et petits rapaces. A l'occasion, il réussit à capturer un jeune chamois, un agneau ou un chevreau. Les aiglons se nourrissent d'amphibiens, de reptiles, de gros insectes. L'Aigle royal peut atteindre 90 ans.

Voix:
un « hiiéé » sifflant ou « yéhyé », « yick yick » ou encore « kéckékéck »

Longueur :
82 cm

Envergure :
188 à 199 cm
La femelle est plus grande.
Mâle et femelle de même coloration.

Œuf :
70,1—88,9 × 51,0—66,0 mm

Sédentaire
Erratique

Buse variable

Buteo buteo

Souvent, vers la fin de février déjà, on peut observer un grand oiseau de proie tournoyant au-dessus de la forêt, se précipitant à terre, rasant les arbres et remontant de nouveau vers le ciel. C'est la Buse variable, un des Rapaces les plus répandus dans toute l'Europe. Elle affectionne les bois de tout genre, tant en plaine qu'en montagne, marquant cependant une préférence pour les endroits où la forêt alterne avec les prairies et les champs. Elle reste sur son territoire pendant toute l'année ou erre dans un assez large rayon après la nidification. Cependant, bon nombre de ces oiseaux, qui habitent le nord de l'Europe, émigrent vers le sud-ouest en hiver.

En avril, la Buse variable construit un nid qu'elle installe sur un grand arbre. Elle emploie comme matériaux des branches, et rembourre l'intérieur avec des feuilles, des mousses, des poils, etc., retouchant constamment les bords avec des brindilles, même pendant la couvaison. Les deux partenaires couvent de 2 à 4 œufs alternativement, pendant 28 à 31 jours ; la femelle reste cependant plus fréquemment au nid. Au début, elle élève les petits toute seule, leur distribuant la proie apportée par le mâle, qui ne commencera à les nourrir directement que plus tard. Les petits quittent le nid au bout de 41 à 49 jours et leurs parents continuent à les nourrir pendant 4 semaines environ.

La Buse variable se nourrit essentiellement de rats et d'autres rongeurs.

**Sédentaire
Erratique**

Œuf :
49,8—63,8 × 39,1—49,0 mm

Longueur :
53 cm

Envergure :
117 à 137 cm
Livrée de coloration très variable.
Mâle et femelle de même coloration.

Voix :
un « hiêh » sifflé prolongé

Épervier d'Europe

Accipiter nisus

L'Épervier d'Europe, le plus répandu des petits oiseaux rapaces, habite dans toute l'Europe. Il vit surtout dans les petits bois, en préférant les sapinières. Après la nidification, il devient surtout erratique ; cependant, vers la fin août ou en septembre, bon nombre d'Éperviers émigrent vers le sud-ouest.

Ils reviennent dans leurs aires de nidification en mars ou en avril. Le mâle arrive le premier et choisit son territoire ; la femelle le rejoint plus tard. L'Épervier construit son nid de préférence sur un conifère à l'aide de branches sèches, et il le tapisse de poils. Près du nid, il choisit un autre arbre pour se reposer, et au-dessous duquel se trouvent aussi les restes de ses aliments, des os, des poils, etc. La femelle couve seule de 4 à 6 œufs durant 33 jours, pendant que le mâle lui apporte la nourriture qu'il lui remet en un lieu déterminé près du nid. La femelle commence à couver à partir du premier, du second ou du troisième œuf et les jeunes éclosent donc progressivement ; le dernier éclos devient souvent la proie de ses frères et sœurs, surtout lorsque la nourriture vient à manquer.

Aussitôt après l'éclosion, le mâle déplume une proie, qu'il remet à la femelle ; il apporte surtout des petits oiseaux. La femelle commence à chasser une semaine après l'éclosion des petits, pour qui elle découpe ses proies. Les jeunes savent dépecer leur nourriture après 2 semaines et alors le mâle commence à leur en apporter. Ils quittent le nid 26 à 31 jours après l'éclosion.

Voix :
près du nid un « guiguiguig » répété, un « kirk kirk » en cas de danger, ainsi qu'un « gûh » doux

Longueur :
28 à 38 cm
La femelle est plus grande.

Envergure du mâle :
environ 60 cm

de la femelle :
jusqu'à 80 cm

Œuf :
34,2—46,7 × 27,5—36,0 mm

Grand comme un Pigeon

Erratique

Autour des palombes

Accipiter gentilis

L'Autour des palombes affectionne les bois dans le voisinage desquels s'étendent des champs et des prairies, aussi bien dans les plaines que dans les montagnes. Il habite presque toute l'Europe. Il ne quitte pas son territoire de toute l'année et, après la nidification, il erre dans les environs ; cependant, certains autours de l'Europe du Nord et de l'Est viennent souvent hiverner en Europe centrale.

L'Autour des palombes construit son nid d'ordinaire entre avril et mai, et l'installe le plus souvent très haut dans la couronne d'un pin. La femelle pond 3 ou 4 œufs et les couve presque seule pendant 35 à 38 jours, en se faisant tout de même relayer quelquefois par le mâle. Elle garde ses petits une dizaine de jours encore après leur éclosion. Pendant ce temps, le mâle lui apporte la nourriture qu'elle distribue aux jeunes, ne gardant pour elle que les restes. Le mâle ne sait pas nourrir les petits et, si la femelle vient à périr, c'est la perte de toute la nichée. Plus tard, la femelle va chasser à son tour. Les jeunes autours quittent le nid à l'âge de 41 à 43 jours, s'établissant d'habitude à une centaine de kilomètres de leur demeure initiale. Les jeunes oiseaux des régions du nord de l'Europe s'éloignent cependant jusqu'à 1500 kilomètres de leur premier domicile.

L'Autour des palombes chasse surtout des oiseaux divers, et en hiver, il s'attaque même aux Hiboux comme le Moyen-duc, la Chouette effraie, ainsi qu'aux Buses, etc.

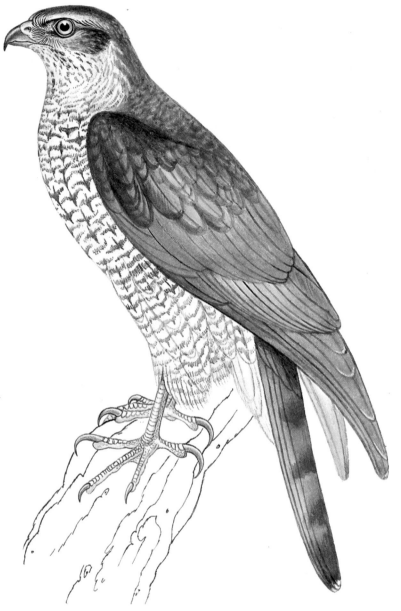

Grand comme une Buse

Sédentaire
Erratique

Œuf :
51,0—65,0 × 40,6—51,0 mm

Longueur :
48 à 58 cm
La femelle est plus grande.

Envergure du mâle :
100 à 105 cm

de la femelle :
130 à 140 cm

Voix :
un long « guiguiguig… »,
les jeunes poussent un
« yié…» sifflant

Milan royal

Milvus milvus

Dans les régions tièdes de l'Europe est répandu un bel oiseau de proie, le Milan rouge ou Milan royal. Il habite l'Espagne, l'Italie, le sud-est de l'Europe. On le rencontre aussi en France, en Europe centrale et même dans l'ouest de l'Angleterre et au sud de la Suède. Dans les pays du Sud, il est par endroits très nombreux ; dans les régions nordiques, par contre, il constitue une rareté. En Angleterre et autour de la Méditerranée, il est sédentaire. Les Milans des autres parties de l'Europe s'envolent à la fin août ou en septembre et hivernent en Europe du Sud et en Afrique du Nord. Parfois ils se rassemblent pour la migration en vols de 50 à 200 individus qui chassent ensemble et passent la nuit dans les forêts. On le trouve surtout dans les plaines au voisinage des eaux.

Les Milans reviennent aux aires de nidification en mars ou au début avril. Ils construisent leur nid en avril ou en mai sur les arbres les plus hauts et le garnissent de paille, de chiffons, de papiers, de bouts de cuir, etc. Le nid a près d'un mètre de diamètre. Souvent aussi le Milan s'approprie le nid d'un autre oiseau de proie ou bien d'un Héron. La femelle pond de 2 à 4 œufs qu'elle couve presque seule, pendant 28 à 30 jours. Les petits restent dans le nid de 40 à 54 jours.

Le Milan royal se nourrit de divers invertébrés et de petits vertébrés.

Voix :
des trilles de « hiêh — hihihihi — hiêh »

Longueur :
62 cm

Envergure :
145 à 155 cm
Mâle et femelle sont de la même couleur.

Œuf :
51,5—63,0 × 40,2—49,0 mm

Plus grand qu'une Buse

Migrateur
Sédentaire

Milan noir

Milvus migrans

On peut voir le Milan noir s'élever d'un vol gracieusement balancé au-dessus des rivières, des lacs ou des étangs de presque toute l'Europe, excepté les rivages occidentaux, l'Angleterre et la Scandinavie. Il nidifie rarement en Europe centrale ; il y erre plutôt au cours de la migration. Hivernant en Afrique, il quitte son pays en août ou septembre pour y revenir en mars. Il se tient en général dans les forêts des plaines, forêts de feuillus ou de conifères, ou encore d'espèces mélangées, en général au voisinage des eaux, stagnantes ou courantes. Il s'installe très volontiers dans les colonies de Hérons, de Cormorans ou autres oiseaux piscivores, où il trouve suffisamment de restes de poissons.

Au printemps, le couple se livre à des vols nuptiaux très haut dans les airs. Il construit son nid dans les arbres avec des branchettes et brindilles entassées au hasard. La femelle y pond 2 ou 3 œufs et les couve 28 jours. Le mâle la remplace de temps à autre. Les petits quittent le nid au bout de 42 à 45 jours.

Le Milan noir se nourrit de charognes, débris de poissons, petits crevés des colonies de Hérons, etc. Il récolte volontiers les débris d'animaux à la surface de l'eau, où il est capable de se maintenir sur place en battant des ailes. Quand les jeunes sont élevés, les Milans se rassemblent par bandes nombreuses.

Plus grand qu'une Buse

Migrateur

Œuf :
46,0—61,0 × 37,0—46,5 mm

Longueur :
57 cm

Envergure :
114 à 118 cm
Mâle et femelle sont de la même couleur.

Voix :
des trilles de
« houhouhououou »

Aigle des mers

Haliaeetus albicilla

L'Aigle des mers habite le nord et l'est de la Scandinavie, l'Islande, l'est de l'Europe centrale, le nord-est
et le sud-est de l'Europe, et aussi le nord et le centre
de l'Asie, et le sud-ouest du Groenland. Il nomadise
à l'automne et en hiver, et vole régulièrement jusque
dans le centre de l'Europe. Il nidifie sur les côtes
rocheuses ou bien sur les vastes étendues d'eaux
continentales, stagnantes ou courantes.

En Europe centrale, il apparaît sur les aires de
nidification dès janvier-février, et commence aussitôt
à construire son nid. La construction est faite d'un
monceau de branches et de brindilles, tandis que la
cuvette du nid proprement dit est petite. Les oiseaux
utilisent le même nid pendant des années, l'agrandis-
sant et le consolidant chaque année. Il atteint parfois
2 m de diamètre et 1,5 m de hauteur. La femelle
pond, de février à avril, 2 ou 3 œufs, parfois même un
seul, et les deux partenaires se relaient pour couver.
Les petits éclosent au bout de 31 à 46 jours et les
parents leur apportent des poissons et de petits oiseaux aquatiques. Au bout de 50 à 77 jours, les
jeunes abandonnent le nid.

L'Aigle des mers se nourrit de poissons et d'oiseaux, surtout des Foulques. Un Aigle de mer expérimenté peut attraper une Oie ou un Héron, mais un
jeune oiseau n'est pas aussi adroit et se contente
parfois d'une proie trouvée morte. Les Aigles de mer
pêchent à la surface à l'aide de leurs serres ; il est rare
qu'ils se jettent dans l'eau la tête la première.

Voix :
des sons clairs comme
« kyi, kyi, kyi », et de
profonds « cra »

Longueur :
69 à 91 cm
La femelle est un peu plus
grande.

Envergure :
jusqu'à 240 cm

Poids :
4 à 6 kg

Œuf :
66,0—84,8 × 53,0—63,5 mm
blanc pur

**Erratique
Migrateur**

Bondrée apivore

Pernis apivorus

La Bondrée apivore se rencontre dans tous le bois. L'aire d'expansion de ce Rapace couvre toute l'Europe, mais il ne niche pas en Angleterre, en Irlande, en Islande, ni dans la Scandinavie du Nord et de l'Ouest. C'est un oiseau migrateur dont les quartiers d'hiver se trouvent en Afrique tropicale et méridionale, d'où il émigre en août ou au début de septembre.

La Bondrée apivore regagne son territoire en avril ou en mai. Une fois accouplés, les deux partenaires construisent un nid très haut perché sur un arbre, entre 15 et 22 mètres au-dessus du sol; ce nid est fait de branches et rembourré de rameaux verts et de feuilles. La femelle se montre la plus active à la construction. Parfois, la Bondrée apivore occupe un nid abandonné d'Épervier ou de Buse. Après l'éclosion, les parents couvrent constamment le nid avec des rameaux verts. D'ordinaire, ils couvent 2 œufs en se relayant pendant 30 à 35 jours ; on a même observé que, lorsque la femelle périt, le mâle se charge seul de la couvaison. Lorsqu'ils se relaient, les partenaires se saluent en claquant du bec et en poussant des cris sonores. Ils se partagent le soin de nourrir les petits auxquels ils apportent, les tout premiers jours, des guêpes et leurs larves. La Bondrée apivore est en effet spécialisée dans la chasse aux guêpes, qu'elle déterre directement du sol. Elle dévore également d'autres insectes, parfois de petits vertébrés ou des fruits tendres. Les jeunes prennent leur envol après 35 à 45 jours.

Grande comme une Buse variable

Migratrice

Œuf :
44,9—60,0 × 37,0—44,4 mm

Longueur :
55 cm

Envergure :
120 à 126 cm
Mâle et femelle de même coloration ; livrée souvent variable.

Voix :
de trois notes « pu-ih-ou »,
de deux notes « pi-hé »

Busard harpaye

Circus aeruginosus

Le Busard harpaye est un oiseau de proie brunâtre, qui plane habilement au ras des cannaies. Les vastes jungles de roseaux sont sa patrie, mais on le rencontre aussi dans les marécages et même, en Europe du Sud, dans les champs au voisinage des eaux. Le Busard harpaye est répandu dans presque toute l'Europe. Il visite aussi l'Irlande et la Norvège. De l'est et du centre de l'Europe il s'envole en août ou au début de septembre vers l'Afrique, parfois vers l'Asie Mineure, tandis que les populations du sud et de l'ouest sont sédentaires et se contentent de quelques déplacements en hiver.

Il revient aux aires de nidification vers la fin mars ou à la mi-avril. En mai ou juin, il se construit sur les roseaux un nid de brindilles, de plantes aquatiques, etc. La femelle pond de 3 à 6 œufs et les couve seule 30 à 33 jours, parfois 37. Le mâle lui apporte sa nourriture. Plus tard, il apportera également la nourriture des jeunes : il la remet à la mère qui nourrit les petits. Lorsque ceux-ci grandissent, la mère aussi chasse pour eux. Les petits sont capables de voler au bout de 40 à 50 jours.

Le butin du Busard comporte de petits mammifères, de petits oiseaux, parfois des poissons, des grenouilles et même des œufs d'oiseaux et des insectes. En général il n'attaque pas les canards et ceux-ci ne font pas attention à lui.

Voix :
pendant le rut, le mâle émet des « kouiîh » sonores, la femelle des « hihêêh » sifflants

Longueur :
52 cm

Envergure :
116 à 126 cm
La femelle a la tête d'un gris ocre.

Œuf :
43,0—56,0 × 34,5—44,5 mm

Grand comme une Buse

Migrateur
Erratique
Sédentaire

Busard Saint-Martin

Circus cyaneus

Le Busard Saint-Martin, un des plus beaux parmi les oiseaux de proie, est répandu dans presque toute l'Europe. Les populations du nord et de l'est de l'Europe émigrent à la fin août pour hiverner dans le bassin méditerranéen et en Afrique du Nord. Ceux des autres parties de l'Europe sont sédentaires, mais certains individus émigrent aussi vers le sud.

Le Busard Saint-Martin habite les contrées découvertes pourvues de marécages ou de marais, mais il vit aussi dans les steppes. Il revient vers son domaine en avril. Peu après son retour, il se livre à de remarquables jeux nuptiaux aériens. Les deux partenaires construisent en avril ou en mai un nid placé directement à terre, relativement petit, composé de brindilles, de tiges de roseaux, d'herbe, etc. La femelle pond de 3 à 5 œufs, rarement jusqu'à 8 œufs, et les couve seule 29 ou 30 jours. Le mâle pendant ce temps lui apporte sa nourriture et lui apportera également la nourriture des petits. Au bout de 35 à 42 jours, les petits Busards commencent à voler.

Leur nourriture se compose surtout de mulots et de souris, plus rarement d'un lapin, d'un levraut, d'un oiseau jusqu'à la taille d'un faisan. Ils n'attrapent les oiseaux que dans les périodes de disette. Ils saisissent le plus souvent leur proie à terre. Ils ne se posent pas sur les arbres.

Sédentaire
Migrateur

Œuf :
39,3—52,1 × 31,0—40,0 mm

Longueur :
47 cm

Envergure :
103 à 108 cm
Dimorphisme

Voix :
pendant le vol nuptial le mâle fait entendre des « ah gri gagagagag » ou simplement « gueguegueg », la femelle des « guia guia guia guia » sifflants

Busard cendré

Circus pygargus

Le Busard cendré se rencontre dans l'ouest, le sud, le centre et l'est de l'Europe, mais n'est nulle part très répandu. Il est migrateur et s'envole en août et septembre vers l'Afrique tropicale et l'Afrique du Sud. De ces lointains hivernages, il revient fin avril ou début mai. Il habite les prairies marécageuses, les tourbières sèches ou les grandes étendues de roseaux.

Peu après son retour, il se livre à de remarquables vols nuptiaux. Il bâtit son nid à terre avec des branchettes et des tiges de roseaux. La femelle pond habituellement 4 ou 5 œufs, à des intervalles pouvant aller de 36 heures jusqu'à 3 jours. Elle les couve seule 28 ou 29 jours. Le mâle nourrit la couveuse; il apporte aussi la nourriture des petits. Après avoir partiellement dépecé sa proie, il la livre aux serres de la femelle qui nourrit les petits. Au bout de 6 semaines, la femelle commence aussi à chasser. Quand les petits sont capables de déchiqueter eux-mêmes la proie, le mâle la leur donne directement.

La nourriture du Busard cendré se compose de petits mammifères, de hérissons et d'œufs d'oiseaux. Il chasse aussi parfois de petits oiseaux et de gros insectes comme les criquets et les courtilières. Il attrape sa proie à terre, souvent au crépuscule. Il se repose à terre ; jamais il ne passe la nuit sur les arbres.

Voix :
semblable à celle du
Busard Saint-Martin
Lorsqu'il plane, il jette
aussi des « kê kê ».

Longueur :
42,5 cm

Envergure :
109 cm
Dimorphisme

Œuf :
36,0—47,2 × 29,5—35,7 mm
Les œufs sont très blancs,
rarement tachetés.

Sédentaire
Migrateur

Balbuzard pêcheur

Pandion haliaetus

Le Balbuzard pêcheur ou Aigle des rivières est un oiseau de proie magnifique qui habite le nord et l'est de l'Europe. On le trouve aussi sur les rivages sud de l'Espagne. Il est migrateur et s'envole en août-septembre pour hiverner en Afrique tropicale et en Afrique du Sud. Il vit sur les grands étangs et les lacs d'eau douce, mais aussi sur les rivages maritimes.

Le Balbuzard pêcheur revient à ses aires de nidification en avril ou au début mai. Le mâle choisit l'emplacement du nid, sur un arbre élevé, à plus de 15 mètres au-dessus du sol, et le construit de solides branchages secs sans écorce. La femelle pond de 2 à 4 œufs en avril ou mai et les couve de 35 à 36 jours. Le mâle la remplace de temps à autre et lui apporte sa nourriture qu'il dépose au bord du nid. Au bout de 51 à 70 jours, les jeunes quittent le nid, mais les parents les nourrissent encore pendant tout un mois.

Les Balbuzards pêcheurs sont adaptés à la pêche des poissons : en effet, leurs longs doigts crochus terminés par des serres peuvent s'opposer deux à deux pour saisir les proies. Le Balbuzard pêcheur survole l'eau à 25 mètres de hauteur et s'immobilise souvent en battant des ailes sur place. Quand il voit un poisson, il se jette sur l'eau avec une telle rapidité que, souvent, il disparaît sous la surface. Il s'envole ensuite sur un arbre, sa proie entre ses griffes, pour l'y dévorer. Il peut attraper jusqu'à des poissons de plus de 2 kilos.

Migrateur

Œuf :
50,4—69,0 × 40,2—52,0 mm

Longueur :
55 cm

Envergure :
155 à 170 cm
Le mâle et la femelle sont de la même couleur.

Voix :
un appel « tjipp tjipp tjipp tjoupp tjopp tjopp »;
sur le nid des « kyouck kyouck »

Faucon hobereau

Falco subbuteo

Le Faucon hobereau, un des oiseaux les plus rapides, affectionne les bois clairsemés, les bocages au milieu des champs et le bord des grandes forêts. C'est un oiseau migrateur. Les jeunes sujets vont hiverner en Afrique orientale et septentrionale dès la mi-août, tandis que leurs congénères plus âgés émigrent en septembre ou en octobre.

Fin avril ou début mai, ils regagnent leurs territoires où ils recherchent, sur les grands arbres, les nids abandonnés des Corbeaux et des Buses. Au moment des amours, ils font des exhibitions de vol plané, tournoyant, se laissant brusquement tomber vers le sol, pour remonter vers le ciel : le spectacle est saisissant. Les partenaires couvent d'ordinaire 3 œufs en se relayant pendant 28 jours. Les premiers jours après l'éclosion, le mâle chasse seul et remet sa proie à la femelle qui l'attend au voisinage du nid ; plus tard, la femelle chasse à son tour. Toutefois, si le mâle remet les plus grosses proies — de petits oiseaux — à la femelle qui se charge de les distribuer aux petits, lorsqu'il s'agit d'insectes il les distribue directement lui-même. Les parents prennent grand soin de leurs petits et leur apportent de la nourriture toutes les 2 à 3 heures ; s'ils chassent des insectes, ils les nourrissent beaucoup plus fréquemment. Les jeunes quittent le nid 23 à 24 jours après l'éclosion, mais ils se font encore nourrir pendant plusieurs semaines.

Le Faucon hobereau chasse surtout les petits oiseaux, mais aussi les libellules, hannetons, etc.

Voix :
un court « guick guick » ou un long
« kickkick-kick... »

Longueur :
33 cm

Envergure :
75 à 79 cm
Le mâle a les jambes rousses, la femelle de couleur crème.

Œuf :
36,5—46,5 × 29,6—35,7 mm

Migrateur

Faucon pèlerin

Falco peregrinus

Tel un éclair, le Faucon pèlerin s'élance vers le clocher d'une église pour se saisir de sa proie, un de ces pigeons semi-sauvages qui vivent dans les villes. En effet, ce beau Rapace répandu dans toute l'Europe, et qui se nourrit essentiellement de la chair de ces oiseaux, fréquente parfois les villes pendant les mois d'hiver. Mais, à la période de nidification, il chasse également d'autres oiseaux et, de temps en temps, même un petit mammifère.

Pour construire son nid, il recherche les terrains dégagés, les rochers se dressant au milieu de la forêt et offrant une vue générale sur le pays, les falaises rocheuses au bord de la mer et, parfois également, les clochers élevés des villes. Souvent il s'installe aussi dans le nid abandonné d'un autre Rapace, notamment dans les régions montagneuses. Dans un nid à peine rembourré, la femelle pond 3 à 4 œufs. Elle les couve seule, se faisant toutefois remplacer par le mâle le cas échéant. Les jeunes éclosent au bout de 29 jours, recouverts d'un épais duvet. Le mâle se charge de leur apporter la nourriture pendant les premiers jours, mais il remet son butin à la femelle qui le dépèce et le leur partage : lui-même est en effet inapte à partager la nourriture entre les petits ; il ne les nourrira que plus tard, généralement dans la troisième semaine après l'éclosion, lorsqu'ils savent déjà dépecer eux-mêmes. Les jeunes faucons sont en état de quitter le nid après 35 à 40 jours pour prendre leur envol.

Œuf :
46,0—58,9 × 36,3—44,9 mm

Longueur :
43 cm

Envergure du mâle :
86 à 106 cm

de la femelle :
104 à 114 cm

Voix :
un « guigguiguiggui » répété et audible au loin ;
au nid, également un « grégrégré »

**Migrateur
Erratique**

Gerfaut

Falco rusticolus

Le Gerfaut habite la toundra du Grand Nord, ainsi que les montagnes d'Asie centrale, la zone arctique de l'Amérique du Nord et le Groenland. En Europe, il nidifie en Islande et sur la côte nord de la Scandinavie. Il vit dans les zones rocheuses à ciel ouvert, sur les côtes et les îlots maritimes, parfois à la lisière des forêts de conifères. Les Gerfauts sont en partie sédentaires, en partie migrateurs, vers le sud ou le sud-est, mais pas très loin de leur patrie. Il est rare qu'ils aillent jusqu'au centre ou à l'ouest de l'Europe. Il existe plusieurs variétés, entre autres deux variétés de couleur : le Gerfaut blanc qui habite le Groenland, et le Gerfaut gris-brun. Entre ces deux types il existe de nombreuses couleurs intermédiaires.

Le Gerfaut construit son nid sur des saillies rocheuses, de préférence près des colonies d'oiseaux de mer, qui constituent pour lui une source de nourriture inépuisable. Il niche aussi cependant sur des arbres dépassant 5 m de hauteur et, rarement, sur des berges de rivières. Le nid est fait de branchettes de bouleau ou de saule, ou de l'arbre sur lequel il est bâti. La femelle pond 3 à 4 œufs, de la mi-avril au début mai, et les deux partenaires couvent alternativement. Les petits éclosent au bout de 28 jours et restent 47 jours sur le nid avant de se lancer dans la vie. Les adultes dépècent leur proie à 100, 150 m du nid.

Le Gerfaut attrape surtout des oiseaux de mer, mais aussi des Corbeaux, des Logopèdes et des petits Mammifères.

Voix :
des sortes d'aboiement de ton haut, et des appels profonds comme
« oui-diou »

Longueur :
51 à 56 cm
Le mâle est de la même couleur que la femelle.

Œuf :
48,4—64,5 × 36,5—54,6 mm

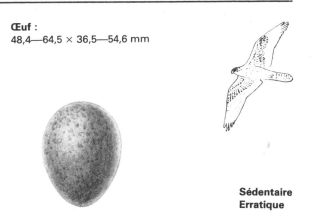

**Sédentaire
Erratique**

Faucon émerillon

Falco columbarius

L'Europe du Nord, l'Angleterre, l'Irlande et l'Islande sont habitées par un petit Rapace, le Faucon émerillon. Les Émerillons européens émigrent le plus souvent vers le sud et hivernent dans les pays riverains de la Méditerranée, en Afrique du Nord, et certains aussi en Europe centrale, où ils apparaissent vers la fin septembre, jusqu'à février. L'espèce vivant en Angleterre est en général sédentaire.

Le Faucon émerillon regagne ses aires de nidification en avril ou au début de mai. Il affectionne les tourbières, les toundras, les rives ou les forêts clairsemées, notamment de résineux, ainsi que les déserts couverts de buissons. D'ordinaire, il ne construit pas de nid, mais il aménage simplement un creux au sol, sur un rocher en saillie, etc. Occasionnellement, il s'approprie aussi le nid abandonné d'un corbeau ou d'un autre oiseau. La femelle couve presque seule de 3 à 5 œufs durant 28 à 32 jours, pendant que le mâle se tient d'habitude en un lieu élevé, non loin de là. De temps en temps, il participe aussi à la couvaison. Les jeunes quittent le nid à l'âge de 4 semaines.

Le Faucon émerillon chasse les petits oiseaux ; l'hiver, en Europe centrale, surtout les Moineaux, les Verdiers, les Pinsons, etc., mais également les Hirondelles de fenêtre, pour autant qu'il en trouve encore en cette saison. Il détruit également quantité d'insectes et, en cas de pénurie de nourriture, il chasse même les rats ou autres petits mammifères. On le reconnaît à ses longues ailes pointues.

**Grand comme
une Tourterelle**

**Migrateur
Sédentaire**

Œuf :
35,0—44,0 × 28,0—33,8 mm

Longueur :
28 cm

Envergure :
61 à 64 cm
Le mâle a le dos gris-bleu,
la femelle gris-roux.

Voix :
ressemblant à celui du
Faucon crécerelle
« kikikiki »

Faucon Kobez

Falco vespertinus

Le Faucon Kobez à pattes rouges est un bel oiseau de proie répandu dans l'est et le sud-est de l'Europe et dans les parties orientales du centre de l'Europe. C'est un oiseau sociable qui vit habituellement en colonies. Il est toujours migrateur. A la fin août ou au début septembre, il part vers l'Afrique tropicale ou l'Afrique du Sud. Il revient en avril ou début mai vers son domaine au bord de l'eau. La femelle pond en mai ou au début de juin, plus rarement en juillet, habituellement 4 ou 5 œufs. Elle se relaie avec le mâle pour les couver 28 jours. Après l'éclosion, le mâle apporte la nourriture à la femelle qui nourrit les petits. Quand ceux-ci grandissent, le mâle aussi les nourrit directement. Les petits Faucons Kobez restent dans le nid de 28 à 30 jours ; après qu'ils se sont envolés, les parents les nourrissent encore pendant une courte période. La nichée une fois élevée, la famille nomadise aux environs. Plus tard, pour la migration, elle se joint à un grand vol de Faucons. Les Faucons Kobez à pattes rouges se nourrissent surtout d'insectes, même petits. Au-dessus des eaux stagnantes ou courantes, ils chassent volontiers, en bande, les hannetons, les papillons, etc. Ils chassent souvent même après le coucher du soleil.

Voix :
pareille à l'appel du
Torcol : « guif guif guif »

Longueur :
mâle 28 cm,
femelle 30 cm

Envergure :
70 à 72 cm
Dimorphisme

Œuf :
30,7—42,0 × 26,3—32,5 mm

Grand comme
une Tourterelle

Migrateur

Faucon crécerelle

Falco tinnunculus

Comme suspendu au-dessus de la plaine, un petit Rapace voltige haut dans le ciel : c'est le Faucon crécerelle. De ses yeux perçants, il observe le sol, épiant sa proie. Dès qu'un campagnol imprudent quitte ses couloirs souterrains, le Faucon crécerelle se laisse tomber sur lui et enfonce ses serres acérées dans le corps de sa victime. Ses proies sont non seulement les souris, mais également d'autres rongeurs ; il se nourrit en outre de sauterelles et de divers insectes et appartient de la sorte aux oiseaux les plus utiles.

Fin avril ou début mai, il construit son nid sur une corniche rocheuse, dans un vieux nid de Corneilles, un trou d'arbre ou un nichoir. La femelle pond cinq à sept œufs, qu'elle couve seule en 28 à 30 jours. Les jeunes, qui naissent recouverts d'un épais duvet, sont nourris durant les premiers jours par le mâle, ensuite par les deux parents. Ils quittent le nid à l'âge d'un mois environ et restent auprès de leurs parents jusqu'à l'automne. En hiver, les Faucons crécerelles d'Europe du Nord et du Nord-Est migrent vers l'Europe méridionale et l'Afrique du Nord. Les populations du reste de l'Europe sont sédentaires ou erratiques. L'espèce vit également en Asie et en Afrique.

Sédentaire
Erratique
Migrateur

Œuf :
31,9—47,2 × 22,1—36,3 mm

Longueur :
mâle 32 cm,
femelle 35 cm
Le mâle a le sommet de la tête gris-bleu, les jeunes ressemblent à la femelle.

Voix :
un « kli-kli-kli » clair, au nid également des « vrî-vrî-vrî »

Perdrix grise

Perdix perdix

La Perdrix grise est dans beaucoup de pays d'Europe un des principaux gibiers. On capture même la Perdrix vivante pour l'exporter. Son aire de dispersion couvre toute l'Europe et la Perdrix grise y est sédentaire, hivernant en petites bandes, parfois en familles. Dès la première neige abondante, elle dépend entièrement de l'homme, car même en hiver, elle reste dans les champs et les prairies. On peut la protéger en plaçant en certains endroits des tas de branchages de conifères, près desquels on lui apporte également la nourriture.

Dès le début du printemps, les jeunes Perdrix constituent de nouveaux couples ; les deux partenaires restent ensuite attachés l'un à l'autre pendant toute leur vie. En mai-juin, la femelle creuse une coupe profonde dans la terre, souvent entre quelques touffes d'herbe ou dans un terrain broussailleux. Ce nid est garni d'herbes et de feuilles. La femelle y pond de huit à vingt-quatre œufs qu'elle couve seule de 23 à 25 jours, pendant que le mâle monte la garde à proximité. Les parents s'occupent de leurs petits, qui se nourrissent d'eux-mêmes dès les premières heures de leur vie. Et si, comme cela arrive fréquemment, un « malheur » survient à la femelle, le mâle s'occupe seul de sa progéniture.

Les jeunes se nourrissent principalement d'insectes, de feuilles vertes, et plus tard aussi de graines. L'adulte se nourrit de graines, d'insectes, de vers, d'araignées, de petits mollusques, et même de pousses vertes.

♂

Voix :
« kirr ick kirr ick » (on dit que la perdrix cacabe)

Longueur :
29 cm
Le mâle a le plumage des épaules roussâtre, la femelle a au même endroit trois raies transversales de même couleur.
Le « fer à cheval » de la gorge se présente parfois chez la femelle également.

Œuf :
31,6—40,4 × 24,1—29,4 mm

Sédentaire

Caille des blés

Coturnix coturnix

Il y a peu de temps encore, la Caille des blés vivait en troupes immenses dans toute l'Europe ainsi qu'en Asie centrale et jusqu'au Japon. Mais chaque année, plus de vingt millions de ces oiseaux sont abattus pour être consommés en Europe méridionale et en Afrique du Nord. Même si dans certaines régions, l'espèce est encore fort répandue, il va de soi que cette extermination explique la régression de l'espèce.

La Caille est la seule espèce migratrice parmi les Gallinacés d'Europe. En automne, elle rejoint ses quartiers d'hiver en Afrique du Nord et en Arabie, et en revient fin avril ou début mai pour s'installer dans les steppes, les champs et les prairies sèches. La Caille ignore la vie en couple ; un mâle vit souvent avec plusieurs femelles. Ces femelles, qui pondent de six à dix-huit œufs, doivent donc les couver seules de 17 à 20 jours. Les cailleteaux, qui naissent petits et tachetés de brun-jaune, se nourrissent eux-mêmes dès le premier jour, attrapent des petits insectes et des larves, mangent des feuilles vertes et plus tard des graines. A l'âge de 19 jours, ils prennent leur envol et forment des bandes jusqu'au départ de la migration. Les populations d'Europe méridionale et d'Afrique sont sédentaires.

**Migratrice
Sédentaire**

Œuf :
25,0—33,9 × 20,0—25,0 mm

Longueur :
17,5 cm
Au printemps, le mâle a sur la gorge deux raies très nettes de couleur rouille ou brun-noir, la femelle a un plumage moucheté.

Voix :
un « pic pic pic » énergique et puissant que l'on entend de mai à juillet

Faisan de Colchide

Phasianus colchicus

Le Faisan de Colchide fut introduit en Europe dès le moyen age. Rapidement acclimaté dans bon nombre de régions, il constitue actuellement un gibier à plume très apprécié ; la chasse au faisan, en automne, est une des plus en vogue. Plus tard, on introduisit en Europe d'autres espèces de Faisans encore, certaines de Chine, et qui se sont croisées pour constituer le faisan de chasse. Le Faisan affectionne surtout les bois de feuillus, les bosquets au milieu des champs, les broussailles le long des cours d'eau et autour des étangs, ainsi que les grands parcs, etc. Il abonde surtout dans les plaines, mais on le retrouve assez couramment dans les pays accidentés. Il ne quitte pas son territoire de toute l'année. Pendant la saison du rut, de mars à avril, le coq lance son cocorico caractéristique, tout en redressant le corps et en battant rapidement de ses ailes qu'il déploie en éventail. Ensuite, il tourne par petits bonds autour de la femelle. Parfois les mâles s'affrontent en duel. Après la période des amours, le coq cesse de s'occuper de la femelle et de sa famille. Celle-ci creuse une petite fosse dans le sol, la rembourre au moyen de feuilles, d'herbes, etc., et y pond de 8 à 15 œufs qu'elle couve seule durant 24 à 25 jours. Souvent, on peut la caresser sans qu'elle ne s'envole. Deux semaines après l'éclosion, les poussins commencent à voleter et à se percher. Le Faisan se nourrit de graines, de baies, de verdure, d'insectes, de vers, de mollusques.

Voix :
au moment de la pariade,
le mâle lance un
« co-cock »

Longueur :
mâle 79 cm,
femelle 60 cm
Dimorphisme apparent

Œuf :
39,0—51,1 × 32,4—37,6 mm

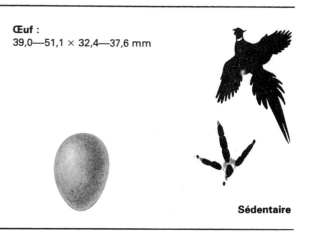

Sédentaire

Perdrix rouge

Alectoris rufa

La Perdrix rouge habite les collines, les petites montagnes, les plaines et les vignes de l'Europe de Sud-Ouest. Ce Gallinacé peut vivre jusqu'à plus de 1 000 mètres d'altitude. Ces dernières années, on a commencé à l'élever en de nombreuses régions de l'Europe centrale, mais sans grand succès, semble-t-il. En effet, la Perdrix rouge rencontre sur ces nouveaux terrains de nombreux ennemis, comme les renards, etc. Elle affectionne particulièrement les talus empierrés recouverts d'herbes et de broussailles clairsemées, à l'abri desquelles elle construit un nid simple. La femelle couve seule de 10 à 15 œufs durant 24 jours, tandis que le mâle, qui erre dans le voisinage, ne rejoint sa famille qu'après l'éclosion des poussins. Les jeunes quittent d'ordinaire la cuvette du nid dès le deuxième jour et suivent alors leur mère. A l'âge d'une semaine, ils tentent déjà de voler. Les parents les conduisent aux endroits où ils peuvent trouver quelque nourriture. Même après avoir acquis leur indépendance, les jeunes ne quittent pas la famille qui, en se joignant plus tard à d'autres familles, constituera bientôt une bande d'une vingtaine d'individus. Au printemps, les mâles poussent des cris audibles au loin très tôt le matin, avant le point du jour. En hiver, les Perdrix rouges descendent par bandes dans la vallée où le vent a déblayé la neige. Elles se nourrissent de graines, de baies, d'herbes, d'insectes, de mollusques et de vers.

Œuf :
41,4 × 30,6 mm en moyenne

Longueur :
35 cm
Mâle et femelle de même coloration.

Poids :
370 à 770 g
Gibier à plume

Voix :
un « téréctec téréctec » aigu, à la période des amours un « piiyou » sifflant

Sédentaire

Lagopède des Alpes

Lagopus mutus

Le Lagopède des Alpes vit dans les Alpes, en Écosse, en Islande et en Europe du Nord. Dans les montagnes, on le rencontre à la limite des neiges éternelles, sur les terrains rocheux couverts de broussailles, mais dans le Grand Nord, il habite les toundras. Il ne quitte pas son territoire ; en hiver, il se contente de se réfugier dans les vallées, plus abritées.

De mai à juin, il construit son nid directement au sol, dans un creux, à l'abri d'un buisson le plus souvent. La femelle pond de 8 à 12 œufs qu'elle couve seule durant 22 à 26 jours. Les jeunes Lagopèdes deviennent adultes en octobre, et plusieurs familles s'associent pour former ensuite de petits groupes de 15 à 20 oiseaux. La nuit, elles se réfugient dans des endroits abrités sous les rochers ou encore construisent des abris dans la neige.

Le Lagopède recherche notamment les endroits où les mammifères ont déblayé la neige et où il trouve facilement quelque nourriture. En hiver, il se nourrit de graines, de restes de végétaux et, au printemps, il picore les chatons, les bourgeons, etc. Dans les Alpes, il se nourrit par exemple des bourgeons du rhododendron. En été, par contre, il trouve quantité de baies, d'insectes, de larves et de divers invertébrés, tandis qu'en automne sa nourriture est essentiellement composée de baies. En été, il a une livrée brun-châtain, avec les ailes blanches. En hiver, il devient blanc, à l'exception des rectrices sous-caudales qui restent sombres, mais couvertes de rectrices blanches.

Voix :
le mâle lance des « èrrr » rauques, des « rrra » ou « rrrar »

Longueur :
34 cm
Le mâle a une livrée de noces où domine le gris-brun, la femelle est d'un rouge brun.

Œuf :
41,2 × 29,9 mm de diamètre

Sédentaire

Grand Tétras

Tetrao urogallus

Dans les bois, surtout de conifères avec un sous-bois épais, dans les montagnes, les collines et les plaines, vit le plus grand des Gallinacés européens, le Grand Tétras ou Grand Coq de bruyère. On le rencontre en Écosse, dans les Pyrénées, en Europe septentrionale et centrale. Il se tient sur son territoire pendant toute l'année.

En dehors de la période des amours, c'est un oiseau très farouche. Par contre, on peut le surprendre à la période de la parade nuptiale où il se comporte d'une manière originale, bien connue des chasseurs. Son chant, qui le rend « sourd » et « aveugle » pendant quelques secondes, se fait entendre dans l'obscurité, dès avant le lever du soleil. Dès que le jour commence à poindre, le coq saute à terre et il engage souvent le combat avec son rival. Pendant ce temps, les femelles attendent, perchées sur des branches, pour suivre ensuite le vainqueur. Au sol, au milieu des racines, au pied d'un tronc d'arbre, etc., la femelle fait un petit creux qu'elle tapisse d'herbes, de feuilles, et y pond de 5 à 8 œufs qu'elle couve seule pendant 26 à 29 jours. Elle prend soin également des poussins qui se nourrissent seuls ; elle les conduit, les cache sous ses ailes et les protège. Ils présentent une couleur jaune-roux avec des taches sombres. A l'âge de 10 jours, ils commencent déjà à voleter et à se percher sur les branches d'arbre à côté de leur mère.

La nourriture du Grand Tétras se compose principalement d'insectes, de baies, de bourgeons.

Sédentaire

Œuf :
50,8—62,2 × 39,0—43,5 mm

Longueur :
mâle 94 cm,
femelle 67 cm

Poids :
mâle 5 à 6 kg,
femelle 2,5 à 3 kg
Dimorphisme apparent

Voix :
le mâle chante quatre notes,
la femelle répond par « back back » ou « gueck gueck »

Tétras lyre

Lyrurus tetrix

Le Tétras lyre habite l'Europe septentrionale, orientale et centrale, et l'Angleterre. Les populations sont les plus nombreuses dans la toundra boréale. Il affectionne les prairies et les champs au voisinage d'un bois ou d'une clairière où, sur un terrain dégagé, il accomplit sa parade amoureuse. Très tôt le matin, avant le point du jour, une centaine de coqs se rassemblent pour la parade nuptiale. Ils lèvent les pattes, abaissent les ailes, sursautent et gazouillent leur chant d'amour. Les rivaux se dressent face à face, sautent l'un sur l'autre en se donnant des coups de bec, mais sans se blesser gravement. Au point du jour, les poules apparaissent à leur tour à l'endroit du rendez-vous.

A partir de la mi-mai et jusqu'en juin, les poules creusent chacune un creux dans le sol, le tapissent légèrement de feuilles ou d'herbes et y pondent de 7 à 12 œufs. Ensuite, elle les couvent seules pendant 25 à 28 jours, alors que le coq ne manifeste plus aucun intérêt pour le sort de ses familles. Après l'éclosion, la poule conduit les poussins en quête de quelque nourriture et les protège. Les poussins, tachetés de jaune et de noir, grandissent rapidement et deviennent adultes dès la fin octobre.

La nourriture du Tétras lyre se compose d'insectes, de vers, de mollusques, de graines, de baies, de pousses, d'herbe, etc. C'est un oiseau estimé des chasseurs, dans les pays où il n'est pas protégé. Il y a des pays où sa protection est totale.

Voix :
mâle un « kokrokraïv »; la femelle, en prenant son vol, pousse un « gaggag » sonore

Longueur :
mâle 61,5 cm,
femelle 42 cm

Poids :
mâle 1,5 kg,
femelle jusqu'à 1 kg
Dimorphisme apparent

Œuf :
46,0—56,3 × 33,4—38,5 mm

Grand comme un Faisan

Sédentaire

Gélinotte des bois

Tetrastes bonasia

La Gélinotte des bois affectionne les forêts où poussent, dans le sous-bois, des airelles. En Europe centrale, on ne la retrouve plus que dans certaines régions. Elle habite toutefois en grand nombre l'Europe du Nord-Est et surtout la Scandinavie. La Gélinotte des bois se tient surtout dans les fourrés ; elle n'apparaît que rarement sur un espace dégagé et ne s'éloigne jamais trop de ses cachettes où elle court se réfugier au moindre danger.

De début mai à juin, la femelle construit son nid dans un creux au pied d'un tronc d'arbre, à l'abri des bruyères ou d'une touffe d'herbe, ou encore en tout autre endroit bien caché. Elle le tapisse légèrement de feuilles, d'herbe sèche ou d'autres matériaux semblables. Elle couve seule de 7 à 10 œufs durant 21 à 25 jours et élève également seule les poussins. Une fois séchés, après l'éclosion, ces derniers suivent aussitôt leur mère qui les conduit, les abrite par mauvais temps et leur montre les endroits où abonde la nourriture, que les poussins ramassent seuls dès les premiers jours. Après quelques jours, les jeunes commencent déjà à voleter et à se percher sur une branche pour y passer la nuit en compagnie de leur mère.

La jeune Gélinotte se nourrit d'abord d'insectes et de larves, de vers, d'araignées et picore même les jeunes pousses ainsi que les brins d'herbe. Une fois adulte, elle avale en outre des graines, des baies, des bourgeons, etc., et au début du printemps, elle se plaît à picorer les chatons.

Œuf :
36,1—45,4 × 27,0—30,7 mm

Longueur :
mâle 36,5 cm,
femelle 34 cm
La femelle n'a pas le cou noir, ni des couleurs aussi vives.

Poids :
350 à 500 g

Voix :
sifflante, pendant les amours le mâle appelle « tikitititik »

Sédentaire

Grue

Grus grus

La grande Grue cendrée ne se rencontre plus de nos jours que dans le nord et le nord-est de l'Europe et la partie nord de l'Europe centrale. Les Grues émigrent jusqu'au Soudan et en Éthiopie, mais certaines hivernent en Méditerranée. Elles quittent leur patrie en septembre ou octobre et reviennent à partir de la mi-mars jusqu'en avril. Les Grues habitent les régions marécageuses, les lacs, les vastes prairies proches des lacs ou de grands étangs.

La parade amoureuse des Grues est bruyante et remarquable. Les oiseaux émettent des sons tonitruants, font des bonds en hauteur, ailes déployées, sautent sur un pied, courent en cercle et donnent l'impression de danser. Le couple fait son nid sur de petits îlots, ou sur un vieux pied de roseau touffu, avec des tiges de roseaux et des brindilles. Dans les endroits secs, le nid est bas ; dans les endroits humides, il est haut et large. La femelle pond en avril ou en mai, en général, 2 œufs qu'elle couve alternativement avec le mâle de 28 à 31 jours. Dès l'éclosion, les petits courent aux alentours et peuvent même nager. Même lorsqu'ils sont devenus indépendants, la famille reste ensemble et se réunit ensuite avec d'autres pour former une bande.

Les Grues se nourrissent de grains de céréales, de verdure, d'insectes, de mollusques, etc., et attrapent parfois de petits vertébrés.

Voix :
des sons tonitruants et, au voisinage du nid, une sorte de « grrrk grrrk »

Longueur :
mâle 122 cm,
femelle 112 cm
Mâle et femelle sont de la même couleur.

Envergure :
220 cm

Œuf :
85,0—109,0 × 56,0—67,0 mm

Migratrice

Râle d'eau

Rallus aquaticus

Le Râle d'eau habite toute l'Europe sauf le Grand Nord. A l'ouest et au sud de l'Europe, c'est un oiseau sédentaire ; les oiseaux des autres régions s'envolent en septembre ou octobre pour hiverner dans le bassin méditerranéen. Ils reviennent vers leurs nids en mars et avril. Ils se tiennent sur les berges à végétation dense des lacs et des étangs, mais aussi dans les marais et les tourbières où le couple bâtit, avec des débris végétaux verts ou secs, un nid soigneusement caché. D'avril à mai, la femelle pond de 6 à 12 œufs, exceptionnellement 16, et les couve alternativement avec son partenaire, pendant 19 à 21 jours. De juin à août, le couple bâtit un second nid et élève une nouvelle couvée. Les petits sont noirs, très vifs et, à peine secs, courent parmi les roseaux entre lesquels ils savent fort bien se faufiler. Les parents leur donnent la becquée et ils prennent eux-mêmes leur nourriture du bec de ces derniers. Les Râles mangent des insectes et leurs larves, des mollusques, des araignées, mais aussi de la verdure et, en automne, diverses petites graines. Le Râle d'eau est surtout actif au crépuscule et la nuit, tandis que le jour il dort dans sa cachette. Quand il marche, il tient le bec tendu en avant et l'agite. Il peut aussi nager et même plonger.

Œuf :
31,9—40,0 × 23,5—27,6 mm

Longueur :
28 cm
Mâle et femelle sont
de la même couleur.

Voix :
« krrououih », un « pît »
souvent répété, lors du rut
« kop-kop-kop... », puis
des
« kop-kop-kop-kep-kep-kip-kip-kirrr »

Migrateur
Sédentaire

Râle marouette

Porzana porzana

Le Râle marouette niche dans toute l'Europe excepté le Grand Nord. On ne le rencontre cependant pas en Espagne et au Portugal, ni en Irlande. Il s'envole en septembre ou octobre et hiverne dans le sud-ouest de l'Europe et le bassin méditerranéen ou, plus souvent, va jusque dans le nord-ouest et l'est africain. Le voyage se fait pendant la nuit.

Le Râle marouette habite les lacs à végétation abondante, les étangs, les marais et mares, et les berges des rivières à cours lent, surtout les deltas des rivières. Il revient aux aires de nidification à la mi-avril. Il nidifie en mai ou en juin, plus rarement en fin avril, puis une deuxième fois en juin-juillet. Le nid, soigneusement caché dans un épais fourré de roseaux, est construit de feuilles, de roseaux, de cannes, etc. La femelle pond de 8 à 12 œufs qu'elle couve alternativement avec le mâle pendant 18 à 21 jours. Les petits restent 1 ou 2 jours dans le nid, puis courent dans les environs à l'abri d'une épaisse végétation. Les parents leur apportent la nourriture dans leur bec. Celle-ci se compose le plus souvent d'insectes, de larves, de vers, d'araignées. Même après l'éclosion de la seconde couvée, les jeunes de la première couvée restent dans le voisinage des parents.

Le Râle marouette se trouve en grand nombre par endroits, mais, comme il se tient caché, il y a plus de chances de l'entendre que de le voir.

Voix :
au moment de la nidification des « houît » sifflants, surtout au crépuscule et le soir

Longueur :
23 cm
Le mâle est semblable à la femelle quant à la couleur.

Œuf :
29,1—37,5 × 21,7—26,8 mm

Grand comme un Merle

Migrateur

Râle des genêts

Crex crex

Le promeneur du soir a déjà été surpris par des bruits rappelant le raclement d'un peigne sur une boîte d'allumettes : c'est le cri du Râle des genêts, revenu d'Afrique tropicale à la mi-mai. A la différence des autres oiseaux de la même famille, le Râle des genêts recherche les endroits secs dans les champs et les prés. Son cri retentit généralement à la tombée du jour, durant les nuits chaudes ou avant l'aube.

Début juin, il creuse une simple coupe dans la terre, en un endroit dissimulé des prés ou des champs. Ce nid est garni de feuilles et de brindilles. La femelle y pond de six à dix-huit œufs, que les deux partenaires couvent à tour de rôle de 19 à 21 jours. Au moment de l'éclosion, les petits ont un plumage complètement noir ; ils quittent le nid dès le deuxième jour. Ils vagabondent dans les environs du nid et les parents leur apportent chenilles, larves de coléoptères, petites araignées, etc., que les petits saisissent dans le bec de leurs parents. L'adulte se nourrit d'insectes, de vers, plus rarement de graines. Le Râle des genêts a un corps très aplati, ce qui facilite sa progression très rapide dans une végétation dense.

Œuf :
31,4—41,6 × 24,1—29,0 mm

Longueur :
26,5 cm

Voix :
« errp errp errp… », retentit au loin durant la nuit

Migrateur

Poule d'eau ordinaire

Gallinula chloropus

On rencontre la Poule d'eau ordinaire dans toute l'Europe où elle se trouve en très grand nombre, excepté dans le Grand Nord. Celles des régions nord et est de l'Europe sont migratrices. Elles reviennent aux aires de nidification souvent dès la mi-mars. Les Poules d'eau habitent les étangs, les lacs, les rivières à cours lent où la végétation est abondante. En nageant, elles agitent sans cesse la queue.

Elles construisent leur nid en entrelaçant des joncs, des roseaux, etc. Les deux partenaires y travaillent. Ils nidifient en avril et mai, puis une seconde fois en juin-juillet, exceptionnellement une troisième fois en août. La femelle pond en général de 6 à 8 œufs, parfois plus, et les couve alternativement avec le mâle de 19 à 22 jours. Les petits sont noirs avec une tête rougeâtre. Les 2 ou 3 premiers jours ils restent dans le nid où les parents leur apportent la nourriture. Au bout de 3 jours ils nagent dans les environs avec leurs parents tout en se tenant cachés dans les fourrés. Les adultes leur apportent des insectes et leurs larves, des araignées, de petits mollusques, et aussi des feuilles tendres.

La Poule d'eau ordinaire n'aime pas voler, mais si elle est effrayée et ne peut se cacher dans les roseaux, elle peut s'envoler jusqu'à la cime d'un arbre peu élevé.

Voix :
« kourrk » ou encore « dack dack »

Longueur :
33 cm
Le mâle est de la même couleur que la femelle.

Œuf :
36,2—54,0 × 26,0—34,2 mm

Sédentaire
Erratique
Migrateur

141

Foulque noire

Fulica atra

La Foulque noire est l'espèce la plus nombreuse parmi les Râles. Elle vit dans toute l'Europe excepté le Grand Nord. Celles de l'est et du nord de l'Europe s'envolent d'octobre à novembre vers le sud-ouest, celles des autres parties de l'Europe sont sédentaires ou erratiques. En hiver elles restent sur les lacs et les rivières qui ne gèlent pas, souvent par vols immenses.

La Foulque noire revient aux aires de nidification en mars. Les couples s'approprient un domaine et commencent à construire leur nid dans les roseaux, les joncs, etc. Le nid est placé sur l'eau ; il est souvent flottant et relié à la terre par un pont de longues feuilles de roseaux, cannes, etc. Le nid est fait de morceaux de tiges et de feuilles et les oiseaux construisent parfois au-dessus une sorte de petit toit de tiges brisées. La femelle pond habituellement de 6 à 9 œufs qu'elle couve alternativement avec le mâle 21 ou 22 jours. Les deux parents portent les petits sur leurs dos. Ces derniers sont noirs avec une tête rouge orangé et la pointe des plumes jaune. Les parents leur apportent la nourriture dans leur bec.

La Foulque noire se nourrit surtout de verdure, à l'automne, de graines. A l'époque des nids, elle mange des insectes et autres petits invertébrés.

**Sédentaire
Erratique**

Œuf :
40,0—61,0 × 31,2—40,6 mm

Longueur :
38 cm
Mâle et femelle sont de la même couleur.

Voix :
appels clairs « koou », ou brefs « pix » aigus

Outarde barbue

Otis tarda

Ce superbe Echassier vit dans les steppes de l'Asie occidentale, de l'Asie Mineure et de l'Afrique du Nord-Ouest, ainsi qu'en certains endroits de la grande plaine d'Europe centrale. Autrefois, l'Outarde barbue était fort répandue en Europe, et au XVIIIe siècle, elle était même connue en Angleterre. Elle passe l'hiver dans sa patrie, et forme à cette saison de petites compagnies qui vagabondent dans les champs et dans les prés. Elle se tient toujours en des endroits dégagés.

Au cours de la parade nuptiale, le mâle se tient au sol dans une pose caractéristique : les ailes et la queue déployées en éventail lui donnent l'aspect d'une grosse boule noire et blanche. Il sautille ainsi, danse à sa façon et gonfle ses sacs aériens. A cette époque, les combats entre mâles sont acharnés. La femelle creuse dans le sol une coupe peu profonde. Celle-ci, camouflée dans les blés ou les foins, est à peine rembourrée. La femelle y pond deux œufs qu'elle couve de 25 à 28 jours. Les petits, au plumage moucheté, sont indépendants et se nourrissent d'insectes, et plus tard de jeunes pousses. A l'occasion l'adulte attrape également de petits vertébrés. Dans la plupart des pays d'Europe, l'Outarde barbue est protégée par la loi.

♂

Voix :
mugissements assourdis

Longueur :
le mâle 102 cm,
la femelle 80 cm
Dimorphisme sexuel

Poids :
Le mâle pèse 15 kg, la femelle, de 4 à 6 kg seulement

Œuf :
69,0—89,5 × 51,5—63,1 mm

Grande comme
une Cigogne, mais
à jambes plus courtes

**Sédentaire
Erratique**

Huîtrier-pie

Haematopus ostralegus

L'Huîtrier-pie est répandu dans presque toutes les parties du monde. Il habite presque toutes les côtes européennes. Des îles Britanniques et du Danemark jusqu'au sud, il est sédentaire. Les oiseaux des contrées plus nordiques sont en général migrateurs et hivernent au sud de l'Europe ou sur la côte nord-africaine. Au nord de la mer Noire et en Asie centrale, l'Huîtrier-pie nidifie aussi autour des lacs salés et peu profonds. En dehors de la saison des nids, les Huîtriers-pies vivent en bandes. Ils courent ensemble dans les bas-fonds ou sur les berges sablonneuses ou boueuses, et y cherchent leur nourriture.

Au printemps a lieu la pariade ; plusieurs oiseaux courent les uns derrière les autres ou les uns près des autres en émettant sans arrêt des trilles sonores. Chaque couple délimite ensuite autour de son nid un territoire peu étendu, mais qu'il défend courageusement contre les intrus. Le nid, habituellement placé sur la berge près de l'eau, est une fosse peu profonde, garnie de petits coquillages ou de leurs débris, ou encore de feuilles et de brins d'herbe. La femelle pond 2 à 4 œufs, qu'elle couve alternativement avec le mâle 26 à 28 jours. Les petits restent dans le nid de 6 à 48 heures et, ensuite, errent aux environs avec les parents. Ceux-ci leur apportent d'abord la nourriture, mais, très vite, les jeunes la cherchent eux-mêmes.

L'Huîtrier-pie se nourrit de mollusques, de vers, d'insectes.

Œuf :
47,7—70,1 × 32,8—48,9 mm

Longueur :
43 cm
Le mâle est de la même couleur que la femelle.

Voix :
des « pic-pic-pic » sonores ; pendant la pariade, des sons sifflants

Grand comme un Pigeon

Sédentaire
Migrateur

Vanneau huppé

Vanellus vanellus

Le Vanneau huppé, l'un des plus nombreux parmi les Échassiers, est répandu dans presque toute l'Europe et nidifie partout excepté en Italie et au Portugal. Il quitte sa demeure entre août et octobre pour l'Europe du Sud et l'Afrique du Nord. Les populations du sud et de l'ouest européens sont sédentaires.

Les Vanneaux reviennent à leurs aires de nidification dès la fin février, ou plus fréquemment en mars. Ils s'installent dans les prairies humides et les champs à proximité d'étangs, lacs ou rivières. Au printemps ils exécutent une parade nuptiale aérienne. Ils volent très adroitement. La parade a lieu souvent aussi à terre où les deux partenaires tournent l'un autour de l'autre. Dès la fin mars ou en avril, parfois en mai, le couple construit son nid dans un petit creux − dans une prairie ou dans un champ. Ce nid est sobrement garni de feuilles, de tiges d'herbes ou de menues brindilles. Comme tous les Échassiers, la femelle du Vanneau pond habituellement 4 œufs, qu'elle couve alternativement avec le mâle de 24 à 28 jours. Les petits sont tachetés. Ils restent dans le nid un ou deux jours et courent ensuite aux alentours. Ils commencent à voler au bout de 5 semaines et se rassemblent ensuite en grande bande pour se préparer à la migration.

Les Vanneaux se nourrissent d'insectes et de leurs larves, d'araignées, de mollusques et de verdure.

Voix :
des « kirh-ouit » très sonores ; pendant la période de la pariade « karrrkoui qui qui knoui »

Longueur :
32 cm
Mâle et femelle sont de la même couleur.

Œuf :
37,8—60,4 × 27,8—36,1 mm

Migrateur
Sédentaire

Grand Pluvier à collier

Charadrius hiaticula

Le Grand Pluvier à collier habite les côtes sablonneuses ou vaseuses. En Europe, il nidifie en Scandinavie, Finlande, U.R.S.S., Islande, Grande-Bretagne, R.D.A., R.F.A., Danemark, Hollande, Belgique et France. Il niche aussi parfois au bord des lacs et des étangs d'Europe centrale. En Grande-Bretagne, il est en général sédentaire ; dans les autres régions, il est migrateur et hiverne surtout au sud-est de l'Europe et en Afrique du Nord.

Les oiseaux reviennent par bandes à leurs aires de nidification en avril ou mai. Les couples se forment rapidement après le retour. Il est curieux de noter que les femelles arrivent les premières, suivies des mâles. Et la pariade commence. Les couples délimitent ensuite chacun leur territoire, souvent le même que l'année précédente. Le mâle prépare plusieurs nids, lesquels ne sont que des cuvettes peu profondes, et la femelle en choisit un. Le nid est sur le sable, ou entre des pierres, en général près de l'eau, et est garni de petits cailloux ou de débris de coquillages. De mai à juin, parfois aussi en juillet, la femelle pond en général 4 œufs que les deux partenaires couvent alternativement 23 à 26 jours. A peine secs, les petits quittent le nid et les deux parents les conduisent. Quand les jeunes sont capables de voler, ils errent par petites bandes assez loin aux environs.

Le Grand Pluvier à collier se nourrit surtout d'insectes et de leurs larves, mais aussi de vers, de petits crustacés et de mollusques.

Œuf :
32,0—39,6 × 22,8—28,5 mm

Longueur :
19 cm
Le mâle est de la même couleur que la femelle.

Voix :
des appels mélodiques comme « tui » ;
pendant la pariade, des « couitou-wiou » répétés

Migrateur
Sédentaire

Petit Pluvier à collier

Charadrius dubius

Le charmant Petit Pluvier à collier est chez lui dans toute l'Europe, à l'exception des régions les plus nordiques. Il quitte sa demeure en août ou septembre et hiverne en Afrique, parfois jusqu'à l'équateur. Le Petit Pluvier habite les berges sablonneuses des rivières, et les endroits où la boue est sèche près des lacs et des étangs.

Il revient à son aire de nidification à la mi-avril ou au début mai. Son nid se compose d'un simple petit creux qu'il forme avec son propre corps, dans le sol. Il le situe de préférence dans un cailloutis d'alluvions, entre des galets, etc. Quand il fait le creux de son nid dans la boue, il le garnit de petits cailloux, petits coquillages, ou parfois de débris de brindilles et de tiges d'herbe. En avril ou mai, la femelle pond 4 œufs qu'elle couve alternativement avec le mâle de 22 à 26 jours. Sitôt secs, les petits quittent le nid et les parents les portent. Après 21 jours, les Petits Pluviers sont capables de voler. La nourriture du Petit Pluvier à collier se compose d'insectes, de larves, de vers, d'araignées, de mollusques, de petits crustacés, etc.

Il cherche son butin dans les fonds boueux où il court avec rapidité et parfois frappe des pattes pour faire sortir de la boue les petits animaux qui s'y trouvent cachés.

Voix :
des « diou » sifflants ;
quand il est effrayé
« guiguiguig »

Longueur :
15 cm
Le mâle et la femelle sont
de la même couleur.

Œuf :
25,5—35,5 × 20,9—24,9 mm

Migrateur

Petit Pluvier

Charadrius alexandrinus

Le Petit Pluvier habite surtout les côtes, depuis la R.F.A. et l'ouest de l'Europe, jusqu'aux rives maritimes du sud et du sud-est européens, aux côtes de la Caspienne et au delta du Danube. Il vit aussi en Afrique, en Asie, en Australie et en Amérique. On le rencontre parfois sur les lacs salés continentaux. Sédentaire dans les régions méridionales, il est migrateur lorsqu'il habite plus au nord, et hiverne dans le sud de l'Europe et l'Afrique du Nord.

C'est le mâle qui choisit et délimite le territoire du nid, qu'il installe lui-même. C'est en général un petit creux dans le sable. L'oiseau garnit cette cuvette de petits galets, de bouts de bois et de brins d'herbe. Les Petits Pluviers nichent souvent en colonies, parfois en compagnie de Sternes naines. Il arrive que, sur les plages découvertes, le vent ensevelisse toute la couvée dans le sable. Une couvée complète est de trois œufs. La ponte a lieu en général en mai-juin, plus rarement à la fin avril, ou seulement en juillet. Si une couvée est détruite, le couple fait un nouveau nid, et, en l'espace d'une semaine, la femelle pond de nouveaux œufs. Les deux partenaires couvent alternativement 24 à 28 jours. Les petits sont capables de voler 40 jours après l'éclosion et errent par petites bandes sur la berge, à la recherche de leur nourriture.

Le Petit Pluvier se nourrit de petits crustacés, de mollusques, d'insectes et de larves d'insectes.

Œuf :
30,1—35,4 × 22,1—25,2 mm

Longueur :
16 cm
Le mâle est de la même couleur que la femelle.

Voix :
de délicats
« tchip-tchip-tchip », des sons de flûte comme « pouït »

Migrateur
Sédentaire

Pluvier guignard

Eudromias morinellus

Le Pluvier guignard habite l'Europe du Nord, l'Écosse, ainsi que les régions montagneuses de l'Europe centrale. Dans le Grand Nord, il vit dans la toundra. Dans les montagnes, il se tient au-dessus de la limite des forêts, nichant à plus de 2000 mètres d'altitude, sur les pentes empierrées recouvertes d'herbe rase. De fin juillet à septembre, il est de passage en Europe pour aller ensuite hiverner en Afrique du Nord ou en Asie Mineure. Il reviendra en avril et en mai, en suivant le même itinéraire.

Le Pluvier guignard regagne son territoire au moment où la neige recouvre encore le sol. Fin mai ou début juin, il aménage un nid de 9 centimètres de diamètre environ, dans un creux situé à même le sol. Ce nid, relativement profond, est à peine rembourré de brins d'herbe, de feuilles, de lichens, etc. La femelle pond d'ordinaire 3 œufs, mais ne les couve pas : cette corvée incombe au mâle seul, qui les incube pendant 18 à 24 jours. Ce faisant, il reste si calme qu'on peut même le prendre dans la main et le reposer sur le nid sans qu'il s'envole. Dans les pays du Nord, il figure fréquemment dans les fables comme l'incarnation d'un « bon esprit » et de nombreux livres ont paru à son sujet. Les jeunes ne restent au nid qu'un seul jour.

Cet oiseau se nourrit essentiellement de coléoptères, de mouches, de vers et de petits mollusques. Exceptionnellement, il picore également les menues feuilles de diverses plantes, de petits fruits ou bien des graines.

Voix :
il émet d'agréables notes flûtées, comme « dûrr », se terminant souvent par « dut »

Longueur :
21,5 cm
Mâle et femelle de même couleur.

Œuf :
36,0—46,7 × 26,6—31,5 mm

Grand comme
un Étourneau

Migrateur

Pluvier doré

Pluvialis apricaria

Le Pluvier doré habite l'Islande, la Scandinavie, la Finlande, la Grande-Bretagne, l'Irlande et le nord de l'U.R.S.S. Il nidifie par endroits au Danemark, en R.F.A., en Hollande. On connaît deux sous-espèces, celle du nord et celle du sud. Celle du sud se distingue de l'autre en ceci : elle n'a pas le visage noir ni une raie noire aussi large sur le flanc et le ventre. En période calme, c'est-à-dire en hiver, les deux sous-espèces sont de même couleur. Le Pluvier doré est sédentaire dans les îles Britanniques ; les individus des régions plus septentrionales émigrent à l'automne vers l'Europe centrale, et ils hivernent au sud de l'Europe, en Afrique du Nord et au Proche-Orient. Pendant ce temps, ils restent dans les champs par petites bandes.

Fin mars et en avril, lors du retour dans leur patrie, dans les paysages découverts, semés de marécages et de tourbières, les compagnies se séparent. Chaque couple occupe son territoire et établit son nid dans un petit creux garni de foin, de feuilles, de menues branchettes. La femelle pond habituellement 4 œufs ; le mâle la remplace de temps à autre sur la couvée. L'oiseau qui ne couve pas se tient tout près et surveille attentivement les environs, avertissant son partenaire en cas de danger et s'efforçant d'attirer l'attention sur lui-même pour détourner du nid l'ennemi. Les petits éclosent en général au bout de 27 jours.

Le Pluvier doré se nourrit surtout de petits invertébrés.

Migrateur

Œuf :
45,5—56,3 × 33,2—38,3 mm

Longueur :
28 cm
Le mâle est de la même couleur que la femelle. Le plumage n'a pas de teinte noire en hiver.

Voix :
des sons de flûte « tloû » ; pendant la pariade, « tirr-piou »

Tourne-pierre à collier

Arenaria interpres

Le Tourne-pierre à collier habite les côtes de la Scandinavie et de la Finlande, les côtes septentrionales de la Sibérie, de l'Amérique du Nord et celles du Groenland. A l'époque de la migration, on peut le rencontrer dans presque toute l'Europe ; il hiverne sur les côtes ouest et sud-ouest de l'Europe, et sur celles d'Afrique du Nord. Certains individus voyagent jusqu'en Australie et en Amérique du Sud. Ils quittent leur patrie dès fin juillet, mais le plus souvent en août ou en septembre. Ils y reviennent en avril ou en mai, ou seulement au début de juin pour ceux qui habitent le plus au nord.

Le Tourne-pierre à collier habite les îlots rocheux et les falaises, mais aussi, dans les régions arctiques, les petites îles au milieu des rivières. Il construit son nid non loin de l'eau. C'est une petite cuvette garnie de végétaux secs. La femelle pond en mai ou juin, ou seulement en juillet dans le Grand Nord, en général 4 œufs. Les deux partenaires couvent à tour de rôle, mais au bout d'un certain temps, la femelle laisse le soin des œufs au mâle, qui s'occupera ensuite des petits. Ceux-ci éclosent au bout de 23 ou 24 jours.

Le Tourne-pierre à collier cherche sa proie d'une manière originale. Il retourne du bec de petits cailloux sous lesquels se cachent divers invertébrés qu'il picore ensuite. Il se nourrit surtout d'insectes et de larves, de vers, de petits mollusques et d'araignées.

Voix :
des sons aigus comme
« touc-é-touc » ou
« khikhikikikik »

Longueur :
23 cm
Le dessin de la femelle est
moins marqué.
En hiver l'oiseau perd sa
couleur rouille.

Œuf :
36,0—44,6 × 26,0—31,3 mm

Migrateur

151

Bécassine ordinaire

Gallinago gallinago

La petite Bécassine ordinaire habite tout l'ouest, le centre, l'est et le nord de l'Europe. De juillet à septembre elle s'envole de sa patrie vers l'Afrique jusqu'en Ouganda, ou hiverne simplement dans le sud-ouest, le sud et l'ouest de l'Europe où elle est aussi en partie sédentaire. De mars à avril, elle revient à son aire de nidification, dans les prairies marécageuses et humides, près des lacs et des étangs. Elle est par endroits très répandue.

D'avril à mai, parfois aussi en juin, elle installe dans une touffe d'herbe, dans un petit creux, un nid fait d'herbes sèches et de longues feuilles. La femelle pond 4 œufs joliment colorés qu'elle couve seule de 19 à 21 jours. Après l'éclosion, les petits à peine secs courent aux alentours et vivent cachés dans les hautes herbes. Ils sont gris-brun avec des taches blanches, et cette coloration de camouflage leur permet d'échapper parfaitement à l'attention de leurs ennemis. Les parents s'occupent tous les deux des petits. Les premiers jours ils leur apportent souvent la nourriture dans leur bec. Au bout de 20 jours les petits commencent à voler.

A l'automne, les Bécassines se rassemblent en un vol nombreux. Leur nourriture se compose surtout d'insectes et de leurs larves, ainsi que de petits mollusques, vers, araignées et autres invertébrés. La Bécassine ordinaire est recherchée par les chasseurs.

**Migrateur
Sédentaire**

Œuf :
35,0—42,9 × 26,3—31,0 mm

Longueur :
26,5 cm
Le mâle et la femelle sont
de la même couleur.

Voix :
à terre elle fait entendre
des « tickê tickê tickê »

Bécasse des bois

Scolopax rusticola

La Bécasse des bois habite toute l'Europe à l'exclusion des régions situées à l'extrême nord. Les Bécasses vivant en Europe occidentale et du Sud-Ouest sont en partie sédentaires, tandis que celles des autres régions de notre continent hivernent dans les pays riverains de la Méditerranée, où elles émigrent de la mi-septembre à octobre. Celles de l'Europe centrale se rendent surtout en Espagne et en France. A la mi-mars et en avril, elles reviennent pour s'établir dans les forêts basses, surtout de feuillus ou dans les forêts mixtes. A la période des amours, la femelle se tient à terre et attire le mâle en étendant sa queue, qui porte une tache blanche apparente, en éventail et en poussant un cri particulier. Dès qu'il l'entend ou la voit, le mâle vient rapidement se poser à proximité et exécute autour d'elle une danse nuptiale sautillante. Si les prétendants sont deux, ils engagent un combat. En avril, puis souvent en juin pour la deuxième fois, la femelle pond 4 œufs dans une cavité peu profonde du sol, qu'elle tapisse de feuilles et de mousses, et les couve seule pendant 20 à 23 jours. Une fois séchés, après l'éclosion, les petits quittent le nid et suivent leur mère. La Bécasse des bois ramasse sa nourriture au sol: des insectes, des larves, des mollusques et des vers. Grâce à la présence de corpuscules particulièrement sensibles sur leur bec, ils identifient facilement leur butin, fût-il invisible dans le sol.

Voix :
pendant les amours, le mâle pousse des cris rauques profonds

Longueur :
34 cm
Mâle et femelle de même coloration. Les jeunes portent des raies rouge-brun.

Poids :
environ 300 g

Œuf :
40,1—49,0 × 31,6—36,4 mm

Sédentaire
Migratrice

153

Courlis cendré

Numenius arquata

Le Courlis cendré est répandu sur les côtes de la Scandinavie, de la Grande-Bretagne, de l'Irlande, de l'ouest de la France ; il habite aussi les côtes de l'Europe centrale, orientale et nord-orientale, ainsi que le nord et le centre de l'Asie. Une grande partie des Courlis cendrés hiverne à l'ouest de l'Europe et sur les côtes méditerranéennes ; quelques individus migrent pourtant jusqu'à l'est et au sud de l'Afrique. Les oiseaux d'Europe de l'Ouest sont en général sédentaires. A l'époque de la migration, le Courlis cendré se rencontre en grand nombre sur les lacs et les étangs continentaux ; ces dernières années, il s'y installe et y nidifie. Son biotope typique est constitué par les tourbières et les prairies humides. Il parvient à son aire de nidification fin mars et creuse son nid dans une touffe de hautes herbes ou autres plantes. C'est le mâle qui installe le nid ; il prépare souvent plusieurs creux aux environs. D'avril à mai, la femelle pond en général 4 œufs qu'elle couve alternativement avec le mâle 26 à 30 jours. Au bout d'une demi-journée, les petits sont secs et quittent le nid. Les parents les protègent contre les intempéries. Les jeunes oiseaux cherchent eux-mêmes leur nourriture. Quand les petits sont devenus indépendants, les familles se rassemblent en bandes. Chez les populations les plus septentrionales, les femelles partent très tôt. Parfois elles quittent les petits au bout de 10 jours et en laissent le soin aux mâles.

Œuf :
56,2—78,6 × 41,7—55,1 mm

Longueur :
53 à 58 cm
Le mâle est de la même couleur que la femelle.

Voix :
des appels pareils à des sons de flûte : « tlaoû », et des sons semblables ; on l'entend toute l'année

Grand comme un Canard

Migrateur
Sédentaire

Courlis corlieu

Numenius phaeopus

En Europe, le Courlis corlieu habite le nord de la
Scandinavie, de la Finlande, de l'U.R.S.S., l'Islande,
les îles Féroé et l'Écosse. Il est également répandu en
Sibérie et en Amérique du Nord. Il vit surtout sur les
côtes, mais aussi dans les toundras et les tourbières. Il
est migrateur. Il quitte sa patrie en longeant les côtes
de l'Europe ; plus rarement, il survole l'Europe centrale. Les oiseaux des régions est survolent la Caspienne. Il hiverne au nord-ouest, à l'est et au sud de
l'Afrique, en Asie du Sud et, rarement, sur les côtes
espagnoles. Il quitte son aire de nidification parfois
dès fin juillet, plus souvent en août et en septembre,
et on rencontre à cette époque quelques individus en
Europe centrale, sur les étendues boueuses des
étangs vidés, les prairies et les champs à proximité de
l'eau. Il revient à son aire de nidification à la mi-avril
ou en mai. Il garnit son nid de foin, de mousse, de
lichen, etc. Dans la seconde moitié de mai, ou en
juin, plus rarement en juillet, la femelle pond habituellement 4 œufs. Les deux partenaires couvent
alternativement 21 à 25 jours. Une fois secs, les
petits quittent le nid et se cachent aux alentours. Les
parents les guident et les protègent. Le Courlis
corlieu se nourrit d'insectes et de larves, de vers, de
mollusques, araignées et autres petits invertébrés. Sa
nourriture est aussi en partie végétale : petites baies,
graines, etc.

Voix :
des tons de flûte comme
« traouî » ou
« ouiouiouioui »

Longueur :
41 cm
Le mâle est de la même
couleur que la femelle.

Œuf :
52,0—65,1 × 36,0—45,0 mm

Migrateur

155

Barge à queue noire

Limosa limosa

La Barge à queue noire est un échassier solide, fréquent dans l'est de l'Europe, et qui vit aussi dans les régions septentrionales de l'Allemagne, du Danemark, de la Hollande et de la Belgique, à l'extrémité sud de la Suède et, de plus en plus fréquemment ces derniers temps, en Europe centrale. On le rencontre aussi en Islande, dans le sud-est de l'Angleterre et à l'ouest de la France. A la fin juillet et en août, il quitte sa demeure pour hiverner surtout dans le bassin méditerranéen, mais aussi sur les côtes occidentales de l'Europe. Il revient par bandes aux aires de nidification en mars-avril. Il habite les tourbières et les vastes prairies près des étangs et des lacs.

En mai ou juin, les Barges à queue noire se font, dans un petit creux caché dans l'herbe, un nid très simple sobrement garni de quelques brindilles et feuilles sèches. La femelle pond 4 œufs tachetés qui, grâce à leur couleur, se confondent avec l'environnement. Elle les couve alternativement avec le mâle 24 jours. Peu après l'éclosion, les petits se dispersent aux environs et se cachent dans le fouillis des herbes. La couvée une fois élevée, les oiseaux vagabondent aux environs dans les endroits boueux. La nourriture de la Barge à queue noire se compose d'insectes et de leurs larves, de vers, de mollusques, d'araignées, de petits crustacés et autres invertébrés.

Œuf :
45,3—63,9 × 32,4—41,3 mm

Longueur :
40,5 cm
Le mâle et la femelle sont
de la même couleur.

Voix :
appels comme « grêga
grêta », souvent répétés

Grande comme
un Pigeon

Migratrice

Chevalier arlequin

Tringa erythropus

Le Chevalier arlequin habite le nord de la Scandinavie, de la Finlande, de l'U.R.S.S., et est répandu vers l'est jusqu'au Kamtchatka. Les populations d'Europe du Nord hivernent surtout autour de la Méditerranée, partiellement aussi sur la côte ouest de l'Europe. A l'époque de la migration, c'est-à-dire d'août à octobre, on peut rencontrer de petits groupes de ces oiseaux en Europe centrale, sur les berges boueuses des étangs et des lacs. En avril-mai, ils reviennent vers leur nids, mais on rencontre parfois encore au centre de l'Europe, en juin ou juillet, des oiseaux qui ne nidifient pas.

Le Chevalier arlequin vit à la lisière des forêts, dans les landes et les prairies au voisinage des eaux. Il fait son nid dans un petit creux et le garnit sobrement de matériaux végétaux. De mai à juin, la femelle pond en général 4 œufs que les deux partenaires couvent alternativement. Les petits éclosent au bout de 3 semaines et quittent le nid aussitôt secs pour se cacher aux environs dans les touffes d'herbe et de bruyère. Les parents les conduisent et les protègent des intempéries. Quand les jeunes sont devenus indépendants, les oiseaux se rassemblent en bandes.

Les Chevaliers arlequins cherchent leur nourriture dans la vase des bas-fonds, où ils déambulent avec de l'eau jusqu'au ventre. Quand le vent est fort, ils se postent sur la berge éventée et attrapent le butin que les vagues leur apportent. Ils se nourrissent de petits mollusques, mais aussi d'insectes aquatiques.

Voix :
des « tjuit » sonores, des « tchic-tchic-tchic »

Longueur :
30,5 cm
Le mâle est de la même couleur que la femelle.

Œuf :
42,0—51,5 × 30,0—34,0 mm

Grand comme
une Tourterelle

Migrateur

157

Chevalier gambette

Tringa totanus

Le Chevalier gambette habite presque toute l'Europe. Cependant on ne le rencontre que par îlots dans quelques régions de l'Ouest et du Sud. Il part pour l'hivernage de juillet à septembre et hiverne surtout en Méditerranée et sur les rivages occidentaux de l'Europe. En Angleterre il est sédentaire. Il regagne son aire de nidification à la mi-mars ou en avril. Il vit dans les prairies humides, les marécages, les marais et le pourtour des eaux.

Les Chevaliers gambette construisent un nid soigneusement caché, dans un petit creux sobrement garni d'herbes sèches et de feuilles. La femelle pond ses 4 œufs en avril-mai, parfois en juin, et les couve alternativement avec son partenaire de 22 à 25 jours. Les petits ne restent qu'un jour dans le nid et se dispersent ensuite à proximité. Les parents s'en occupent tous les deux, mais les jeunes cherchent eux-mêmes leur nourriture. Au bout de 25 jours ils commencent à voler ; à 40 jours ils ont leur taille adulte. Les oiseaux vagabondent ensuite aux alentours, restant sur les berges boueuses, les étangs et les lacs, et, s'ils ne sont pas sédentaires, se préparent à la migration d'hiver.

La nourriture des Chevaliers gambette se compose d'insectes, larves, araignées, vers, petits mollusques, etc. Ils becquettent aussi à l'occasion de la verdure.

Œuf :
38,6—50,6 × 25,7—33,5 mm

Longueur :
28 cm
Femelle et mâle sont de la même couleur.

Voix :
des sons de flûte comme « yyîou », en cas de danger « guip guip », plusieurs fois répétés

Grand comme
une Tourterelle

**Migrateur
Sédentaire**

Chevalier aboyeur

Chevalier à pattes vertes · *Tringa nebularia*

Le Chevalier aboyeur, ou Chevalier à pattes vertes, est répandu en Écosse, à l'ouest et au nord de la Scandinavie, au nord de la Finlande et de l'U.R.S.S. Il hiverne dans toute l'Afrique et le sud de l'Asie ; les populations d'Asie orientale émigrent jusqu'en Australie. Il hiverne aussi, rarement, au sud-ouest de l'Europe. A l'époque de la migration, de fin juillet à fin septembre et, individuellement, jusqu'en novembre, on le rencontre dans toute l'Europe, même à l'intérieur. Il forme de petites bandes, en général d'une dizaine d'individus, parfois plus, jusqu'à 40.

Le Chevalier aboyeur revient dans sa patrie en avril-mai, et le voyage de retour est plus rapide. Les nids sont situés dans les tourbières, les landes, non loin de l'eau, dans les toundras sans arbres, mais aussi dans les forêts clairsemées. Le Chevalier aboyeur niche dans un petit creux garni de brins d'herbe. En mai-juin, la femelle pond habituellement 4 œufs, qu'elle couve presque seule, bien que le mâle la remplace de temps à autre. Les petits éclosent au bout de 23 à 25 jours. Dès qu'ils sont secs, ils se dispersent aux environs et se cachent dans les touffes d'herbe et de bruyère. Les parents les guident.

Le Chevalier aboyeur est l'un des rares échassiers qui pêche régulièrement de petits poissons. Lors de la pêche, il plonge entièrement la tête dans l'eau. Il se nourrit surtout d'insectes aquatiques.

Voix :	Longueur :	Œuf :	
des « kiouck-kiouck-iouï-iou » sonores ; lors de la pariade, des sons de flûte : « tju-i »	30,5 cm Le mâle est de la même couleur que la femelle.	45,7—59,8 × 31,0—37,7 mm	

Grand comme
une Tourterelle

Migrateur

Chevalier cul-blanc

Tringa ochropus

Le Chevalier cul-blanc est un des Échassiers que l'on rencontre en grand nombre. Il habite le sud et le centre de la Scandinavie ainsi que l'est et le nord-est de l'Europe. Fin juillet, ou bien en août, il quitte sa demeure pour aller hiverner jusque dans les régions proches de l'équateur. Il revient à son aire de nidification fin mars ou début mai. A l'époque des nids il habite les marais, les lacs ou les rivières dont les berges sont pourvues de forêts. A la différence des espèces apparentées, le Chevalier cul-blanc en effet ne niche pas dans les arbres. Il ne construit d'ailleurs pas son nid lui-même, mais recherche les nids abandonnés par d'autres oiseaux. Comme chez les autres Échassiers, la femelle pond 4 œufs que les deux partenaires couvent à tour de rôle de 20 à 23 jours. Après l'éclosion, les petits restent un ou deux jours dans le nid et se jettent ensuite en bas par-dessus le bord : il tombent habituellement dans l'herbe ou la mousse et ne se font aucun mal. Les parents s'en occupent quelque temps, puis, quand ils deviennent indépendants, les Chevaliers cul-blanc s'envolent vers de grands marais, des étangs ou des lacs dans des paysages découverts. Ils se nourrissent surtout d'insectes et de leurs larves, mais mangent aussi de petits mollusques, crustacés, etc.

Œuf :
34,6—43,1 × 25,5—30,5 mm

Longueur :
23 cm
Le mâle et la femelle sont de la même couleur. En hiver, les oiseaux perdent leurs taches blanches.

Voix :
des sons de flûte
« tit-louît »; quand ils sont effrayés
« guipguipguip »

Migrateur

Chevalier guignette

Tringa hypoleucos

Le Chevalier guignette, petit Échassier très vif, habite toute l'Europe excepté l'Islande. Il prend ses quartiers d'hiver de juillet à septembre, soit qu'il reste dans le bassin méditerranéen, soit qu'il aille jusqu'en Afrique et revient à sa demeure à la mi-avril ou en mai. Il reste dans les endroits marécageux et les tourbières et fait son nid à terre dans un creux peu profond, en général sur la berge, sous des plantes retombantes. La cuvette du nid est rembourrée de brindilles et de feuilles.

En mai, parfois aussi en juin ou juillet si la première ponte a été par hasard détruite, la femelle pond 4 œufs. C'est surtout le mâle qui les couve, la femelle ne le remplaçant qu'occasionnellement. Les petits éclosent après 21 à 23 jours et, aussitôt secs, quittent le nid et se dispersent aux environs où ils courent avec agilité. C'est encore le mâle surtout qui s'occupe des petits, les transporte et les protège, tandis que la femelle ne soigne sa famille que quelques jours. Au bout d'un mois les petits commencent à voler.

Les Chevaliers guignette restent ensuite par petits groupes et vagabondent dans les endroits marécageux ou les eaux peu profondes où ils cherchent leur nourriture. Celle-ci se compose de vers, de petits crustacés, d'insectes et de leurs larves, d'araignées, de mille-pattes et autres petits invertébrés.

Voix :
quand il s'envole « hididi hididi » ;
lors de la pariade, des trilles de « tithidi titihidi »

Longueur :
19,5 cm
Le mâle et la femelle sont de la même couleur.

Œuf :
32,2—40,2 × 22,5—28,0 mm

Grand comme une Alouette

Migrateur

Chevalier sylvain

Tringa glareola

Le Chevalier sylvain est répandu dans toute la Scandinavie, la Finlande, l'Écosse, le nord de l'U.R.S.S. et en Europe centrale, sur les côtes de Pologne, de R.D.A. et de R.F.A. De fin juillet à septembre, il traverse régulièrement toute l'Europe centrale et hiverne ensuite dans presque toute l'Afrique ; les populations de l'est migrent en Asie du Sud et jusqu'en Australie. Les Chevaliers sylvains reviennent en avril-mai, mais des oiseaux isolés, qui ne nidifient pas, restent dans le centre et l'ouest de l'Europe, même pendant l'été.

Le Chevalier sylvain est un oiseau menu, grand comme une alouette, actif, toujours en mouvement. Il habite surtout les paysages découverts de la toundra nordique et les côtes, mais aussi les lisières de forêts clairsemées au voisinage des eaux. Il installe son nid dans les marais, les tourbières et les lieux marécageux, sur les berges. La femelle pond en général 4 œufs, en mai ou juin, ou plus rarement en juillet. Les deux partenaires couvent alternativement 21 à 24 jours. Les petits restent au maximum deux jours dans le nid et errent ensuite aux environs. Ils cherchent eux-mêmes leur nourriture. Les parents les protègent contre les intempéries. Quand les petits peuvent voler, ils errent par petites bandes et se mettent bientôt en route pour leurs quartiers d'hiver.

Le Chevalier sylvain se nourrit de petits invertébrés, entre autres de punaises d'eau, larves de moustiques, et vers.

Œuf :
33,0—42,5 × 24,4—29,3 mm

Longueur :
20 cm
Le mâle est de la même
couleur que la femelle.

Voix :
lors de la pariade,
« tlî-tlî-tlî »;
lors du vol, des
« guiffguiffguiff » aigus

Grand comme
une Alouette

Migrateur

Bécasseau variable

Calidris alpina

En Europe, le Bécasseau variable nidifie sur toutes les côtes de la Scandinavie, de la Finlande, de l'U.R.S.S., de la Pologne, de la R.F.A., de la R.D.A., du Danemark, de l'Islande, de la Grande-Bretagne et de l'Irlande. Les populations européennes hivernent surtout sur les côtes d'Europe de l'Ouest et de l'Afrique du Nord. A l'époque de la migration, on rencontre le Bécasseau variable dans toute l'Europe, sur les rives boueuses des étangs, des rivières et des lacs. Il est aussi en partie sédentaire. Les Bécasseaux sont nombreux, surtout dans les toundras. Ils regagnent leur habitat fin mars ou en avril.

Le Bécasseau fait son nid à l'abri d'une touffe d'herbe, au voisinage des eaux. La femelle pond en général 4 œufs, fin avril ou en mai, et, dans les régions les plus septentrionales, au début juin. Les deux partenaires se remplacent sur la couvée 21 à 22 jours, parfois un peu moins. Sitôt secs, les petits quittent le nid et restent aux alentours. Ils sont capables de voler au bout de 28 jours, ou, dans les toundras de l'extrême nord, après 20 jours. On est alors à la fin juillet. Les oiseaux se rassemblent par groupes, errent aux environs et cherchent de l'eau. Les adultes commencent à émigrer, tandis que les jeunes oiseaux restent sur place jusque fin août. Pour la migration, ils se rassemblent en vols de plusieurs milliers d'individus et voyagent surtout de nuit.

A l'époque des nids, ils se nourrissent d'insectes, de petits mollusques et de crustacés.

Voix :
de hauts « trir » ;
en vol, « ri-ri-ri-ri »

Longueur :
18 cm
Le mâle est de la même couleur que la femelle.

Œuf :
31,2—38,3 × 22,4—25,8 mm

Migrateur

163

Chevalier combattant

Philomachus pugnax

Le Chevalier combattant habite surtout les toundras d'Europe et d'Asie. En Europe, il niche aussi sur les côtes de Pologne, de R.D.A., R.F.A., Hollande, Belgique, France et Écosse. Pendant les migrations de printemps et d'automne, on le rencontre dans toute l'Europe, près de la mer, des étangs et des rivières. Il hiverne jusqu'en Afrique du Sud et de l'Est, en partie aussi sur les côtes ouest et sud de l'Europe.

Le Chevalier combattant revient à ses aires de nidification en avril ou mai. Il y habite les prairies humides, les tourbières, les marécages et les côtes. Pendant le voyage de retour, qui s'accomplit en vols nombreux, la parade nuptiale commence, souvent dès l'Europe centrale. Les mâles « combattent », donnent des coups de bec, déploient les plumes de leur collerette ornementale, sautent, hochent la tête, etc. Ce tournoi est cependant symbolique et, pratiquement, les oiseaux ne se font aucun mal. Il est curieux que le plumage de noces éclatant des mâles est différent pour chaque individu. Hors de la saison des nids, les mâles ressemblent aux femelles. La femelle fait son nid elle-même dans un petit creux à peine garni de matériaux végétaux. En mai ou en juin, elle pond en général 4 œufs qu'elle couve seule 20 à 21 jours. Elle s'occupe également seule des petits. Dès que ceux-ci sont capables de voler, ils forment des bandes nomades aux alentours, cherchant leur nourriture au bord des eaux. Le Chevalier combattant se nourrit de petits invertébrés.

Œuf :
38,9—48,6 × 28,0—32,8 mm

Longueur :
mâle 29 cm,
femelle 23 cm
Dimorphisme frappant

Voix :
sons marmottants
à l'époque de la pariade

Migrateur

Phalarope à bec étroit

Phalaropus lobatus

Le Phalarope à bec étroit nidifie en Islande, au nord et à l'ouest de la Scandinavie, dans les archipels proches de l'Écosse, au nord de la Finlande, de l'U.R.S.S., et dans la zone arctique de l'Amérique du Nord. Les populations d'Europe émigrent en suivant les côtes, mais on rencontre aussi ces oiseaux sur les eaux continentales. Ils hivernent sur les côtes d'Afrique, sur celles du sud de l'Asie et de la mer d'Aral, tandis que les populations de l'est migrent jusqu'en Australie et celles d'Amérique du Nord en Amérique du Sud. En dehors de la saison des nids, mâle et femelle sont d'un gris terne.

Le Phalarope à bec étroit nidifie en petits groupes dans les marais, sur les berges des rivières et sur les côtes. La femelle pond en général 4 œufs, mais ensuite, curieusement, elle ne s'occupe pas de la couvée. Le mâle couve lui-même 20 à 21 jours, et s'occupe ensuite seul des jeunes, lesquels quittent le nid très tôt, après qu'ils soient secs. Les jeunes se cachent quelques jours dans la végétation, puis vont à l'eau, au bout d'une semaine environ. Les Phalaropes à bec étroit se tiennent la plupart du temps sur l'eau où ils s'enfoncent à peine et cherchent leur nourriture. Ils se retournent à la surface, balancent la tête et donnent à gauche et à droite de rapides coups de bec pour attraper leur proie. Puis ils s'envolent et, au bout d'un petit moment, se posent à nouveau sur l'eau. Ils se nourrissent surtout d'insectes aquatiques et de larves.

Voix :
un cri comme de brefs
« vik » ou « prip »

Longueur :
16,5 cm
La coloration de la femelle est beaucoup plus remarquable que celle du mâle.

Œuf :
26,7—34,5 × 19,6—22,2 mm

Migrateur

165

Avocette

Recurvirostra avosetta

L'Avocette habite surtout les côtes de la R.D.A., de la R.F.A., du Danemark, de la Hollande, du sud-est de l'Angleterre et du sud de l'Espagne, ainsi que le delta du Rhône ; elle est aussi répandue autour de la mer Noire et de la Caspienne. On la rencontre enfin sur les salines autour des lacs du sud-est de l'Europe. Elle préfère les lieux marécageux et les berges sablonneuses. Elle est en partie migratrice et elle hiverne jusqu'en Afrique du Sud et en Asie du Sud, mais de nombreux individus restent sur les côtes sud-est et sud-ouest de l'Europe.

L'Avocette s'envole de la fin août au début septembre. Elle revient à son aire de nidification de mars à début mai. Les oiseaux restent habituellement en bandes et nidifient souvent en colonies nombreuses. Les nids sont situés au voisinage de l'eau dans des endroits boueux ou sablonneux. Ce sont de petites cuvettes à peine garnies d'herbes sèches et de brindilles. La femelle pond de fin avril à juin, parfois même en juillet, 4 œufs que les deux partenaires couvent alternativement 24 à 25 jours. Lorsqu'ils sont secs, les petits quittent bientôt le nid.

L'Avocette cherche surtout sa nourriture dans les bas-fonds. En piétinant le fond vaseux, elle fait sortir quantité de petits crustacés et insectes qu'elle attrape ensuite par de rapides coups de bec à droite et à gauche. Elle avale aussi de petits mollusques et picore parfois de la verdure. Plus rarement, elle ramasse des graines.

Œuf :
43,0—56,3 × 31,2—40,8 mm

Longueur :
43 cm
Le mâle est de la même couleur que la femelle.

Voix :
des sons de flûte, de tonalité haute, comme « clip » ou « clou-itt »

Grand comme un Pigeon

**Migratrice
Sédentaire**

Échasse blanche

Himantopus himantopus

L'Échasse blanche est très répandue en Afrique, en Amérique, en Asie du Sud, en Australie et en Europe. Elle niche régulièrement en Espagne, au Portugal, dans le sud de la France et tout le sud-est de l'Europe. Plus rarement, elle nidifie aussi en Europe centrale et en Hollande. Elle habite surtout les lagunes, les côtes, les deltas, les grands marécages, les berges des lacs et des rivières. Les individus d'Europe sont migrateurs et vont hiverner jusqu'en Afrique et en Asie du Sud. A l'époque de la migration, l'Échasse blanche se rencontre aussi en Grande-Bretagne, au Danemark, etc.

Elle regagne son aire de nidification le plus souvent en avril, pour y nicher en colonies, souvent avec d'autres espèces d'oiseaux. Le nid est une petite cuvette proche de l'eau, maigrement garnie de débris végétaux. Il est souvent inondé par une crue et les oiseaux doivent alors bâtir un nouveau nid. En avril ou mai, la femelle pond habituellement 4 œufs sur lesquels les deux partenaires se relaient. Les oiseaux adultes montent une garde vigilante et, en cas de danger, volent en cercle au-dessus des nids en poussant de grands cris. Au bout de 25 à 26 jours, les petits éclosent et, lorsqu'ils sont secs, ils se dispersent aux environs.

Les Échasses blanches se nourrissent surtout de punaises et autres insectes aquatiques, et aussi de petits mollusques, crustacés et vers. Ils becquettent aussi parfois de la verdure.

Voix :
un cri sonore comme
« kyip, kyip, kyip »

Longueur :
38 cm
Le mâle a le sommet de la
tête de couleur sombre.

Œuf :
38,8—48,2 × 28,0—33,5 mm

Migratrice

Œdicnème criard

Burhinus oedicnemus

L'Œdicnème criard, un grand Échassier aux yeux jaunâtres, vit dans les champs sablonneux et les prés secs des plaines de l'ouest, du sud et de l'est de l'Europe. On le rencontre également dans le sud-est de l'Angleterre ; il niche rarement en Europe centrale. Cet oiseau est localement très abondant, mais on le remarque peu, car il est surtout actif durant la nuit. Les populations méridionales de l'espèce sont sédentaires ; les populations nordiques migrent en septembre ou en octobre vers l'Afrique, dont elles reviennent en avril. Certains sujets hivernent également dans le sud-ouest de l'Europe.

Le nid de l'Œdicnème criard est un simple creux gratté dans le sol, sans aucun rembourrage. La femelle y pond deux ou trois œufs tachetés au mois de mai. Les deux partenaires les couvent à tour de rôle de 25 à 27 jours. Lorsque les petits sont capables de voler, certains couples nichent une seconde fois en juillet.

L'Œdicnème criard chasse le soir ; il se nourrit d'insectes, de sauterelles, de vers et d'autres petits invertébrés. Parfois aussi il attrape un lézard ou un petit rongeur. Très vivace, il se déplace très rapidement, tant au sol qu'en vol. Son cri retentit surtout à l'aube et au crépuscule.

Grand comme un Pigeon

Migrateur
Sédentaire
Erratique

Œuf :
47,0—61,7 × 35,6—43,0 mm

Longueur :
40,5 cm
En vol, deux barres
blanches sur les ailes.

Voix :
un « trî-îl » long, flûté et
puissant

168

Grand Labbe

Stercorarius skua

En Europe, le Grand Labbe habite l'Islande, les îles Féroé, les Orcades et le nord de l'Écosse. Curieusement, son autre aire de nidification est dans l'hémisphère opposé, des rives de l'Antarctique à la Terre de Feu. A l'époque des nids, il reste dans les marécages proches des côtes et construit son nid à terre.

La femelle pond en mai ou juin, le plus souvent deux œufs que les deux partenaires couvent à tour de rôle 28 à 30 jours. Si les œufs se perdent, la femelle pond de nouveau. Les jeunes restent dans le nid 6 à 7 semaines, et les parents les y nourrissent. Lorsque les petits sont élevés, les Grands Labbes d'Europe errent à l'est de l'océan Atlantique et volent jusqu'à sur les côtes d'Espagne. Il est rare qu'ils s'égarent vers l'intérieur des terres.

Les Grands Labbes sont la terreur des autres animaux. Ils attrapent tout ce qu'ils peuvent, depuis les vers et les mollusques jusqu'aux poissons, oiseaux et petits mammifères. Ils se délectent des œufs des autres oiseaux. Ils poursuivent aussi les Mouettes et les Sternes, les obligeant à lâcher leur proie, qu'ils attrapent alors au vol et dévorent eux-mêmes. En période de disette, ils se nourrissent aussi des cadavres d'animaux que la mer rejette sur la côte. Ce sont des oiseaux très courageux qui, à l'époque des nids, chassent de leur territoire même les Faucons et s'attaquent parfois brusquement à l'homme. Le Grand Labbe ne vit jamais en grand groupe.

Voix :
de profonds « ok-ok-ok » ;
quand il attaque,
« tac-tac »

Longueur :
58 cm
Le mâle est de la même
couleur que la femelle.

Œuf :
62,0—78,5 × 44,5—53,2 mm

Migrateur

169

Labbe parasite

Stercorarius parasiticus

Le Labbe parasite est répandu dans les régions arctiques de l'Europe, de l'Asie et de l'Amérique. En Europe, il niche sur les côtes d'Écosse, d'Islande, du nord de l'U.R.S.S., sur les côtes nord et ouest de la Scandinavie, de la Finlande. En dehors de la saison des nids, il reste en pleine mer ou sur les eaux côtières. Lors de la migration, la population européenne suit les côtes vers l'ouest de l'Afrique. Souvent aussi, de nombreux individus volent vers l'intérieur des terres. On ne les rencontre cependant que rarement en Europe centrale.

Les Labbes parasites émigrent par vols nombreux. Ils reviennent à leur habitat en avril ou début mai. Ils nichent en colonies dans la toundra et dans les marais, où les nids sont cependant à plusieurs dizaines de mètres les uns des autres. Ce sont de petits creux dans l'herbe, sans aucun rembourrage. La femelle pond en général deux œufs et commence à couver dès la ponte du premier œuf. Le mâle la remplace régulièrement. Les petits éclosent au bout de 25 à 28 jours et les parents les nourrissent avec soin. A 32 jours, les jeunes sont capables de voler. Ils se mettent alors en route ensemble pour leurs quartiers d'hiver.

Le Labbe parasite se nourrit de petits poissons, de petits oiseaux et mammifères, et récolte aussi volontiers les œufs d'autres oiseaux. Il aime poursuivre les Goélands cendrés et les Guillemots pour leur prendre leur proie. A l'occasion, il avale des baies.

**Erratique
Migrateur**

Œuf :
49,0—63,1 × 37,2—44,3 mm

Longueur :
66 cm
Le mâle est de la même
couleur que la femelle.

Voix :
des sons de gorge
« ih-êr »

Goéland marin

Larus marinus

Le Goéland marin est répandu en Islande, sur les côtes de Scandinavie, de Finlande, d'Irlande, et sur la côte ouest d'Angleterre et d'Écosse. Exceptionnellement, il niche aussi sur la côte ouest de la France et du Danemark. De plus, il niche au Groenland et sur la côte nord-est de l'Amérique du Nord. Il est sédentaire par endroits, mais de nombreux individus errent en hiver sur les côtes européennes, de la Pologne à l'Espagne. Il ne vole que rarement à l'intérieur des terres.

Il niche en colonies, souvent avec des Goélands bruns, mais aussi par couples isolés. Son biotope est composé de côtes et d'îlots rocheux, et aussi de marais et d'îles au milieu de lacs. Les deux partenaires construisent de préférence leur nid sur une saillie rocheuse, plus rarement directement à terre. Ce nid est fait de brindilles, tiges d'herbe, algues et autres matériaux végétaux, et rembourré de plumes. En mai ou juin, rarement dès fin avril, la femelle pond 2 ou 3 œufs que les partenaires couvent alternativement 26 à 28 jours. Les petits pèsent environ 80 g à l'éclosion. Ils ne restent pas longtemps dans le nid et se dispersent vite au voisinage où ils se cachent. Les parents les nourrissent avec soin pendant près de 50 jours. Au bout de 45 jours environ, les rémiges des jeunes sont complètement poussées, mais ils ne volent bien qu'à l'âge de deux mois.

La nourriture du Goéland marin se compose de poissons, de petits oiseaux, de crustacés et mollusques.

Voix :
habituellement des « ouk » profonds et rudes

Longueur :
74 cm
Le mâle est de la même couleur que la femelle.

Œuf :
67,5—87,0 × 49,0—57,6 mm

Sédentaire
Migrateur

Goéland brun

Larus fuscus

Le Goéland brun habite la Scandinavie, la Finlande, l'Islande, les îles Britanniques, et aussi le Danemark, les côtes de R.D.A., de R.F.A., et l'ouest de la France. Il niche aussi au nord de la Sibérie. Il est en majorité migrateur ; en Angleterre et en Irlande seulement, il est sédentaire. Il hiverne sur les côtes ouest et sud de l'Europe et en Afrique du Nord, et même de l'Ouest. Il émigre aussi en suivant les rivières, ce qui permet de le rencontrer à cette époque en Europe centrale. Les jeunes oiseaux, qui ne sont pas encore en âge de nidifier, errent en dehors des aires de nidification, même à l'époque des nids.

Les Goélands bruns regagnent leur habitat en avril. Ils recherchent les îlots et les côtes rocheuses, les deltas et les eaux douces proches de la mer. Ils nichent en colonies, de préférence dans des endroits herbeux. Le nid est fait de copeaux, algues et autres matériaux végétaux et rembourré de fins débris végétaux, de plumes, etc. La femelle pond, en mai ou en juin, en général trois œufs, sur lesquels les deux partenaires se relaient 26 à 27 jours. Les petits quittent très tôt le nid, mais peuvent aussi y rester plusieurs jours, s'ils ne sont pas dérangés. Les parents les nourrissent surtout de petits poissons. Lorsqu'ils quittent le nid, jeunes et adultes errent ensemble aux environs.

La nourriture du Goéland brun se compose surtout de poissons, mais aussi de petits mammifères et de petits oiseaux.

Sédentaire
Migrateur

Œuf :
57,5—77,1 × 43,0—52,1 mm

Longueur :
53 cm
Le mâle est de la même couleur que la femelle.

Voix :
des cris profonds, comme
« ga-ga-ga »

Goéland argenté

Larus argentatus

Le Goéland argenté est répandu en Europe, en Asie, en Amérique du Nord et aussi en Afrique. Il nidifie sur presque toutes les côtes européennes, depuis la Baltique et la mer du Nord jusqu'à la Méditerranée, la mer Noire et la Caspienne, en passant par les rives de l'Atlantique. Il est sédentaire ou erratique. En dehors de la saison des nids, les Goélands argentés errent en vols nombreux autour des ports où ils cherchent les débris de poissons près des bateaux de pêche. Ils nichent par colonies sur les îles, les rochers ou dans les cannaies.

Les colonies peuvent compter plusieurs milliers de couples. Le nid est fait de brindilles et de débris de plantes ; dans les cannaies, il est installé sur un tas de roseaux. La femelle pond habituellement 3 œufs en mai ou juin. Si la ponte se perd, elle pond de nouveau. Les deux partenaires couvent alternativement 26 à 28 jours. Au bout d'un jour, les petits se dispersent et se cachent dans les touffes d'herbe et les roseaux. Les parents nourrissent les jeunes même lorsqu'ils volent déjà, c'est-à-dire à l'âge de 40 à 42 jours.

Le Goéland argenté se nourrit de débris variés rejetés par la mer, de déchets, d'œufs et d'oisillons. En beaucoup d'endroits, il était dernièrement protégé, mais il s'est multiplié au point qu'il cause beaucoup de dégâts dans les nids d'autres oiseaux, en particulier dans ceux des Canards et des Sternes. Aussi a-t-on dû intervenir pour régulariser sa prolifération.

Voix :
des cris sonores « iaou » et « ga-ga-ga »

Longueur :
56 cm
Le mâle est de la même couleur que la femelle.

Œuf :
58,0—82,7 × 44,1—54,8 mm

Sédentaire
Migrateur

173

Goéland cendré

Larus canus

On trouve les aires de nidification du Goéland cendré sur les côtes de Scandinavie, de Finlande, d'U.R.S.S., de Grande-Bretagne, d'Irlande, du Danemark, de R.F.A., de R.D.A., de Pologne et, plus rarement, de Hollande, Belgique et France. En dehors de la saison des nids, il vole à travers toute l'Europe, mais surtout près des côtes. Il n'est cependant pas rare en Europe centrale.

Le Goéland cendré arrive à son aire de nidification en mars ou début avril. Les couples sont déjà formés. Ils construisent leurs nids sur des saillies rocheuses, ou bien dans l'herbe et les roseaux des îles. C'est surtout la femelle qui bâtit, le mâle reste à proximité et, de temps à autre seulement, apporte un morceau de matériau végétal. En colonies, les nids sont à quelques mètres les uns des autres. La femelle pond en général 3 œufs sur lesquels les parents se remplacent toutes les deux à trois heures. Les petits éclosent au bout de 25 à 26 jours. Après un ou deux jours, ils quittent le nid et restent aux environs. Les parents leur apportent la nourriture et les nourrissent avec soin. Les quatre premiers jours, ils leur apportent des insectes et de petits poissons et leur donnent la becquée. A l'âge de 20 jours, les jeunes Goélands cendrés récoltent eux-mêmes insectes et larves, vers et mollusques, mais les parents continuent de compléter cette nourriture. Au bout de 35 jours seulement, les jeunes sont complètement indépendants. Les Goélands argentés préfèrent les jeunes morues et les harengs.

Grand comme un Pigeon

Migrateur

Œuf :
50,0—67,2 × 35,9—45,4 mm

Longueur :
40 cm
Le mâle est de la même couleur que la femelle.

Voix :
des cris aigus comme « guê-guê-guê »

Mouette rieuse

Larus ridibundus

La Mouette rieuse est l'un des oiseaux les plus nombreux en Europe. Elle nidifie dans le centre, l'est et l'ouest de l'Europe, en Scandinavie et sur les côtes de l'Islande. Les populations du nord et de l'est s'envolent en juillet-août tandis que les Mouettes des autres parties de l'Europe en partie sont sédentaires et en partie migrent dans le bassin méditerranéen. En hiver, les Mouettes cherchent les lacs et les rivières qui ne gèlent pas et restent souvent en bandes nombreuses même dans les grandes villes.

Elles reviennent par vols nombreux à leurs aires de nidification en mars-avril, déjà par couples. Même à l'époque des nids, elles forment de nombreuses colonies. Les deux partenaires bâtissent leur nid sur la terre sèche des îlots, ou bien installent un nid flottant à la surface de l'eau. A terre, le nid est peu garni tandis que sur l'eau, il est parfois très haut, fait de morceaux de roseaux, de cannes, etc. La femelle pond ordinairement 5 œufs de couleurs différentes. Les deux partenaires les couvent alternativement de 20 à 23 jours. Les petits, qui sont tachetés, restent quelques jours dans le nid. C'est surtout le mâle qui leur apporte la nourriture, mais parfois il la remet à la femelle qui nourrit alors elle-même les petits.

Les Mouettes rieuses se nourrissent d'insectes, de larves, de mollusques et autres invertébrés, ainsi que de petits vertébrés (petits poissons, grenouilles).

Voix :
des « kirra » répétés, ou bien de brefs « kr kr kr »

Longueur :
37 cm
Mâle et femelle sont de la même couleur ;
en plumage d'hiver ils ont la tête blanche.

Œuf :
43,0—66,0 × 31,3—42,1 mm

Grande comme un Pigeon

Sédentaire
Erratique
Migrateur

Goéland pygmée

Larus minutus

Le Goéland pygmée est répandu sur les côtes de la Baltique, en Finlande et au sud de la Suède, en Pologne et en U.R.S.S., vers l'est de la Sibérie. Plus rarement, il niche sur la côte danoise et la côte nord de la mer Noire. Il habite surtout les côtes et les deltas, mais aussi les lacs continentaux. Il hiverne en grand nombre en Méditerranée, mais aussi en Europe de l'Ouest et sur la Baltique. A l'époque de la migration, on le rencontre régulièrement en Europe centrale.

Il niche par petites colonies de 2 à 50 couples, souvent au milieu de colonies de Sternes ou d'autres espèces de Goélands, en général dans les marécages. Les deux partenaires construisent leur nid ensemble sur un tas de roseaux et au sec. Le nid est fait de matériaux végétaux verts ou secs et a environ 50 cm de diamètre, tandis que la cuvette du nid proprement dit a 10 cm. La hauteur de la construction est de 20 cm environ. Fin mai ou en juin, plus rarement en juillet, la femelle pond 2 ou 3 œufs, qu'elle couve alternativement avec le mâle 20 à 21 jours. Les jeunes quittent le nid en général dès le premier jour et se cachent dans la végétation environnante où les parents viennent les nourrir. A l'âge de 25 jours, les petits commencent à voler.

Le Goéland pygmée attrape des insectes au vol ou à la surface de l'eau. Il se nourrit aussi de mollusques, crustacés, vers, et, à l'occasion, de petits poissons.

Grand comme un Merle

Migrateur

Œuf :
37,0—45,8 × 27,3—32,0 mm

Longueur :
28 cm
Le mâle est de la même couleur que la femelle.

Voix :
des « rec-rec-rec » peu sonores, ou bien des « kei-ih » sifflants

Mouette tridactyle

Rissa tridactyla

La patrie européenne de la Mouette tridactyle comprend les côtes de la Norvège, de l'Islande, des îles Britanniques, de la région de Mourmansk. Exceptionnellement, elle niche en Helgoland et sur les côtes de Bretagne. En dehors de la saison des nids, les individus d'Europe restent en pleine mer, surtout dans la partie centrale de l'Atlantique. Il arrive, mais rarement, que de jeunes oiseaux errent à l'intérieur du continent.

Les Mouettes tridactyles nichent en colonies nombreuses et fermées, sur d'étroites saillies accrochées aux falaises ; il arrive qu'elles fassent leur nid sur les saillies de hauts bâtiments. Les nids sont faits de lichen, mousse, algues marines et autres plantes, le tout lié avec de l'argile en une solide construction formant une cuvette profonde. Les deux partenaires le bâtissent ensemble. La femelle pond en mai ou juin, plus rarement en juillet, deux œufs sur lesquels les parents se remplacent 21 à 24 jours. Contrairement aux habitudes des autres espèces de Mouettes et de Goélands, les jeunes Mouettes tridactyles restent dans le nid jusqu'à ce qu'elles soient capables de voler, c'est-à-dire 33 à 37 jours. Les parents les nourrissent avec soin. Ensuite, toute la colonie quitte son aire de nidification et s'envole vers la pleine mer.

Les Mouettes tridactyles se nourrissent avant tout d'animaux marins (surtout poissons, crustacés et mollusques), mais aussi de végétaux. Elles attrapent leur butin en volant, à la surface de l'eau.

Voix :
sur le nid, « kiti-ouék » ou
« keh-ouîc »

Longueur :
40 cm
Le mâle est de la même
couleur que la femelle.

Œuf :
47,1—62,5 × 35,3—44,5 mm

Grande comme
un Pigeon

Erratique

Guifette hybride

Chlidonias niger

Comme une grande Hirondelle, la Guifette hybride vole harmonieusement au-dessus de la surface de l'eau. Elle est répandue dans le centre, le sud-ouest et l'ouest de l'Europe, mais ne nidifie pas dans les îles Britanniques. Elle est exclusivement migratrice et quitte sa demeure en août ou en septembre pour hiverner en Afrique. Elle revient fin avril ou début mai et recherche les étangs et les lacs où la végétation est abondante. C'est un oiseau sociable. A l'époque des nids, plusieurs couples forment une colonie. Ils bâtissent en général leur nid sur un pied de roseau dans un bas-fond, ou bien sur de petits îlots flottants. Les deux partenaires le construisent avec des feuilles de roseaux secs et autres matériaux semblables. En mai ou juin, la femelle pond en général 3 œufs, plus rarement seulement 2. Elle les couve en se relayant avec son partenaire de 14 à 17 jours. Les parents nourrissent les petits d'insectes, de larves et de petits poissons. Ils chassent en général à contre-vent et attrapent de la pointe du bec, au vol, leur proie à la surface de l'eau ou bien s'y posent un instant et s'envolent aussitôt. Quant aux insectes qui volent, ils les saisissent directement au-dessus de la surface de l'eau.

Grande comme un Merle

Migratrice

Œuf :
30,5—40,2 × 22,5—27,4 mm

Longueur :
25 cm
Mâle et femelle sont de la même couleur.

Voix :
de brefs « krêk » ou « krrr »

Sterne caspienne

Hydroprogne caspia

La Sterne caspienne est répandue presque dans le monde entier, mais seulement par endroits. Ses aires de nidification européennes sont sur la côte est de la Suède, sur la côte de la Finlande, la côte nord de la Caspienne et de la mer Noire. Certains individus nichent sur la côte nord de la R.F.A. et en Sardaigne. Elle vit surtout sur les côtes. Elle vole vers ses quartiers d'hiver en suivant les côtes des régions tropicales. Il est rare de la rencontrer en Europe centrale. Elle regagne son aire de nidification fin avril ou en mai, et niche en colonies souvent nombreuses, de préférence sur une plage ou sur de petits îlots. La cuvette du nid n'est garnie que maigrement de matériaux végétaux. En mai ou juin, la femelle pond en général deux œufs que les deux partenaires couvent alternativement 20 à 22 jours. Peu après l'éclosion, les petits se dispersent aux environs et se cachent sous des plantes où les parents viennent les nourrir. Au bout de 30 à 35 jours, les jeunes sont capables de voler et de vivre indépendants. La Sterne caspienne se nourrit surtout de poissons, en particulier de harengs, et aussi de divers invertébrés, mais, à l'occasion, elle attrape aussi de petits oiseaux ou bien mange leurs œufs. Quand elle cherche du poisson, elle vole à une faible hauteur au-dessus de la surface, bat des ailes un court moment et fonce vers l'eau.

Voix :
de profonds « cah » ou
« craï » sonores

Longueur :
53 cm
Le mâle est de la même
couleur que la femelle.

Œuf :
55,0—72,3 × 40,5—46,5 mm

Grande comme
un Canard

Migratrice

Sterne Pierre-Garin

Sterna hirundo

La Sterne Pierre-Garin est répandue dans toute l'Europe excepté le Grand Nord. Elle fait pourtant défaut dans quelques régions ; elle ne nidifie pas dans le centre de l'Espagne par exemple. Fin juillet ou, pour les régions les plus méridionales, en septembre ou octobre, elle part hiverner sur les côtes du golfe Persique, de la mer Rouge et de l'ouest africain.

La Sterne Pierre-Garin est un excellent voilier. Elle revient vers sa patrie fin avril ou début mai et habite les grands étangs et lacs continentaux, ou bien les fleuves. Elle nidifie en colonies. Toute la colonie arrive ensemble aux aires de nidification, puis les couples se forment et se livrent à des vols nuptiaux. Les Sternes bâtissent leur nid dans un petit creux avec de menues brindilles, des chaumes, etc., soit en des endroits boueux sur des îlots, soit dans les dépôts vaseux des rivières. En mai-juin, la femelle pond 3 œufs qu'elle couve en se relayant avec le mâle de 20 à 24 jours. Les parents nourrissent les petits d'insectes, de larves, d'autres petits invertébrés et de poissons.

Les Sternes Pierre-Garin s'immobilisent souvent au-dessus des eaux en battant des ailes, scrutant la surface. Lorsqu'elles aperçoivent une proie, elles foncent rapidement dans l'eau et parfois disparaissent sous la surface.

Grande comme
une Tourterelle

Migratrice

Œuf :
35,3—48,0 × 25,0—32,8 mm

Longueur :
35 cm
Mâle et femelle sont de la
même couleur.

Voix :
le plus souvent « krrriê »,
parfois aussi de brefs
« kick » ou « keck »

Sterne arctique

Sterna paradisaea

La Sterne arctique est répandue au nord de l'Ancien et du Nouveau continent. En Europe, elle nidifie en Islande, en Scandinavie, sur les côtes de Pologne, de R.F.A., de R.D.A., de Danemark, de Hollande, des îles Britanniques, de la Bretagne, et au nord de l'U.R.S.S. Elle habite surtout les côtes et les îlots rocheux. En Islande et en Scandinavie, elle s'installe aussi sur les lacs de l'intérieur. Elle émigre le long des côtes jusqu'à la pointe sud de l'Afrique, d'où de nombreux individus poursuivent leur voyage jusqu'aux côtes de l'Antarctique.

Les Sternes arctiques reviennent à leurs aires de nidification fin avril ou début mai. Le nid est une simple cuvette peu profonde. Parfois seulement il est garni de petits débris de coquillages. La femelle pond, en mai ou en juin, le plus souvent deux œufs, rarement un seul ou trois. Elle couve alternativement avec le mâle 20 à 22 jours. Les petits quittent le nid très vite après l'éclosion et restent aux alentours immédiats. Les parents les nourrissent avec soin, même lorsqu'ils savent déjà voler, ce qui se produit au bout de 4 semaines.

La Sterne arctique récolte sa nourriture dans l'eau, en volant, et, rarement seulement, attrape des insectes à terre. Cette Sterne a de nombreux ennemis, surtout parmi les grandes espèces de Goélands, les Labbes, les oiseaux de proie et les animaux carnassiers. Environ 16 % seulement des jeunes atteignent l'âge où ils sont capables de voler.

Voix :
de brefs « cacca-ria » ou
« cria »

Longueur :
38 cm
Le mâle est de la même
couleur que la femelle.

Œuf :
35,5—47,3 × 26,2—33,4 mm

Migratrice

Sterne rose de Dougall

Sterna dougallii

La Sterne rose de Dougall est répandue sur de larges espaces. Elle habite la côte atlantique de l'Amérique du Nord, les côtes de l'Amérique centrale, les Antilles, les côtes de l'Afrique et du sud-est de l'Asie. En Europe, elle niche surtout sur les côtes des îles Britanniques. On la trouvait autrefois dans le sud de la France et dans les îles de la Frise, mais actuellement on ne l'y rencontre plus. Les oiseaux d'Europe hivernent sur les îles de l'océan Atlantique et sur les côtes ouest de l'Afrique. Pendant la migration, on rencontre parfois la Sterne rose sur les côtes de R.F.A. et de Hollande. Son aire de répartition est discontinue. Elle habite uniquement les côtes.

La Sterne rose de Dougall niche en colonies nombreuses sur des îlots ou des presqu'îles sablonneuses ou rocheuses, souvent en compagnie d'autres espèces de Sternes. Le nid est une petite cuvette ou bien, si le sol est dur, la terre nue, sans le moindre rembourrage. La femelle pond en général deux œufs, plus rarement trois ; en Europe, la ponte a lieu en juin. Les deux partenaires couvent alternativement 21 jours et nourrissent ensuite les petits pendant plus d'un mois.

Les jeunes une fois élevés, les Sternes roses de Dougall errent en vols nombreux sur les côtes et, dès fin juillet, ou bien en août, partent pour leurs quartiers d'hiver. Elles se nourrissent de petits poissons et d'insectes aquatiques. La Sterne rose a beaucoup d'ennemis, surtout parmi les grandes espèces de Goélands.

Migratrice

Œuf :
38,0—47,8 × 30,0—32,0 mm

Longueur :
38 cm
Le mâle est de la même couleur que la femelle.

Voix :
de longs « âkk », de faibles « tekhou-ick » et aussi des « kekekekek »

Sterne naine

Sterna albifrons

La Sterne naine est la plus petite parmi les Sternes d'Europe. Elle est répandue par endroits dans presque toutes les parties du monde. En Europe, elle niche sur presque toute la côte de l'Atlantique, et, parfois aussi, à l'intérieur du continent, mais on ne la trouve pas en Islande, ni en Scandinavie, ni dans les régions les plus nordiques. Elle aime les lieux où abonde le sable ou le gravier, mais aussi les marécages près des lacs et des fleuves. Elle est migratrice et quitte son habitat fin juillet pour aller hiverner sur les rives de l'océan Indien.

La Sterne naine regagne son aire de nidification fin avril ou début mai, et forme de petites colonies, dans lesquelles les nids des différents couples sont relativement loin les uns des autres. Elle s'installe souvent dans une colonie de Petits Pluviers. La femelle creuse une petite cuvette qu'elle garnit à peine de petits cailloux ou de coquillages. Dans la seconde moitié de mai ou en juin, elle pond en général deux œufs, dont la couleur est très variable. C'est surtout la femelle qui couve, mais le mâle la remplace de temps à autre. Les petits éclosent au bout de 21 à 22 jours ; les premiers jours, ils sont réchauffés par la mère, tandis que le mâle s'occupe de la nourriture. Plus tard, les deux parents nourrissent les jeunes. La Sterne naine vit de petits poissons, et, moins, de petits invertébrés. Elle récolte des insectes aussi bien sur l'eau qu'à terre. C'est aussi en volant qu'elle attrape les poissons.

Voix :
des cris aigus : « crî-î » ou
bien de rudes « kitt »

Longueur :
20 cm
Le mâle est de la même
couleur que la femelle.

Œuf :
29,5—37,0 × 20,8—26,0 mm

Grande comme
un Étourneau

Migratrice

Sterne caugek

Sterna sandvicensis

La Sterne caugek est largement répandue en Europe, et aussi autour de la Caspienne, en Tunisie et en Amérique du Nord. Elle ne nidifie cependant que sur des îlots ou des côtes. Ses aires habituelles de nidification en Europe sont dans le sud de la Suède, au Danemark, en R.F.A., en R.D.A., en Hollande, Bretagne, Espagne, dans les îles Britanniques et sur les côtes de la mer Noire. A l'automne, les Sternes caugek s'envolent vers l'Afrique, souvent jusqu'au sud, et vers le golfe Persique. Il est rare qu'elles volent à l'intérieur du continent. Elles restent en colonies nombreuses comptant jusqu'à 1 000 couples. Les nids ne sont souvent qu'à 10 à 15 cm de distance les uns des autres. Ce sont de petites cuvettes sobrement garnies de matériaux végétaux. La femelle pond, de mai à début juillet, habituellement deux œufs que les deux partenaires couvent alternativement 21 à 24 jours. Les petits restent 6 à 7 jours dans le nid, parfois un peu plus, et se dispersent ensuite au voisinage. A l'âge de 15 à 20 jours, ils se rassemblent en groupes, et, au bout de 35 jours, ils sont capables de voler.

La Sterne caugek se nourrit surtout de poissons, en particulier de harengs, maquereaux, limandes et anguilles de mer. Elle chasse en volant et plonge la tête dans l'eau. Elle se nourrit aussi de mollusques, de crustacés, de vers et, à l'occasion, d'oisillons de petites espèces d'oiseaux. Rarement elle absorbe des insectes.

Œuf :
44,0—59,4 × 33,3—43,2 mm

Longueur :
40 cm
Le mâle est de la même couleur que la femelle.

Voix :
un cri rude comme « kirrik »

Grande comme un Pigeon

Migratrice

Petit Pingouin

Alca torda

Le Petit Pingouin habite les côtes de presque toute la Scandinavie, de la région de Mourmansk, des îles Britanniques, de l'Islande, de l'Helgoland, et il vient même sur les côtes de Bretagne. Il vit également au Groenland et au nord de l'Amérique du Nord. C'est exclusivement un oiseau de mer. Hors de la saison des nids, il reste sur l'eau dans la région de son aire de nidification ou bien erre dans l'Atlantique.

C'est un oiseau sociable, nichant par colonies nombreuses sur les récifs des côtes et des îlots. Il y choisit un emplacement convenable sur une saillie rocheuse ou bien à l'entrée d'un terrier de Macareux, mais ne construit pas de nid. La femelle pond un œuf unique à même le sol nu, ou parfois dans le nid abandonné d'une Mouette tridactyle. La ponte a lieu de la fin mai à juin. Ensuite, les deux partenaires couvent alternativement 32 à 36 jours. Ils s'occuperont tous deux aussi du jeune et le nourriront. Au bout de 21 jours, celui-ci se jettera directement du haut de son nid dans la mer. Parfois il se heurte un peu au rocher, ne sachant pas encore voler. Mais il sait immédiatement nager et plonger.

Les Petits Pingouins se nourrissent principalement de petits poissons ; à l'époque des nids, ils vont pêcher jusqu'à 20 km de leur habitat. Ils sont capables, lors de leur chasse dans l'eau, de tenir dans leur bec plusieurs poissons à la fois. Ils attrapent aussi des crustacés, des mollusques, des vers. Ce sont d'excellents plongeurs.

Voix :	**Longueur :**	**Œuf :**
des sons sifflants et prolongés	40 cm Le mâle est de la même couleur que la femelle.	63,0—83,6 × 42,0—52,4 mm

Grand comme un Pigeon

**Sédentaire
Erratique**

Guillemot de Troïl

Uria aalge

En Europe, le Guillemot de Troïl habite les côtes nord et nord-ouest de la Scandinavie, la région de Mourmansk, l'Islande, les îles Britanniques, plus rarement la Bretagne, le Portugal, l'Espagne et quelques îles de la Baltique et de la mer du Nord. Certains oiseaux, jeunes et vieux, restent tout l'hiver aux environs de leurs aires de nidification, mais la plupart d'entre eux nomadisent sur l'océan Atlantique.

A l'intérieur du continent, le Guillemot de Troïl est un hôte rare. Il revient vers son aire de nidification dès décembre ou janvier ; dans les régions les plus septentrionales, il revient seulement en mars. Il niche en colonies sur des falaises. Dans les îles Britanniques et la Baltique, la ponte commence à la mi-mai. La femelle pond son œuf unique à même le sol ; parfois, elle le cale d'un petit caillou ou d'une tige d'herbe. Il lui arrive aussi de pondre dans le nid d'une Mouette tridactyle. La couleur de l'œuf est très variable. Les deux partenaires le couvent alternativement 30 à 36 jours, et apportent ensuite 2 ou 3 fois par jour sa nourriture − en général des poissons − au petit, lequel est recouvert de duvet épais. Il quitte le nid à l'âge de 20 à 25 jours, mais n'est pas encore capable de voler. Il ouvre seulement ses ailes et se laisse tomber dans la mer. Les parents le nourrissent encore quelque temps sur l'eau.

Le Guillemot de Troïl consomme de petits poissons, parfois aussi des crustacés, des vers, des mollusques.

Œuf :
74,0—93,0 × 46,0—55,0 mm

Longueur :
43 cm
Le mâle est de la même couleur que la femelle.

Voix :
de longs « arr » ou « arra »

Sédentaire

Guillemot de Brünnich

Uria lomvia

Les régions les plus septentrionales de l'Asie, de l'Amérique du Nord, du Groenland et de l'Europe constituent la patrie du Guillemot de Brünnich. En Europe, il ne niche qu'en Islande et sur les côtes de la région de Mourmansk. En hiver, il reste sur les côtes nord de la Norvège et autour de l'Islande et, rarement, nomadise jusqu'au nord de la France et dans la Baltique. Le Guillemot de Brünnich revient à son aire de nidification fin mars ou début avril. Les premiers jours, les oiseaux restent sur l'eau, puis ils occupent les rochers. Ils nichent en colonies nombreuses sur les saillies de parois abruptes. La femelle pond son œuf unique à même le sol nu, et les deux parents le couvent alternativement 30 à 36 jours. Le petit est couvert d'épaisses plumules duveteuses rappelant la laine des mammifères. Les parents lui apportent sa nourriture jusqu'à 3 fois par jour et vont la chercher parfois jusqu'à 15 km du nid. A l'âge de 18 à 25 jours, le jeune quitte son rocher. Il n'est pas encore capable de voler : il bat rapidement des ailes et tombe ainsi doucement dans l'eau. Toute la bande des jeunes nage alors à la surface et pousse des cris sonores pour appeler les adultes. Les parents continuent de suivre leur petit et de le nourrir.

Le Guillemot de Brünnich pêche en groupes allant de 20 à 200 individus. Il se nourrit surtout de poissons de 5 à 15 cm de long, de crustacés et de mollusques. A terre, il marche lentement et se tient droit. Il nage très bien et plonge à la perfection.

Voix :
des « arr » ou des « eurr » sifflants

Longueur :
39 à 48 cm
Le mâle est de la même couleur que la femelle.

Œuf :
69,0—99,0 × 41,0—59,0 mm

Erratique

Guillemot à miroir

Cepphus grylle

Le Guillemot à miroir est très répandu en Europe, au nord de l'Asie et de l'Amérique du Nord. Ses habitats européens sont les côtes de la Scandinavie, de la Finlande, de la région de Mourmansk, de l'Islande, l'Écosse, l'Irlande et le Danemark. Il est presque partout sédentaire, mais en hiver on le rencontre par bandes sur les côtes de la R.F.A. et de la R.D.A. En dehors de la saison des nids, il reste sur la mer, au voisinage des côtes. Quand neige et glace disparaissent, il se met à la recherche d'un emplacement pour son nid, une ou deux semaines avant la ponte.

Les Guillemots à miroir nichent par couples séparés ou par petits groupes d'une dizaine de couples. Le nid est situé dans une fente de rocher, sous une saillie, ou dans un terrier en pente. La femelle pond en général deux œufs, à même le sol nu, entre la mi-mai et la mi-juin. Parfois elle met sous les œufs quelques petits cailloux. Les parents couvent alternativement. Les œufs sont à une température de 36 à 37 °, mais 16 à 19 ° seulement du côté qui repose sur le sol. Les petits éclosent au bout de 27 à 30 jours. Le petit est couché sur le ventre et les parents le nourrissent à partir du second jour. Ils lui apportent en général des petits poissons 3 à 5 fois par jour. Au bout de 35 à 37 jours, les jeunes quittent le nid, en général la nuit, et vont à la mer.

Le Guillemot à miroir se nourrit de petits poissons, de mollusques, de crustacés et d'insectes.

Œuf :
57,0—65,0 × 38,0—44,0 mm

Longueur :
32 à 38 cm
Le mâle est de la même
couleur que la femelle.

Voix :
des tons sifflants et des
trilles grondants

Sédentaire

Macareux moine

Fratercula arctica

Les côtes et les îles du nord et du centre de l'Atlantique sont la patrie du Macareux moine. En Europe, celui-ci nidifie sur les côtes de la région de Mourmansk, de la Norvège, du sud-ouest de la Suède, de la Grande-Bretagne, de l'Irlande et de l'Islande, et aussi de la Bretagne. C'est un oiseau de pleine mer ; en dehors de la saison des nids, il reste dans la partie centrale de l'Atlantique.

Avant la nidification, il arrive par vols nombreux sur les côtes où il cherche les pentes herbeuses dont la surface n'est pas trop dure, afin d'y creuser facilement son terrier. Il sait cependant se contenter d'endroits rocheux, où il trouve diverses crevasses, des trous ou des terriers de lapins. Mais en général, il creuse lui-même un terrier de 1 à 2 m de long dans lequel se trouve une ou même plusieurs petites « chambres », comme nid. Les oiseaux creusent des pattes et du bec. L'habitation a plusieurs entrées. Les « chambres » sont garnies d'herbe sèche et de plumes. Les Macareux moines constituent d'immenses colonies, comptant souvent plus de 100 000 individus. La femelle pond, généralement en mai, un seul œuf, qui est remarquablement gros et pèse plus du dixième du poids de la mère. Les deux partenaires couvent alternativement 40 à 42 jours et nourrissent le petit dans le nid 40 jours.

Les Macareux moines consomment des poissons, des mollusques et des crustacés. Ils apportent au nid plusieurs poissons à la fois, jusqu'à 12.

Voix :
on l'entend peu ; sur le
nid : « aou » ou « arr »

Longueur :
28 à 37 cm
Le mâle est de la même
couleur que la femelle.

Œuf :
58,0—68,0 × 39,0—49,0 mm

Erratique

Pigeon colombin

Columba oenas

Le Pigeon colombin vit dans les forêts de feuillus et dans les bois clairsemés de conifères ainsi que dans les vieux parcs. Son aire d'expansion couvre toute l'Europe à l'exception du Grand Nord. En Europe occidentale et méridionale, il est partiellement sédentaire, tandis que son congénère des autres régions migre entre septembre et octobre vers le sud-ouest et les pays méditerranéens.

Le Pigeon colombin regagne son aire de nidification dès la fin de février et recherche les endroits boisés de vieux arbres qui lui offrent une quantité suffisante de cavités pour son nid. Il occupe parfois le nid abandonné d'un Pic noir, et il accepte aussi un nichoir. Il installe ordinairement son nid à plus de 10 mètres au-dessus du sol. De nos jours, il a disparu de bon nombre de forêts où il abondait autrefois, en raison du manque de cavités dans les arbres actuels. La femelle construit en effet son nid dans ces cavités, qu'elle tapisse de petits bâtons secs et de menues brindilles ; certaines pondent leurs 2 œufs directement sur le fond nu. Les deux partenaires couvent alternativement pendant 16 à 17 jours.

Les jeunes quittent le nid à l'âge de 3 semaines, mais les parents continuent à les nourrir pendant un certain temps, en leur donnant des aliments prédigérés, graines, semences, etc. L'alimentation de l'adulte se compose surtout de diverses graines, de petits fruits, de baies et des parties vertes des végétaux.

Œuf :
33,0—43,0 × 26,0—31,0 mm

Longueur :
33 cm
Mâle et femelle de même coloration.

Poids :
280 g environ

Voix :
un « hououh houou hou hou houhhouhhouhhouhhouh » hululant

Sédentaire
Migrateur

Pigeon ramier

Columba palumbus

Le Pigeon ramier revient de ses quartiers d'hiver, situés dans les pays méditerranéens, déjà vers la mi-mars. Il regagne alors par bandes ses territoires répandus dans presque toute l'Europe. Dans les régions plus chaudes de nos pays, il est cependant sédentaire ou erratique.

Dès le début du printemps, les mâles font entendre des claquements d'ailes qui font partie de leur danse nuptiale. L'espèce construit un nid très léger avec des brindilles placées sans ordre les unes sur les autres ; celui-ci se trouve sur une branche de conifère ou de feuillu, à proximité du tronc. La femelle pond 2 œufs que les partenaires couvent alternativement pendant 17 à 18 jours. Les deux parents nourrissent leurs petits directement au départ du jabot, d'abord avec une sorte de purée prédigérée. Les jeunes quittent le nid d'ordinaire au bout de 20 à 29 jours et restent perchés sur les branches, où les parents continuent à les nourrir. Ils sont aptes à voler à l'âge de 35 jours. Après qu'ils aient acquis leur indépendance, leurs parents nichent une deuxième fois, généralement entre juin et août.

Le Pigeon ramier se nourrit surtout de graines, de verdure, parfois de petits invertébrés, comme par exemple les vers de terre, et de mollusques. Le Pigeon ramier quitte son territoire de nidification dans la période qui va de septembre à octobre. Il fait partie du gibier à plume et sa chair est délicate.

Voix :
« grouh grouh grouh grouh grou grou grou... »

Longueur :
40,5 cm
Mâle et femelle de même coloration.

Poids :
jusqu'à 500 g environ

Œuf :
36,5—47,8 × 25,0—33,0 mm

Sédentaire
Migrateur

Tourterelle des bois

Streptopelia turtur

Par une journée plus chaude d'avril ou de mai, on entend résonner dans la forêt un roucoulement typique, annonçant que la Tourterelle des bois revient de ses quartiers d'hiver en Afrique tropicale. Son aire d'expansion couvre toute l'Europe, à l'exception de la Scandinavie. Elle se rencontre dans les forêts, dans les bocages au milieu des champs, sur les rives boisées des rivières, ainsi que dans les parcs à végétation plutôt dense.

Pendant le vol nuptial, le mâle s'élève haut dans le ciel pour redescendre ensuite en vol plané, la queue étendue en éventail. Les deux partenaires construisent en commun un nid très simple avec des petits bâtons et des brindilles qu'ils disposent sans ordre les uns sur les autres. Ils l'installent d'habitude à une hauteur de 1 à 5 mètres au-dessus du sol, dans les buissons ou sur un arbre. La ponte est de 2 œufs que le mâle et la femelle couvent alternativement pendant 14 à 16 jours. Ils se partagent également le soin d'élever les petits, qu'ils nourrissent d'abord avec une matière pâteuse formée dans leur jabot, puis avec des semences et des graines prédigérées. Les petits quittent le nid au bout de 14 à 16 jours, mais se laissent encore nourrir pendant un certain temps. Ceux-ci indépendants, les parents nichent une deuxième fois en juin ou en juillet.

Les Tourterelles des bois quittent la forêt en bandes pour aller pâturer dans les champs vers la fin de l'été. Elles émigrent vers le sud en août-septembre.

Œuf :
27,0—34,6 × 20,0—24,6 mm
Les œufs sont d'un blanc pur.

Longueur :
27 cm
Mâle et femelle de même coloration.

Voix :
un long « tourr, tourr-tourr »

Migrateur

Tourterelle turque

Streptopelia decaocto

La Tourterelle turque occupe déjà l'Europe entière, où elle s'est établie partout dans le voisinage immédiat de l'homme. Même dans les grandes villes, ses lieux favoris sont les jardins, les parcs, les cimetières et les allées, mais elle se contente éventuellement d'un arbre isolé sur une place. Il s'agit d'un oiseau sédentaire, qui en hiver forme des colonies importantes sur les lieux de provende : grands hôtels, élevages de volaille, jardins zoologiques, etc. Dans les villes, la Tourterelle turque se pose jusque sur les fenêtres, et accepte volontiers tout ce que l'homme lui présente, depuis les graines jusqu'aux reliefs des repas.

L'espèce est en principe granivore, mais se nourrit également d'insectes, de mollusques ou de vers. Cet oiseau construit son nid − un assemblage mal assujetti de branchages − sur une branche d'arbre, dans des arbustes élevés, parfois aussi sur les rebords des fenêtres, les toits des nichoirs ou des mangeoires. La femelle ne pond généralement que deux œufs, que les deux partenaires couvent en se relayant durant 14 ou 15 jours. Les jeunes sont capables de voler au bout de trois semaines. La Tourterelle turque niche jusque quatre fois l'an, et l'on trouve son nid toute l'année ; mais la période de nidification s'étend principalement d'avril à septembre.

Voix :
un « doû-doû » caractéristique; en vol une sorte de « vêê »

Longueur :
28 cm
Passe l'hiver en bandes.

Œuf :
27,5—33,8 × 21,8—25,0 mm

Sédentaire

Coucou gris

Cuculus canorus

Dès la mi-avril, bien souvent, retentit le chant typique du Coucou. C'est l'appel du mâle qui revient des pays lointains, d'Afrique tropicale ou méridionale. La femelle le rejoint 7 à 10 jours plus tard, mais son cri est différent, ressemblant plutôt à l'appel du Pic vert. Après avoir choisi son aire de nidification, le Coucou peut y revenir des années de suite. On le rencontre dans les bois, dans les bosquets au milieu des champs, dans les grands parcs et dans les cimetières boisés. La femelle volette sur son territoire à la recherche des nids des petits oiseaux chanteurs. Lorsqu'elle en découvre un lui convenant, elle détruit l'un des œufs se trouvant à l'intérieur, en le jetant, et le remplace par le sien, d'ordinaire de la même couleur que celui de son hôte. De mai à juillet, une femelle pond ainsi de 15 à 20 œufs, qu'elle dépose dans autant de nids différents. Le jeune Coucou éclôt le douzième jour de l'incubation et jette hors du nid tous les œufs qui s'y trouvent, ainsi que les petits de ses hôtes. Le jeune Coucou a la peau nue, sans duvet ni plumes, avec sur le dos des cellules très sensibles réagissant, pendant les quatre premiers jours, à tout corps étranger dans le nid : œufs ou petits de ses parents nourriciers. Ceux-ci le nourrissent ensuite d'insectes et de larves.

Le Coucou émigre au cours de la période allant de fin juillet à début septembre.

Migrateur

Œuf :
19,7—26,4 × 14,7—18,8 mm
Son aspect peut varier.

Longueur :
33 cm
Mâle et femelle de même coloration.

Voix :
le mâle lance un
« coucou » ou un
« coucoucouc », la femelle
un « kwickwickwic » et les
petits un
« dzissdzissdziss »

Chouette effraie

Tyto alba

La Chouette effraie aime les lieux habités qu'elle préfère aux falaises, son habitat d'origine. Elle s'installe volontiers dans les granges, les greniers et les pigeonniers, mais construit aussi son nid dans les clochers ou des coins obscurs de vieilles ruines. La nuit, sa voix rauque a déjà effrayé plus d'un passant.

La Chouette effraie reste généralement fidèle à sa patrie durant l'hiver, mais on a déjà observé, par temps de gel, lorsque la nourriture vient à manquer, des migrations de Chouettes effraies par troupes entières. Ce rapace nocturne est ubiquiste : il habite tous les continents. Sa ponte est irrégulière : quatre à six œufs de mars à novembre. Lorsque les souris abondent, la Chouette effraie niche jusque trois fois l'an. Elle se nourrit de souris, de rats, de chauve-souris, de moineaux et d'amphibiens, sans dédaigner pour autant les insectes. Les œufs, généralement déposés à même le sol, sont couvés de 30 à 32 jours par la femelle, nourrie durant cette période par le mâle. Le nourrissage des jeunes, qui quittent le nid après 52 à 58 jours, parfois même 86, est assuré par les deux parents. Dès qu'ils sont aptes à voler, les jeunes se dispersent dans les environs.

Voix :
un « khrû » ou « khraikh » rauque, souvent répété

Longueur :
34 cm
« Lunettes » de plumes caractéristique en forme de cœur sur le visage ; vol balancé

Œuf :
34,8—43,0 × 28,6—33,5 mm

Sédentaire

Hibou grand-duc

Bubo bubo

Le Hibou grand-duc, le plus grand des Hiboux européens, est répandu dans toute l'Europe, en dehors de la partie occidentale. En certains lieux il est assez abondant et, surtout ces dernières années depuis qu'il jouit d'une protection absolue, son nombre a sensiblement augmenté dans certaines régions. Sédentaire ou erratique, il se rencontre aussi bien dans les plaines que dans les montagnes.

Déjà vers la fin de mars ou en avril, il construit un nid simple, souvent non garni ou ne renfermant que des restes de poils ou de plumes arrachés à sa proie ; il l'installe sur une corniche rocheuse, sur la muraille d'un vieux château ou à même le sol, voire, dans les régions du Nord, dans un trou d'arbre à faible hauteur. La femelle pond de 2 à 4 œufs, qu'elle couve seule durant 32 à 37 jours, tandis que le mâle lui apporte de la nourriture qu'il lui remet à proximité du nid. Une fois éclos, les petits jouissent de soins particuliers de la mère qui les protège contre la pluie ainsi que contre les rayons du soleil brûlant. Un mois, voire deux mois après, les jeunes quittent le nid, mais se tiennent à proximité. A l'âge de 3 mois, ils savent déjà parfaitement voler. Le territoire du Hibou grand-duc est très vaste ; il s'étend jusqu'à 15 kilomètres du nid.

Le Hibou grand-duc chasse des vertébrés, dont certains peuvent atteindre la taille d'un jeune renard, mais il se nourrit également d'insectes. Actif la nuit, il vole silencieusement, assez près du sol.

Œuf :
51,2—73,0 × 42,0—53,7 mm

Longueur :
67 cm

Envergure :
160 à 166 cm
Mâle et femelle de même coloration.

Voix :
un « bouhou » ou
« ouhouhou-ou-ouhouhouhouhou »
audible au loin, ainsi que
des bruits de toute sorte

Sédentaire

Chouette harfang

Nyctea scandiaca

La Chouette harfang habite surtout la toundra. On la trouve dans les zones arctiques d'Europe, d'Asie, de l'Amérique du Nord et du Groenland. Ses aires de nidification européennes sont en Islande, ainsi que sur les côtes de Norvège et de la région de Mourmansk. En dehors de la saison des nids, elle envahit les côtes et les lacs. Exceptionnellement, elle va jusqu'au centre et à l'ouest de l'Europe.

C'est un oiseau de paysages découverts, qui évite les forêts. Le territoire de son nid a une surface d'environ 1 km², ou bien 2 km² dans les périodes de disette. Elle fait son nid à terre, sur une petite éminence, ou bien sur une saillie rocheuse. La femelle pond 4 à 6 œufs. Si la nourriture est très abondante, elle pond davantage, jusqu'à 15 œufs. Elle les couve seule 32 à 34 jours et, pendant cette période, le mâle la nourrit. Les jeunes sont couverts d'un duvet épais. Les premiers jours, la femelle les nourrit d'une proie déjà dépecée. Les jeunes restent dans le nid 57 à 61 jours et sont ensuite capables de voler. La Chouette harfang vole bas au-dessus du sol en battant des ailes et cherche des Lemmings, lesquels constituent sa principale nourriture. Une Chouette dévore chaque année de 600 à 1 600 Lemmings. A l'époque des nids, chaque petit reçoit en moyenne 2 Lemmings par jour.

En période de disette, la Chouette harfang ne nidifie pas et chasse des Canards, des Oies, des Lagopèdes, des Pingouins et des Mouettes.

♂

Voix :
des « craou-aou » sonores
et répétés, des
« craou-craou »

Longueur :
54 à 66 cm
Le mâle est blanc, la
femelle tachetée.

Œuf :
50,5—70,2 × 40,0—49,3 mm

Erratique

Chouette chevêchette

Glaucidium passerinum

Les forêts de conifères des régions basses et des montagnes sont habitées par la plus petite des Chouettes européennes, la Chouette chevêchette. Elle est répandue en Scandinavie, en Europe centrale, nord-occidentale et nord-orientale, et à l'est jusqu'à l'Amour. Elle est sédentaire en Europe centrale et erratique dans les régions du Nord. Par endroits, elle est assez abondante, mais elle échappe à notre attention en raison de son mode de vie, qui consiste à se dissimuler dans les grandes forêts. Le mâle se fait entendre en décembre déjà.

La Chouette chevêchette construit son nid en avril ou en mai dans une cavité d'arbre, de préférence abandonnée par un Pic, mais elle s'installe volontiers aussi dans un nichoir d'Étourneau, pour autant qu'on lui en apprête un sur son territoire. La femelle pond en général de 4 à 6 œufs qu'elle couve seule durant 28 jours. Elle nourrit ses petits d'insectes, de petits oiseaux ou de mammifères et réserve souvent une partie de son butin pour faire des provisions : ainsi, on peut souvent trouver dans son gîte des dizaines de petites souris, de musaraignes, de moineaux friquets, de bruants, de roitelets, etc. Elle chasse même le jour et réussit à se saisir de petits oiseaux. Elle guette sa proie en hochant la queue ; dès qu'elle l'aperçoit, elle se jette sur elle et la saisit souvent au vol. La Chouette chevêchette ne chasse d'habitude pas en terrain dégagé ; pour attaquer, elle se place dans les arbres ou les buissons.

Œuf :
27,0—31,5 × 21,5—24,5 mm

Longueur :
16,5 cm

Poids :
seulement 75 g
Mâle et femelle de même coloration.

Voix :
sifflante, comme un « couwitt », mais aussi d'autres sons

Sédentaire

Chouette chevêche

Athene noctua

Lors d'une promenade dans un parc ou à la lisière d'un bois, notre attention est parfois attirée par le raffut et les criailleries d'une bande de petits oiseaux, qui, apparemment sans raison, plongent en un endroit précis d'un buisson ou d'un arbre. Peu après en sort une Chouette chevêche qui tente d'échapper à ses agresseurs et de se mettre à l'abri. L'espèce, répandue dans toute l'Europe à l'exception de l'Irlande et de la Scandinavie, fréquente les lieux dégagés et pierreux, les carrières abandonnées, les allées, les lisières des bois et les plantations touffues des parcs. Elle construit son nid dans des trous d'arbres, des nichoirs, des tas de pierres, et même aux Pays-Bas dans des terriers de lapin. La femelle pond quatre à huit œufs dans un nid non rembourré, et se consacre de 26 à 28 jours à la couvaison. Les poussins, qui naissent couverts d'un épais duvet, reçoivent de leurs parents insectes et petits vertébrés. Les jeunes sont capables de voler et quittent le nid après 28 à 35 jours.

La Chouette chevêche chasse le soir des insectes, surtout des hannetons, et la nuit, des campagnols ; c'est donc un oiseau extrêmement utile. Elle chasse aussi parfois de jour, surtout à l'époque du nourrissage des jeunes. L'espèce est sédentaire, mais certains sujets sont erratiques et s'éloignent parfois jusqu'à 200 km de leur territoire.

♂

Voix :
un « ghouk », un bref
« kvitt kvitt », ou encore un
« kiff kiff kiff kiff » ; le soir
on l'entend aux abords des
fenêtres éclairées

Longueur :
23 cm

Envergure :
environ 50 cm

Œuf :
31,5—37,1 × 25,7—31,0 mm

Grande comme un Merle

Sédentaire
Erratique

Chouette hulotte

Strix aluco

La Chouette hulotte est une des Chouettes les plus répandues en Europe. Elle ne quitte pas son territoire, même par les hivers les plus rudes. Elle habite la forêt, mais s'installe volontiers aussi dans les parcs plantés de vieux arbres, parfois même dans les grands jardins ou dans les avenues.

Pendant les hivers les moins rigoureux, elle niche souvent dès février, plus couramment cependant à partir d'avril. Elle construit son nid dans des trous d'arbres. La femelle couve seule de 3 à 5 œufs pendant 28 à 30 jours, avec l'assistance du mâle qui lui apporte, durant cette période, de la nourriture et, de temps en temps, la relaie aussi dans le nid. Comme la femelle commence à couver dès la ponte des premiers œufs, les jeunes éclosent progressivement. Après l'éclosion des tout premiers, elle reste encore une dizaine de jours dans le nid. Le mâle approvisionne toute la famille, surtout avec de petits mammifères ainsi que d'autres vertébrés comme les chauve-souris, les serpents, les amphibiens et les insectes. Plus tard, la femelle le seconde, mais, pendant le jour, elle monte d'ordinaire la garde à proximité du nid et donne parfois à manger à ses petits en se servant des provisions rassemblées pendant la nuit. Les jeunes quittent le nid au bout de 28 à 36 jours et se tiennent encore au voisinage tout le temps que les deux parents leur apportent de la nourriture. A une cinquantaine de jours, ils entreprennent leur premier vol.

Œuf :
43,0—51,7 × 34,4—43,3 mm
L'œuf est parfaitement blanc.

Longueur :
38 cm

Envergure :
92 à 94 cm
Mâle et femelle de même coloration ; livrée très variable.

Voix :
à la période des amours
« houou, hou, houououououuouh »,
parfois aussi « youih » ou
« kouwitt »

Sédentaire

Chouette de l'Oural

Strix uralensis

Dans les régions de l'est de la Scandinavie, en Europe du Nord-Est ainsi qu'en Europe centrale vit un oiseau robuste, la Chouette de l'Oural. Elle habite les forêts profondes, tant en plaine qu'en montagne. Elle se manifeste en plus grand nombre dans les endroits où abondent les rongeurs tels que mulots et souris, qui constituent l'essentiel de son alimentation. Si les rongeurs viennent à manquer dans la région, la majorité des Chouettes de l'Oural quittent aussitôt celle-ci pour aller s'établir dans des endroits plus riches en nourriture. Mais, dans les conditions normales, c'est un oiseau sédentaire.

Elle construit son nid dans des trous d'arbres ou occupe le nid abandonné d'un Rapace. D'ordinaire, en avril, la femelle pond de 3 à 4 œufs qu'elle couve seule pendant 27 à 29 jours tandis que le mâle lui apporte la nourriture. Pour élever leurs petits, les parents se partagent les rôles : le mâle apporte la nourriture et la femelle nourrit les jeunes. Ceux-ci quittent le nid au bout de 34 jours, mais y reviennent encore souvent pour y passer la nuit. La Chouette de l'Oural est un oiseau très courageux, qui défend son nid avec acharnement même contre des Rapaces plus puissants, et l'on connaît des cas où elle a chassé de ses griffes un homme trop curieux de voir sa nichée.

En hiver, lorsque la forêt ne peut plus lui offrir assez de nourriture, elle s'aventure au voisinage des habitations humaines.

Voix :
semblable à l'appel de la Chouette hulotte, mais d'un ton plus haut et plus résonnant ;
elle pousse aussi un « haouhaouhaou » ou un « khwê »

Longueur :
environ 60 cm

Envergure :
105 à 116 cm
Mâle et femelle de même coloration.

Œuf :
47,1—54,7 × 39,0—44,0 mm
L'œuf est parfaitement blanc.

Grande comme une Buse

Sédentaire

Hibou moyen-duc

Asio otus

Le Hibou moyen-duc, qui est un oiseau très répandu, habite toute l'Europe à l'exception du Grand Nord. On le trouve surtout dans les petits bois de résineux ou les bois mixtes, dans les bocages au milieu des champs et dans les grands parcs. Il est sédentaire, mais certains sujets, surtout dans les régions du Nord, émigrent en hiver par troupes entières en direction du sud-ouest ; ils occupent alors des territoires abondant en rongeurs.

Vers la fin mars ou en avril, il recherche les nids abandonnés de corbeaux, corneilles, rapaces, geais ou écureuils, pour s'y installer après les avoir légèrement remis en état. La femelle pond de 4 à 6 œufs qu'elle couve seule durant 27 à 28 jours. Elle commence à incuber dès le premier œuf pondu, si bien que les petits éclosent progressivement. Le mâle lui apporte de la nourriture et, après l'éclosion, il nourrit toute la famille en remettant sa proie à la femelle qui se charge de la distribuer aux petits.

Le Hibou moyen-duc chasse à la tombée de la nuit. Pendant le jour, il se cache dans les branches touffues des sapins, pins sylvestres, etc., où il se tient immobile et « imite » un segment de branche : seul un ornithologue expérimenté peut le distinguer. Outre les rongeurs, il chasse encore les petits oiseaux et, pendant le nourrissage des petits, dévore aussi quantité d'insectes, comme par exemple les hannetons. Les jeunes quittent le nid au bout de 21 à 26 jours.

Œuf :
35,0—44,7 × 28,0—34,5 mm
L'œuf est parfaitement blanc.

Longueur :
34 cm

Envergure :
85 à 90 cm
Mâle et femelle de même coloration.

Voix :
à la période des amours, un « hou hou hou » audible au loin, ainsi que des bruits presque sifflants ;
il met en garde par un « wupp, wupp »

Grand comme
un Corbeau

**Sédentaire
Migrateur**

Hibou brachyote

Asio flammeus

C'est dans les prairies humides et découvertes voisines des étangs et des lacs, ou bien dans les endroits boueux et les tourbières que vit le Hibou brachyote ou « Hibou à oreilles », remarquable par ses courtes oreillettes faites de plumes allongées. Ce bel oiseau est répandu dans le nord, l'ouest, le centre et l'est de l'Europe. Les individus du Grand Nord sont migrateurs. Ceux des régions sud sont erratiques, mais beaucoup d'entre eux vont hiverner dans le bassin méditerranéen ou en Afrique tropicale.

Les Hiboux brachyotes reviennent à leurs aires de nidification de mars à la mi-avril. Ils bâtissent leur nid en garnissant de brindilles rudes un petit creux du sol, dans les tourbières ou les prairies humides. La femelle pond de 4 à 7 œufs. Dans les années où abondent les rongeurs — c'est-à-dire leur nourriture — elle pond davantage, jusqu'à 14 œufs. Elle commence à couver sitôt pondu le premier œuf. Aussi les petits éclosent-ils successivement, au bout de 24 à 27 jours d'incubation. Le mâle monte la garde aux alentours et apporte la nourriture à toute la famille. Les petits quittent le nid à l'âge de 3 à 4 semaines et restent dans les environs. Ils volent vers 5 semaines.

Le Hibou brachyote attrape des rats et des souris, rarement de petits oiseaux, des lézards et des serpents, exceptionnellement des insectes. Par temps sombre, il chasse parfois de jour, autrement il chasse après le crépuscule.

Voix :
de profonds
« bouboubou » ou
« kêvkêvkêv »

Longueur :
37 cm

Envergure :
103 à 107 cm
Mâle et femelle sont de la même couleur.

Œuf :
35,1—45,0 × 29,0—33,0 mm
blanc pur

Grand comme un Pigeon

Erratique
Migrateur

Chouette de Tengmalm

Aegolius funereus

La Chouette de Tengmalm habite l'Europe centrale et septentrionale. On rencontre cet oiseau surtout dans les forêts de résineux, de montagne comme de plaine. En raison de son mode de vie très discret, il échappe cependant à l'attention. Il reste dans ses quartiers, souvent même en hiver, période à laquelle il se déplace de la montagne vers la plaine pour errer ensuite dans les parages.

Le temps des noces commence déjà en mars. A ce moment, le mâle fait entendre son cri typique, nous indiquant sa présence dans le pays. Mais, parfois, ce petit Hibou se fait entendre jusqu'en automne. Vers la mi-avril ou en mai, la Chouette de Tengmalm recherche des cavités, souvent abandonnées par le Pic noir. La femelle pond de 4 à 6 œufs, qu'elle couve seule durant 25 à 31 jours. Les jeunes quittent le nid un mois après l'éclosion et n'y reviennent plus jamais. Mais les parents continuent à leur apporter de la nourriture qu'ils leur remettent sur les branches des arbres, ou encore suspendus en l'air, en battant rapidement des ailes.

La Chouette de Tengmalm chasse les petits rongeurs, mais elle s'attaque aussi à d'autres petits mammifères et à certains oiseaux comme le Pinson, la Mésange, la jeune Grive musicienne, etc. A la différence de la Chouette chevêche, qu'on peut voir chasser même le jour, la Chouette de Tengmalm ne sort qu'à la nuit tombante. Le jour, elle reste dans les branches touffues d'épicéa ou dans des cavités.

Grand comme un Merle

Sédentaire
Erratique

Œuf :
29,0—36,5 × 23,6—28,5 mm

Longueur :
25 cm

Envergure :
54 cm
Mâle et femelle de même coloration.

Voix :
le mâle et la femelle appellent « gou oug » ;
à la période des amours le mâle pousse des « doudoudou » flûtés ou en trilles

Engoulevent d'Europe

Caprimulgus europaeus

L'Engoulevent d'Europe revient de ses quartiers d'hiver, situés en Afrique orientale et méridionale, entre fin avril et mai. Il est répandu dans toute l'Europe, à l'exception des régions du Grand Nord. Il affectionne les bois clairs et secs de conifères ou les bois mixtes ; on le trouve aussi dans les clairières, etc.

A la période des amours, il exécute des tours d'acrobatie aérienne en frappant ses ailes l'une contre l'autre. Le jour, il se dissimule dans les arbres et se pose en longueur sur une grosse branche, où sa coloration lui permet un camouflage presque parfait. Si on le surprend, il ouvre le bec tout grand, déploie la queue et les ailes et, souvent, effraie ainsi son ennemi. Surpris au nid, il s'envole souvent très haut en battant des ailes et, comme cloué dans l'air, il affronte l'intrus le bec ouvert pour l'empêcher de s'approcher de son gîte. La femelle pond 2 œufs vers la fin de mai ou au début de juin, à même le sol. Les deux partenaires les couvent alternativement pendant 16 à 18 jours. Les jeunes quittent le « nid » 16 à 19 jours après l'éclosion et les parents les nourrissent encore pendant un mois en leur déposant la nourriture − des insectes, chassés en l'air à la nuit tombante − directement dans l'œsophage. L'Engoulevent chasse aussi des hannetons et autres coléoptères, des papillons de nuit et les rapides sphinx. Il quitte nos pays en août ou en septembre. En dehors de la période de nidification, il ne se montre nullement farouche.

Voix :
en s'envolant, « dag dag » ;
à la période des amours, le mâle pousse un râle prolongé : « errrrrr — eurrrr — errrrr — eurrr — errrrrr » à la tombée de la nuit

Longueur :
27 cm
La femelle n'a pas de taches blanches sur les rémiges primaires.

Œuf :
27,0—36,5 × 20,0—24,0 mm

Grande comme
une Tourterelle

Migrateur

205

♂

Martinet noir

Apus apus

Par un beau jour de mai retentit haut dans le ciel le cri strident du Martinet noir, qui vient de revenir d'Afrique du Sud et des tropiques. Une troupe entière de ces oiseaux aux ailes effilées passe à la vitesse d'un avion à réaction, comme s'ils participaient à une compétition. Ils ont des possibilités étonnantes : ils atteignent la vitesse de 160 km à l'heure, et sont capables de changer brusquement de direction à cette même vitesse. Le Martinet noir chasse le soir, et l'on croit qu'il dort la nuit en volant dans les couches élevées de l'atmosphère. Au sol par contre, cet oiseau se déplace avec difficulté.

Le Martinet noir construit son nid dans les villes, dans des anfractuosités de murs (hauts bâtiments, toits, vieilles ruines, etc.) avec des matériaux qu'il attrape au vol, p. ex. du duvet, des brindilles, etc. Il agglomère le tout avec sa salive visqueuse qui « prend » rapidement. La femelle pond deux à trois œufs qu'elle couve seule pendant 18 à 21 jours, et est alors nourrie par le mâle, qui lui apporte des insectes attrapés en vol. Les jeunes quittent le nid à l'âge de 35 à 42 jours, et sont aussitôt capables de voler.

Œuf :
22,8—28,0 × 14,3—17,6 mm

Longueur :
16,5 cm
Longues ailes typiques en forme de faucille.

Voix :
un « srii-srii » pénétrant

Migrateur

Martin-pêcheur

Alcedo atthis

Le Martin-pêcheur est l'un des oiseaux les plus joliment colorés. Il habite toute l'Europe excepté le Grand Nord. En Scandinavie on ne le trouve que dans les régions les plus au sud. Il ne quitte pas sa patrie en hiver, mais vagabonde pour trouver des eaux libres qui ne gèlent pas, en général des eaux courantes. Quelques individus des régions nordiques peuvent dans ce but parcourir plusieurs centaines de kilomètres.

A la saison des nids, il habite les eaux stagnantes ou courantes de toutes sortes pourvu qu'il trouve tout près une paroi abrupte dans laquelle il creuse un boyau. La longueur de celui-ci varie de 40 à 100 centimètres et à son extrémité se trouve la cavité du nid, de 7 à 10 centimètres de haut et de 10 à 13 centimètres de large. Les oiseaux creusent avec leur bec et rejettent les matériaux avec leurs pattes. La cavité du nid n'est pas garnie. La femelle pond en avril-mai, une deuxième fois en juin-juillet 6 ou 7 œufs et couve sitôt le premier œuf pondu. Les petits éclosent au bout de 18 à 21 jours. Le mâle apporte la nourriture à la couveuse, mais aussi la remplace. Les parents nourrissent tous deux les jeunes au nid, de 23 à 27 jours. Ils leur apportent même encore la nourriture pendant quelques jours après qu'ils l'ont quitté. Ensuite, les jeunes Martins-pêcheurs se dispersent aux alentours.

La nourriture des Martins-pêcheurs se compose de petits poissons, mais aussi de petits crustacés et insectes aquatiques.

Voix :
au cours du vol des
« tiêrht » prolongés ou de
brefs « tit tit tit »

Longueur :
16,5 cm
Mâle et femelle sont de la
même couleur.

Œuf :
20,3—24,8 × 16,7—20,0 mm
blanc pur

**Sédentaire
Erratique**

207

Guêpier

Merops apiaster

Le Guêpier, l'un des oiseaux européens les plus colorés, habite les régions tièdes. Il vit dans le sud, le sud-ouest et le sud-est de l'Europe et dans les régions les plus chaudes du centre et de l'est européens. De toutes ses aires de nidification, le Guêpier s'envole d'août à septembre pour hiverner en Afrique ou en Arabie. Il revient en avril-mai. Il reste dans les paysages découverts au voisinage des rivières, étangs et lacs, où il recherche des falaises abruptes d'argile ou de sable. Il nidifie par colonies.

Les couples se creusent dans les parois des boyaux de 1,2 à 2 mètres de longueur. De mai à juin, la femelle pond 5 ou 6 œufs – parfois jusqu'à 10 – à même la terre de la cavité du nid. Les deux partenaires couvent alternativement de 20 à 22 jours, puis nourrissent les jeunes, dans le nid d'abord, de 20 à 30 jours, ensuite quelques jours encore après qu'ils l'ont quitté. Les Guêpiers chassent au vol les insectes aux ailes membraneuses tels que guêpes, bourdons, abeilles, mais aussi scarabées, libellules, cigales, etc. Ils rejettent les élytres et autres débris cartilagineux.

Les Guêpiers sont d'excellents et adroits voiliers. Ils chassent en général par groupes. Dans les airs ils planent avec légèreté, mais à terre ils sont maladroits. C'est pourquoi ils se posent sur des endroits élevés. Ils ne sont pas appréciés des apiculteurs à cause des ravages qu'ils peuvent causer parmi les abeilles.

Œuf :
22,5—29,5 × 17,6—23,6 mm
blanc pur

Longueur :
28 cm
Le mâle est de la même couleur que la femelle.

Voix :
au vol « prourr » ou « krouk krouk », dans les moments d'effroi « pit »

Migrateur

Rollier d'Europe

Coracias garrulus

Le Rollier d'Europe, un des plus beaux oiseaux, à la livrée multicolore, vit sur des terrains dégagés plantés de vieux arbres, dans les forêts de feuillus clairsemées, dans les allées au bord des rivières, etc. On le trouve en Europe méridionale et orientale ainsi que dans la moitié est de l'Europe centrale. Dans les régions méridionales de notre continent, il est même fort nombreux. Il habite de préférence les plaines parsemées de bocages et de prairies. Il hiverne surtout en Afrique orientale, d'où il rejoint son aire de nidification vers le début mai.

A la période des amours, le mâle exécute des tours d'acrobatie aérienne au-dessus de l'arbre dans le trou duquel il a construit son nid : il s'élance en faisant presque des culbutes, prend de la hauteur, se renverse sur le côté et feint de se laisser tomber au sol. Dans la cavité, la femelle pond de 4 à 5 œufs qu'elle couve seule durant 18 à 20 jours ; le mâle ne la remplace qu'exceptionnellement et pour un court laps de temps. Elle commence à couver sitôt le premier œuf pondu. Les jeunes quittent le nid au bout de 26 à 28 jours, mais les deux parents les nourrissent pendant un certain temps encore.

Le Rollier d'Europe est un excellent voilier ; il chasse surtout en vol. De temps en temps, si les insectes viennent à manquer, il chasse également un petit lézard ou une souris. En automne, il picore même les fruits tendres. Il quitte nos pays en août ou au début de septembre.

Voix :
un « rack rack rack » sonore ; pendant son vol nuptial, le mâle pousse des « rê rê »

Longueur :
30,5 cm
Mâle et femelle de même coloration.

Œuf :
32,0—40,0 × 25,5—31,5 mm

Grand comme
une Tourterelle

Migrateur

Huppe ordinaire

Upupa epops

La Huppe ordinaire est répandue dans presque toute l'Europe excepté le nord-est de la Scandinavie et les îles Britanniques. Elle ne nidifie pas non plus au Danemark et en Islande, mais visite l'Angleterre et le nord de la Finlande. Les populations d'Europe quittent leur habitat en septembre pour hiverner en Afrique tropicale.

Les Huppes reviennent à leur nid en avril. Elles habitent les paysages découverts avec des prairies, au voisinage des eaux, étangs et lacs, mais on les rencontre aussi dans les forêts clairsemées d'arbres feuillus. A l'époque des nids elles sont très craintives. La femelle pond en mai-juin, parfois en juillet, dans des cavités ou amas de pierres 6 ou 7 œufs qu'elle couve seule de 16 à 20 jours. Le mâle lui apporte la nourriture. Les parents nourrissent les petits dans le nid de 24 à 27 jours. Ils leur partagent la nourriture, les petits se présentant en ordre l'un après l'autre à l'ouverture du nid : celui qui a reçu sa part se replace en arrière, au bout de la queue. Lorsque les petits ont quitté le nid, les parents les nourrissent encore pendant un temps assez court.

La Huppe se nourrit surtout d'insectes et de leurs larves, qu'elle recherche en picorant de son long bec dans les sols meubles et dans les bouses de vache sur les pâturages.

Œuf :
23,1—30,3 × 16,3—19,8 mm

Longueur :
28 cm
Le mâle est de la même couleur que la femelle.

Voix :
des « houpoupoup » typiques ; dans les moments d'effroi « ouiêh ouiêh »

Migrateur

Pic vert

Pivert · *Picus viridis*

Le Pic vert est très répandu dans toute l'Europe
à l'exception de la Scandinavie du Nord, de l'Irlande,
de l'Écosse et de l'Islande. C'est un oiseau sédentaire,
mais, en hiver, également erratique. Il habite les
forêts claires de feuillus, les bocages dans les champs
ainsi que les parcs et les grands jardins.

Pendant la pariade, au printemps, les partenaires
volettent en poussant des cris, grimpent aux troncs et
se poursuivent autour des arbres. Vers la fin d'avril,
le couple creuse une cavité dans un tronc d'arbre
pourri. Pour ce faire, le mâle et la femelle se relaient
et achèvent l'ouvrage, de 50 centimètres de profondeur, au bout d'une quinzaine de jours. Outre le nid,
les partenaires creusent une autre cavité où ils passe-
ront la nuit. Une fois le nid terminé, ils l'utiliseront
plusieurs années de suite. Parfois, le Pic vert peut
s'installer dans un creux de mur. La femelle pond de
5 à 7 œufs, qu'elle couve alternativement avec le
mâle pendant 15 à 17 jours. Les jeunes éclosent la
peau nue et aveugles ; les deux parents les nourrissent essentiellement de fourmis et de leurs nymphes ;
le Pic vert détruit en outre les larves des insectes qui
s'attaquent au bois, ou des cétoines dorées qu'il
trouve dans le sol en piochant dans les fourmilières.
Les jeunes quittent la cavité après 18 à 21 jours, puis
se tiennent encore quelques jours dans le voisinage
du trou, à l'intérieur duquel ils se réfugient la nuit.

Voix :
à la période des amours,
« gleuhgleuh gleuck
gleuckleuck-leuck »;
l'appel de la femelle est
plus court et moins
sonore

Longueur :
32 cm
Femelle sans tache rouge
sous l'œil.

Œuf :
28,0—33,9 × 20,3—24,0 mm

Grand comme un Pigeon
colombin

**Sédentaire
Erratique**

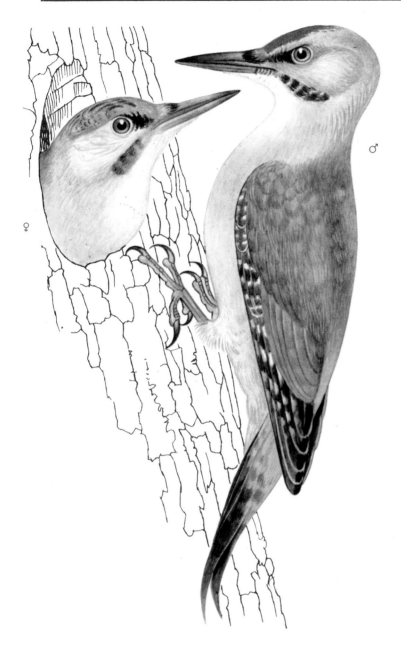

Pic cendré

Picus canus

Le Pic cendré se rencontre dès le printemps dans les grands parcs, les forêts de feuillus et les forêts mixtes, même en altitude. Il tambourine sur les troncs pourris de chênes, d'aulnes, de bouleaux, de saules, de peupliers et d'arbres fruitiers, dans lesquels il creuse des cavités de 50 cm de profondeur. Les deux partenaires participent à ce travail, le mâle en exécutant toutefois la plus grande partie. Au bout de deux semaines, la cavité est prête, et souvent le mâle s'en creuse encore une seconde, dans laquelle il passe la nuit. A cette époque de l'année le Pic cendré est particulièrement irascible et s'oppose violemment à l'intrusion de tout rival dans son territoire qui s'étend sur un kilomètre carré. La femelle pond de cinq à dix œufs sur quelques copeaux de bois, et les deux partenaires les couvent durant 17 à 18 jours. Ils nourrissent ensuite leurs petits de fourmis et de leurs nymphes. Les jeunes quittent le nid au bout de 25 jours, mais y reviennent passer la nuit. Le Pic cendré est ordinairement sédentaire. En hiver, il creuse des trous de 75 cm de profondeur dans les nids de fourmis, sa nourriture de prédilection. Il se nourrit également de graines de pin et d'autres semences. En automne, il fréquente même les vergers.

L'aire de dispersion du Pic cendré va de l'est de la France au sud de la Scandinavie, en passant par l'Europe centrale et orientale.

Œuf :
24,3—30,0 × 19,0—21,6 mm

Longueur :
30 cm
La femelle n'a pas de tache rouge sur le front.

Voix :
au printemps, un « gu gu gu » de 4 à 10 syllabes auquel la femelle répond par un « keck keck »

Grand comme un Pigeon colombin

Sédentaire

Pic noir

Dryocopus martius

Dès le printemps, en mars déjà, on entend dans les vastes forêts de conifères et de feuillus, surtout celles de vieux pins ou de hêtres, un tambourinement sonore sur les tronçons de branches résonnantes. C'est le Pic noir qui annonce le temps de la pariade. Il se poste sur un tronçon de branche et imprime à sa tête un mouvement oscillatoire en frappant rapidement le bois de son bec. Souvent, on entend aussi un cri puissant qui sonne comme un appel de trompette. A la mi-avril, les partenaires commencent à creuser dans un tronc d'arbre une cavité dotée d'un orifice plutôt ovale ; elle mesure d'ordinaire 35 à 55 centimètres, mais peut atteindre jusqu'à un mètre de profondeur, suivant la dureté du bois. Pour ce faire, le Pic noir choisit de préférence des pins ou des hêtres, rarement d'autres arbres. On remarque la présence d'un nid de Pic noir à un amoncellement de copeaux au pied d'un arbre. Mais cet oiseau creuse encore, dans le voisinage, d'autres cavités qu'il se réserve pour y passer la nuit. Les deux partenaires couvent alternativement de 4 à 5 œufs pendant 12 à 13 jours ; le mâle couve surtout la nuit. Les jeunes, qui restent dans la cavité pendant 23 à 28 jours, sont nourris par les deux parents, surtout de fourmis et de leurs nymphes. Ils reçoivent leur nourriture en grosse quantité, mais seulement plusieurs fois par jour. Les adultes détruisent quantité d'insectes. Le Pic noir est répandu en Europe centrale, septentrionale et orientale.

Voix :
un « klieueu » prolongé, un « cricricricri… » pendant le vol et un « quicuicuic… » à la période des amours

Longueur :
45 cm
Le mâle porte une tache rouge sur le sommet de la tête.

Œuf :
31,0—37,7 × 22,0—27,0 mm

Grand comme un Corbeau

Sédentaire

♀

♂

Pic épeiche

Dendrocopos major

L'un des Pics les plus communs chez nous, le Pic épeiche habite, toute l'Europe, en dehors de l'Irlande et des régions du Grand Nord. Il est presque partout sédentaire, mais parfois aussi erratique après la période de nidification. Ses congénères du nord de l'Europe émigrent certaines années par bandes entières vers le sud ; nous ne connaissons pas encore suffisamment les raisons pour lesquelles ces oiseaux entreprennent d'aussi longs voyages. Le Pic épeiche se plaît dans tous les bois, mais on le rencontre très souvent aussi dans les parcs.

Au printemps, les deux partenaires, le mâle surtout, creusent une cavité de 30 centimètres de profondeur environ dans un arbre feuillu ou un conifère, qui leur sert souvent de refuge pendant plusieurs années. La femelle pond de 5 à 6 œufs, que les deux parents couvent à tour de rôle durant 12 à 13 jours. Ils nourrissent leurs petits directement au bec et doivent donc revenir de la chasse au nid beaucoup plus fréquemment que le Pic vert ou le Pic noir. Après leur éclosion, les petits sont nourris 40 fois environ par jour et, 10 jours plus tard, jusqu'à 150 fois. Les parents sont donc contraints de chercher leur proie dans le plus proche voisinage, jusqu'à environ 200 mètres ; ils apportent surtout des insectes et des larves. Les jeunes quittent la cavité au bout de 21 à 23 jours, sans pour autant s'en éloigner.

Outre les insectes, l'oiseau adulte se nourrit de différentes graines et de noyaux. Le Pic épeiche n'est pas un oiseau farouche.

Œuf :
20,0—29,5 × 15,4—21,8 mm

Longueur :
23 cm
Le mâle se distingue par un trait rouge sur la nuque.

Voix :
un « kik » sonore ou un « guiguiguiguig »
Au printemps, il tambourine du bec sur les troncs ou les branches.

Grand comme un Merle

Sédentaire
Erratique

Pic épeichette

Dendrocopos minor

L'aire du Pic épeichette couvre toute l'Europe, l'Asie jusqu'au Japon et l'Afrique du Nord-Ouest. C'est un oiseau relativement peu répandu, qui habite les forêts de feuillus et les forêts mixtes dans les plaines, mais se rencontre également dans les vieux parcs, les allées, les vergers et les cimetières. L'espèce est sédentaire, à l'exception des populations du nord de l'Europe qui hivernent en Europe centrale. En hiver, le Pic épeichette erre dans sa région, se joignant souvent aux Mésanges, qui se laissent dans ce cas conduire par lui.

A l'époque de la pariade — de mars à avril — il tambourine fréquemment du bec sur des branches sèches. Les deux partenaires creusent de préférence leur nid dans des troncs pourris. La cavité, située de 50 cm à 20 m au-dessus du sol, a une profondeur de 10 à 14 cm. Chaque année le Pic épeichette creuse un nouveau nid. La femelle pond de quatre à sept œufs, que les deux parents couvent à tour de rôle. Lorsque les jeunes éclosent au bout de deux semaines, ils reçoivent des insectes, principalement des coléoptères, leurs larves et nymphes, parfois aussi des fourmis. Trois semaines plus tard, les jeunes quittent le nid pour la première fois.

En hiver, le Pic épeichette se nourrit d'œufs et de nymphes d'insectes, qu'il extrait des fissures des écorces, partiellement aussi de graines.

Voix :
un « kick kick kick kick kick » clair, rebondissant cinq à huit fois ;
il retentit du début du printemps à l'automne

Longueur :
14,5 cm
La femelle n'a pas de calotte rouge.

Œuf :
17,0—21,0 × 12,9—15,6 mm

Grand comme
un Moineau

Sédentaire

Torcol fourmilier

Jynx torquilla

Durant la seconde moitié du mois d'avril l'appel plaintif du Torcol fourmilier — une même syllabe sans cesse répétée — retentit dans les jardins, les bosquets, les parcs, les bois feuillus et les forêts mixtes. L'intensité de cet appel changeant à chaque instant, il semble surgir tantôt aux côtés mêmes du promeneur, tantôt dans le lointain. Si l'on est attentif, on le découvrira alors sur la cime d'un arbre, un pylône, ou en un autre lieu élevé.

Les œufs sont déposés sur quelques copeaux de bois ou sur un tapis de boue, dans un trou d'arbre choisi par la femelle, souvent encore dans l'anfractuosité d'un mur ou dans un nichoir d'Étourneau dont l'occupant est chassé sans scrupule. Ces œufs — de sept à dix — sont couvés par les deux partenaires à tour de rôle durant 12 à 14 jours.

La nourriture des jeunes, tout comme celle des adultes, est essentiellement constituée de fourmis et de leurs nymphes. Le Torcol fourmilier creuse dans les nids de fourmis, et attrape celles-ci de sa longue langue gluante ; il se nourrit également d'autres insectes, et en automne s'accommode même des baies du sureau noir. Dérangé au nid, il étire son long cou, tourne la tête dans tous les sens et siffle comme un serpent, effrayant et chassant ainsi ses ennemis. Son aire de dispersion couvre toute l'Europe. C'est un migrateur qui part en août ou en septembre vers le sud, et hiverne en Afrique du Nord ou en Afrique tropicale.

♂

Œuf :
16,2—23,0 × 13,0—16,7 mm

Longueur :
16,5 cm
Bien qu'appartenant à la famille des Pics, ne creuse aucune cavité.

Voix :
un « gêh gêh gêh » ou un « vîh vîh vîh » sonore ; dérangé au nid, fait entendre un « tê tê »

Migrateur

Alouette lulu

Lullula arborea

L'Alouette lulu affectionne les endroits sableux et pierreux secs, au milieu des bois de pins, des prairies buissonneuses, dans les bruyères et les clairières des pineraies. On la rencontre dans toute l'Europe à l'exception de l'extrême nord et de l'Irlande. Migratrice, elle a cependant des populations sédentaires en Europe occidentale et méridionale.

En Europe centrale, elle revient dans ses territoires de nidification en mars, et parfois même vers la fin de février déjà. Elle s'y accouple dès son arrivée, voire quelquefois pendant la migration. La ponte est de 4 à 5 œufs, que la femelle couve seule durant 13 à 15 jours. Les deux parents élèvent les petits ensemble, généralement pendant 13 à 15 jours au nid, puis encore un certain temps lorsqu'ils le quittent. Ils leur apportent des insectes, des larves ainsi que des araignées. Lorsque les petits ont acquis leur indépendance, le couple choisit un autre endroit pour y construire un nouveau nid et nicher une deuxième fois, d'ordinaire en juin, en juillet ou même en août.

Une fois la période de nidification terminée, les Alouettes lulu forment de petits groupes et errent dans les bois où elles ramasent des graines ; pendant la migration, on les rencontre même dans les champs. Le mâle chante surtout la nuit ou vers le soir. Jadis recherche pour son chant par les oiseleurs, il est aujourd'hui protégé par la loi.

Voix :
un « didli » ou un « didalith » caractéristiques

Chant :
« loulouloul… »

Longueur :
15 cm
Mâle et femelle de même coloration.

Œuf :
18,0—24,0 × 14,5—17,4 mm

Grande comme un Moineau

Migratrice
Sédentaire

Cochevis huppé

Galerida cristata

Le Cochevis huppé se rencontre en hiver non seulement dans les chemins de campagne, mais même dans les rues animées des grandes villes. Le vagabondage des couples, qui restent unis durant toute leur vie, est très agité. Durant l'hiver le Cochevis huppé gagne la proximité des lieux habités et cherche des graines à terre.

Au printemps, souvent dès le début du mois de mars, le couple choisit un endroit dégagé à proximité d'un éboulis, d'une route ou d'un remblais de chemin de fer, bref, un endroit qui rappelle l'habitat originel de l'espèce : les steppes d'Orient. C'est au XIVᵉ siècle que le Cochevis huppé conquit l'Europe : on le rencontre à Cologne, le long du Rhin, en 1552 ; il vit au Danemark depuis 1850 ; il lui reste actuellement à envahir l'Angleterre. La femelle construit à même le sol un nid fait de radicelles et de brindilles négligemment assemblées ; le mâle la suit dans ses déplacements sans lui apporter aucune aide. La couvaison et l'élevage des petits sont également assurés par la femelle seule, rarement relayée par le mâle. Les quatre ou cinq œufs éclosent au bout de 12 ou 13 jours. Les jeunes quittent le nid après neuf jours, bien qu'ils ne soient capables de voler qu'à l'âge de 18 jours.

Le régime alimentaire du poussin est constitué d'insectes et de vers ; l'adulte se nourrit de graines.

Œuf :
19,0—24,8 × 15,0—18,3 mm

Longueur :
17 cm
Huppe caractéristique

Voix :
un « du di dliê »
mélodieux

Chant :
semblable à celui de
l'Alouette des champs,
notes empruntées
à d'autres espèces

Sédentaire

Alouette des champs

Alauda arvensis

L'Alouette des champs apparaît comme suspendue dans le ciel, et ses trilles mélodieux retentissent au loin. Ce Passereau niche deux on trois fois d'avril à juillet. Il construit son nid à même le sol dans les champs et les prairies. Ce nid est fait de radicelles et de morceaux de feuilles, et tapissé de crin. Le mâle garde jalousement son territoire et combat impitoyablement ses rivaux. La femelle pond de trois à cinq œufs qu'elle couve seule de 12 à 14 jours. Les parents nourrissent les jeunes et leur apportent infatigablement des insectes, des larves, des mille-pattes, des araignées et des limaces. A l'âge de 9 ou 11 jours, encore incapables de voler, les jeunes quittent le nid et se tiennent cachés entre des mottes de terre ou des touffes d'herbe. Ils prennent leur envol à l'âge de trois semaines et recherchent alors leur nourriture eux-mêmes. Adulte, l'Alouette des champs se nourrit également des graines de diverses herbes, qu'elle recherche au sol. L'espèce migre en octobre et novembre par petites troupes. Elle gagne ainsi ses quartiers d'hiver en Europe méridionale, et en revient dès le début du mois de février, souvent dans le mauvais temps et avant la fonte des neiges. Son aire de dispersion couvre toute l'Europe, la majeure partie de l'Asie et le nord-ouest de l'Afrique.

♂

Voix :
« tjirrp »

Chant :
trilles, souvent des notes
imitées

Longueur :
18 cm

Œuf :
19,4—28,0 × 15,0—19,5 mm

Migrateur

Hirondelle de rivage

Riparia riparia

La svelte Hirondelle de rivage nidifie dans toute l'Europe excepté l'Islande. Elle est migratrice et quitte en août-septembre son habitat européen pour hiverner en Afrique orientale et pour revenir à son aire de nidification fin avril ou début mai. Elle habite les paysages découverts aux eaux courantes ou immobiles à proximité desquelles elle trouve des falaises argileuses ou sablonneuses, des carrières de sable abandonnées. C'est là que l'Hirondelle de rivage, qui vit en nombreuses colonies, creuse dans les parois le couloir de son nid. Elle accroche ses petites serres à une saillie et fore ensuite une ouverture à coups de bec, rejetant les matériaux de la patte. Elle becquette ainsi patiemment jusqu'à ce qu'elle ait creusé un couloir d'environ un mètre de long au fond duquel elle approfondit la cuvette de son nid, qui mesure environ 10 centimètres de diamètre. Elle le garnit de brins de paille et d'une abondance de plumes.

La femelle pond en mai-juin, et parfois de nouveau en juillet, 5 ou 6 œufs que les deux partenaires couvent à tour de rôle de 12 à 14 jours, rarement jusqu'à 16 jours. Ils apportent ensuite dans le nid, pendant 16 à 23 jours, la nourriture qu'ils attrapent au vol. Les petits déjà un peu développés attendent les parents près de l'ouverture. Les parents nourrissent les jeunes encore 2 semaines après qu'ils ont quitté le nid. L'hirondelle de rivage se nourrit d'insectes variés qu'elle attrape surtout à la surface de l'eau.

Œuf :
15,2—22,0 × 11,4—13,5 mm
blanc pur

Longueur :
12 cm
Le mâle est de la même couleur que la femelle.

Voix :
au vol quelque chose comme « dschr — dschr »

Migratrice

Hirondelle de cheminée

Hirundo rustica

Dans toute l'Europe, l'élégante Hirondelle de cheminée a quitté son habitat ancestral — les falaises — pour gagner la proximité de l'homme, où les conditions de vie lui sont plus favorables. Elle revient généralement du sud au début du mois d'avril ; l'avant-garde se montre toutefois dès la fin mars, se faisant ainsi souvent surprendre par des chutes de neige. Elle affectionne les étables et même les vestibules, dans lesquels elle construit un nid en coupe avec des brindilles et de l'argile qu'elle agglomère de sa salive.

La femelle garnit ce nid de plumes et y dépose ordinairement cinq œufs, qu'elle couve seule de 14 à 16 jours, pendant que le mâle se charge de la nourrir. Les parents alimentent leur progéniture d'insectes qu'ils attrapent au vol avec une adresse considérable. Les petits quittent le nid dès qu'ils sont capables de voler, à 19 ou 23 jours. Après la saison des nids, les Hirondelles de cheminée se rassemblent en colonies nombreuses pour peupler les lieux plantés de roseaux, au bord des étangs.

Un beau jour de septembre ou d'octobre, la colonie entière prend son envol pour gagner l'Afrique tropicale, parfois même l'Afrique du Sud. Ainsi, on a vu hiverner sur les bords d'un lac du Transvaal une colonie d'Hirondelles de cheminée forte d'un million de sujets.

Voix :
« tsvitt » souvent répété

Chant :
un doux gazouillis en
strophes variées

Longueur :
18 cm

Œuf :
16,7—23,0 × 12,2—15,0 mm

Migratrice

221

Hirondelle de fenêtre

Delichon urbica

L'Hirondelle de fenêtre, qui vit également dans l'entourage de l'homme, peuple toute l'Europe, l'Asie jusqu'au Japon, et l'Afrique du Nord-Ouest. A la différence de l'Hirondelle de cheminée, l'Hirondelle de fenêtre niche en colonie ; les nids, très rapprochés, sont construits sur les murs extérieurs des maisons, des granges, sous de balcons, des corniches et des toits. Le matériau de construction est une boue fine que l'oiseau va chercher dans les mares et sur les rives des étangs et des rivières. Celui-ci la mélange à de la salive dans son bec, et ensuite, petite boule par petite boule, rangée par rangée, maçonne un nid fermé pourvu d'un petit orifice dans sa partie supérieure. Ce dernier, qui reçoit généralement cinq œufs, est rembourré de brindilles et de duvet, parfois même de plumes plus grandes.

Le mâle et la femelle couvent les œufs à tour de rôle pendant 12 à 14 jours, et participent ensuite tous les deux à l'alimentation des jeunes. Ceux-ci reçoivent des mouches, des pucerons, des éphémères et des araignées saisies sur leur toile. Les jeunes volent pour la première fois à 20 ou 23 jours, mais reviennent encore un certain temps passer la nuit au nid.

En septembre ou octobre, les Hirondelles de fenêtre entreprennent leur migration vers les régions d'Afrique situées au sud du Sahara, d'où elles reviennent fin avril ou début mai.

Œuf :
16,1—21,6 × 11,5—14,7 mm
L'œuf est toujours blanc.

Longueur :
13 cm

Voix :
le cri en vol retentit comme un « tchirp tchirp »

Chant :
gazouillis

Migratrice

Bergeronnette printanière

Motacilla flava

Toute l'Europe est le domaine de la Bergeronnette printanière au plumage brillamment coloré. Migratrice, elle s'envole en août-septembre vers l'Afrique tropicale. A l'automne, des vols comptant jusqu'à un millier d'oiseaux s'abattent près des étangs et des lacs pour passer la nuit dans les roseaux. Lorsqu'ils reviennent à leurs aires de nidification à la fin mars ou au début avril, ils constituent des bandes moins nombreuses qui se séparent ensuite pour former des couples. La Bergeronnette printanière recherche les prairies humides et marécageuses, les berges herbeuses des rivières, étangs et lacs, surtout dans les plaines.

En mai ou juin, la femelle construit seule son nid, à terre, bien caché dans une touffe d'herbe ; il est fait de brins d'herbe et la coupe est garnie de poils d'animaux et de laine végétale. La femelle pond généralement 4 ou 5 œufs qu'elle couve seule de 13 à 14 jours. Les parents nourrissent tous deux les jeunes. Ceux-ci quittent le nid au bout de 7 à 11 jours, mais ne savent pas encore voler ; les parents les nourrissent encore pendant 2 semaines.

La nourriture de la Bergeronnette printanière se compose de criquets, de petites espèces de hannetons, de chenilles, d'araignées, de petits gastéropodes, etc. Elle cherche sa proie dans l'herbe qu'elle parcourt à pas menus, mais elle attrape aussi adroitement les insectes au vol.

Voix :
une seule syllabe sonore
« psouip »

Longueur :
16,5 cm
La femelle a un plumage
moins coloré et le haut de
sa tête est vert olive.

Œuf :
16,3—21,0 × 12,0—15,3 mm

Migratrice

223

Bergeronnette des ruisseaux

Motacilla cinerea

Un petit oiseau svelte sautille sur les rives empierrées des ruisseaux et des fleuves, frétillant sans cesse de sa longue queue bien reconnaissable. C'est la Bergeronnette des ruisseaux qui est à la recherche de larves et d'insectes dans les eaux peu profondes. Elle s'établit également volontiers dans les cours de fermes aux abords d'un tas de fumier, où elle trouve aussi des insectes, surtout des mouches, qu'elle attrape au vol avec une grande adresse. Mais elle recherche toujours la proximité de l'eau. Elle construit son nid sous un pont enjambant un ruisseau, dans un trou de mur, un tas de pierres, une cavité rocheuse ou un nichoir. Les cinq ou six œufs sont couvés par les deux parents durant 12 à 14 jours. Les petits quittent le nid à 12 ou 13 jours, et reçoivent pendant quelques temps encore la nourriture de leurs parents. Lorsque les petits ont acquis leur indépendance, les parents nichent souvent une seconde fois. L'espèce occupe toute l'Europe à l'exception de la Scandinavie. Elle est migratrice : ses quartiers d'hiver sont le sud de l'Europe et l'Afrique du Nord. Certaines populations méridionales sont sédentaires et, même en Europe centrale, on trouve en hiver des Bergeronnettes des ruisseaux auprès des eaux non gelées.

Œuf :
16,1—21,7 × 12,7—16,0 mm

Longueur :
18 cm
Dimorphisme sexuel

Voix :
« tsicktsick »

Au nid :
« tsetsetsetse »

Chant :
stridulant « srisrisri »

Sédentaire
Migratrice

224

Bergeronnette grise

Motacilla alba

La Bergeronnette grise, connue dans toute l'Europe, affectionne la proximité de l'homme, particulièrement dans les campagnes, près des ruisseaux ou des petits étangs. Elle se tient volontiers en des endroits où l'on élève du bétail, aux alentours des étables, ou dans les pâturages ; mais on la rencontre également dans les champs et les carrières abandonnées.

La Bergeronnette grise revient début mars du bassin méditerranéen ; certains sujets hivernent toutefois en Europe occidentale. En automne et en hiver, les Bergeronnettes grises forment des bandes nombreuses que l'on rencontre dans les lieux plantés de roseaux. A la saison des nids, cet oiseau se montre intraitable : chaque couple défend avec acharnement son territoire contre tout intrus. Mais si apparaît un ennemi commun, p. ex. un Épervier, les Bergeronnettes grises « oublient » instantanément leur inimitié. Les sujets de toute la région s'allient pour assaillir fougueusement l'intrus et le forcer à battre en retraite. Le nid est construit dans l'anfractuosité d'un mur, sur une charpente, un tas de bois, etc. La femelle pond cinq ou six œufs qu'elle couve seule 12 à 14 jours. Les deux parents nourrissent ensuite les petits au nid pendant 13 ou 15 jours. Ils leur apportent des insectes et des larves, qu'ils vont chercher dans les eaux peu profondes.

Voix :
en vol, un « tsi siss » en deux syllabes, sinon un « tsivitt tsivitt »; le chant est semblable

Longueur :
18 cm
La coloration de la femelle tire sur le gris.

Œuf :
16,7—22,3 × 13,1—16,2 mm

Migratrice

Pipit rousseline

Anthus campestris

♂

Le Pipit rousseline habite les terrains dégagés et secs, les talus empierrés, les sablonnières abandonnées, les steppes, les landes et d'autres lieux semblables. Son aire de dispersion couvre toute l'Europe, à l'exception de la Scandinavie et des îles Britanniques ; on sait cependant qu'il nichait autrefois en Angleterre, par exemple dans le Sussex en 1905−1906. Ce Passereau établit son territoire fin avril ou début mai. Il construit son nid à terre, dans un creux au milieu des bruyères, à l'abri d'une grosse motte de terre, d'une pierre ou d'un petit buisson. Ce nid est fait de mousse et de radicelles, camouflé d'une touffe d'herbe, et rembourré de crin. La femelle y pond de quatre à six œufs qu'elle couve seule durant 13 ou 14 jours ; le mâle la remplace rarement et jamais pour longtemps. Le Pipit rousseline se nourrit essentiellement d'insectes et de larves, et de préférence de coléoptères et de sauterelles ; il cherche toujours sa nourriture au sol. Les jeunes quittent le nid à l'âge de 14 jours, mais restent dans ses environs.

L'espèce est migratrice : en août ou septembre, elle part pour l'Afrique du Nord et l'Arabie, où elle se nourrit principalement de diverses espèces de sauterelles.

Œuf :
19,0—23,8 × 14,2—17,1 mm

Longueur :
16,5 cm

Voix :
un « zirli » en deux syllabes

Chant :
« gridlin gridlin »

Migrateur

Pipit des arbres

Anthus trivialis

L'aire d'expansion du Pipit des arbres s'étend sur presque toute l'Europe, hormis l'Espagne et l'Islande ; il occupe aussi certaines régions d'Asie jusqu'à la Sibérie du Nord. C'est un oiseau migrateur, dont les quartiers d'hiver se trouvent en Afrique dans les régions au sud du Sahara. Il revient dans nos pays en avril.

Vers la fin avril les mâles commencent à faire entendre leurs trilles agréables qui rappelent un peu ceux du Canari. Le mâle va se poser au sommet d'un arbre, étend ses ailes et sa queue en éventail, se lance en spirales vers le sol, en chantant, et se tait une fois arrivé en bas. De mai à juin, la femelle couve seule 5 œufs dans un nid installé ordinairement dans un creux, à l'abri d'une touffe d'herbe, de bruyère, etc., construit avec des chaumes, des mousses et des lichens et rembourré de poils. La couvaison dure 12 à 13 jours et, une fois éclos, les jeunes sont nourris par les deux parents ensemble, surtout avec des moustiques, des papillons, diverses larves, ainsi qu'avec de petites araignées. Les jeunes quittent le nid après 10 à 14 jours et, encore incapables de voler, ils se cachent dans les environs où leurs parents leur apportent leur nourriture pendant à peu près 2 semaines encore.

Une fois la période de nidification terminée, on voit des familles entières de pipits errer dans les champs, où elles ramassent des doryphores, des capricornes, des chenilles, des phalènes ainsi que des pucerons. Le Pipit des arbres fait partie des oiseaux les plus utiles à l'agriculture.

Appel :
un « dzîh » prolongé et des
« sib sib sib » de mise en
garde

Chant :
des « ouis ouis ouis ouis »
suivis de notes très
prolongées « dziâ dziâ,
dziâ...»

Longueur :
15 cm

Œuf :
18,0—23,5 × 14,7—17,2 mm

**Grand comme
un Moineau**

Migrateur

Pipit des prés

Farlouse · *Anthus pratensis*

Le Pipit des prés est répandu dans tout l'ouest, le centre, le nord et le nord-est de l'Europe. Il habite les prairies marécageuses, les lieux où pousse une herbe courte au voisinage des eaux, mais aussi les pâturages de montagne. Les populations les plus nordiques sont migratrices, les autres sédentaires ou erratiques. Le Pipit des prés hiverne à l'ouest de l'Europe, mais plus encore dans le bassin méditerranéen, vers lequel il s'envole de septembre à novembre. Au moment de la migration, on le rencontre par vols nombreux dans les prairies humides, tandis qu'à l'automne on le trouve surtout dans les champs.

Il revient à son aire de nidification en mars-avril. Le mâle trahit sa présence par son chant : quand il chante, en effet, il s'élève dans les airs, puis, sa chanson finie, il descend en diagonale vers le sol. En mai-juin, le Pipit des prés construit son nid à terre, bien caché dans une touffe d'herbe. Il le fait de tiges d'herbe, de feuilles de roseaux, de mousse, de lichen et le garnit de poils. La femelle pond en général 4 ou 5 œufs qu'elle couve seule de 12 à 14 jours. Les parents nourrissent tous deux les petits, lesquels quittent le nid au bout de 11 à 13 jours, alors qu'ils ne savent pas encore voler. Ils se cachent aux alentours et les parents leur apportent la nourriture. Après 14 jours, les jeunes sont indépendants et les parents se préparent à une nouvelle couvée.

La nourriture du Pipit des prés se compose surtout d'insectes.

Sédentaire
Erratique
Migrateur

Œuf :
17,2—21,4 × 13,0—15,7 mm

Longueur :
14,5 cm
Le mâle est de la même couleur que la femelle.

Voix :
un chant « dippdippdipp »,
un appel « zi zi zi », en
volant « ist ist »

Pipit spioncelle

Anthus spinoletta

Le Pipit spioncelle habite des terrains dégagés et empierrés, avec des éboulis de roches, s'élevant au-dessus de la limite des forêts en haute montagne. Il préfère les vastes espaces recouverts de quantité de blocs de pierre épars et de touffes herbeuses. On le rencontre en Europe du Sud et du Sud-Est aussi bien qu'en Europe centrale, dans les Alpes et les Carpates, en Angleterre et sur le littoral scandinave. En hiver, les populations vivant au nord émigrent au sud et s'établissent en Europe occidentale où leurs congénères sont plutôt sédentaires. Cependant, comme l'a démontré le marquage des oiseaux, certains sujets quittent même ces régions pour s'établir plus au sud. De même, à cette époque, les Pipits spioncelles des montagnes descendent dans les plaines où ils errent par petites bandes le long des cours d'eau, des terrains marécageux, etc.

En avril, ils regagnent leurs aires de nidification et, en mai ou en juin, ils construisent leurs nids à même le sol, entre des touffes d'herbe, à l'abri d'un petit buisson ou d'une pierre : ce nid est fait de chaumes fins, de lichens et de mousses et rembourré de poils ; ses parois, souvent très épaisses, peuvent atteindre 5 centimètres. La femelle pond de 4 à 6 œufs, qu'elle couve seule durant 14 à 16 jours. Les jeunes quittent le nid 2 semaines après l'éclosion. Leurs parents les nourrissent d'insectes, de larves, ainsi que d'araignées et de vers. Après la nidification, toute la famille erre ensemble dans les environs.

Voix :
« psi psi »

Chant :
en vol, des notes comme « tsi, si dzip », souvent une double note « dilleb » puis, en accélérant, le chant se termine par un gazouillement et un sifflement

Longueur :
16 cm
Mâle et femelle de même coloration.

Œuf :
18,9—24,0 × 14,0—16,5 mm

Sédentaire
Migrateur
Erratique

♀

♂

Pie-grièche écorcheur

Lanius collurio

A la lisière d'un bois, dans un bosquet ou dans les fourrés en plaine, il arrive que l'on trouve des insectes, des lézards, des grenouilles, etc., empalés sur des arbustes épineux : c'est le garde-manger de la Pie-grièche écorcheur.

Le mâle construit son nid non loin de là dans le feuillage touffu d'un buisson. Ce nid est fait de radicelles, de brindilles sèches et d'autres matériaux d'origine végétale, et garni de crin et de filasse. La construction du nid dure trois ou quatre jours. La femelle pond ensuite de trois à huit œufs qu'elle couve seule durant 14 ou 15 jours ; de temps à autre, le mâle la relaie. Les parents nourrissent ensuite leurs petits d'insectes et de larves. Deux semaines après l'éclosion, les petits se tiennent les uns à côté des autres sur une branche. Les parents continuent à les nourrir durant trois semaines encore, jusqu'à ce que les poussins aient acquis leur indépendance. Si l'on s'approche du nid, on entend un avertissement typique. Mais le chant du mâle est difficile à reconnaître : il imite en effet brillamment les mélodies d'autres espèces.

Dès le mois d'août, la Pie-grièche écorcheur part pour ses quartiers d'hiver dans les régions tropicales et en Afrique du Sud ; elle en revient à la mi-mai.

Œuf :
18,3—26,1 × 14,0—19,0 mm

Longueur :
18 cm
Dimorphisme sexuel

Voix :
« geck geck »

Chant :
mélodies empruntées
à d'autres espèces

Migratrice

Pie-grièche
à tête rousse

Lanius senator

La Pie-grièche à tête rousse habite les étendues dégagées et sèches parsemées d'arbres et d'arbustes, les buissons le long des chemins de campagne, la lisière des bosquets et les talus orientés au sud, où l'ensoleillement est continu. Cet oiseau aime la chaleur et ne revient dans sa patrie qu'au début du mois de mai. Son aire de dispersion couvre l'Europe du Sud et du Sud-Ouest ainsi que les régions chaudes d'Europe centrale ; plus loin, elle s'étend vers l'Afrique du Nord et l'Asie Mineure. Peu après son retour, la Pie-grièche à tête rousse construit son nid dans un buisson ou sur un arbre, souvent dans un arbre fruitier, dans les régions méridionales de préférence dans un olivier. Ce nid est fait de radicelles et de brindilles sèches, et garni de crin et de plumes. Les bords du nid sont souvent ornés de feuilles vertes. La femelle pond de cinq à sept œufs qu'elle couve seule de 14 à 16 jours. Les jeunes quittent le nid à l'âge de vingt jours ; les parents continuent à les nourrir durant trois semaines encore et leur apprennent à saisir leurs proies, insectes et araignées. L'adulte chasse également le lézard et les campagnols, et s'attaque occasionnellement à des oisillons. La Pie-grièche à tête rousse part fin août ou début septembre pour l'Afrique tropicale.

Voix :
« kreck kreck »

Chant :
individuel, imitations
d'autres oiseaux

Longueur :
19 cm

Œuf :
21,0—27,0 × 15,7—17,8 mm

Migratrice

231

Pie-grièche grise

Lanius excubitor

La Pie-grièche grise est la seule espèce de Pies-griè-ches qui hiverne dans sa patrie. Son aire de dispersion couvre toute l'Europe, à l'exception des îles Britanniques et de l'Italie, ainsi que l'Asie, l'Afrique du Nord et l'Amérique du Nord. Durant l'hiver, elle vagabonde dans les terrains buissonneux et se nourrit principalement de campagnols ; souvent elle se tient immobile dans les airs, battant des ailes et épiant sa proie. Lorsque la nourriture abonde, elle constitue des provisions, embrochant ses proies sur des épines ou sur des branches pointues. On peut ainsi trouver dans un buisson de nombreux petits rongeurs suspendus aux branches : ce sont les victimes de la Pie-griè-che grise. En été, ce Passereau chasse également le lézard, divers insectes, et exceptionnellement même des oisillons.

En avril ou en mai, il construit son nid dans les arbres, entre deux et cinq mètres au-dessus du sol. Le nid est fait de branchettes sèches et de radicelles, et rembourré de plumes et de crin. La femelle y pond de trois à six œufs qu'elle couve généralement seule durant 15 ou 16 jours. Si une Corneille ou une Pie s'approche du nid, les deux parents refoulent l'intrus sans pitié. Les petits restent 19 ou 20 jours au nid, mais après leur envol, les parents prennent encore soin d'eux durant trois semaines.

Grande comme un Merle

Sédentaire

Œuf :
23,0—30,5 × 18,0—20,7 mm

Longueur :
25 cm

Voix :
coassements

Chant :
coassements, sifflements, et imitations d'autres oiseaux

Jaseur boréal

Bombycilla garrulus

La patrie du Jaseur boréal s'étend sur toutes les
régions froides du nord de l'Europe, de l'Asie et de
l'Amérique du Nord. Il vit dans les forêts de conifères et les forêts mixtes. Il construit son nid de brindilles et de mousse dans les arbres, généralement durant
l'été arctique – en juin ou en juillet. La femelle pond
de quatre à six œufs, qu'elle couve seule pendant que
le mâle la nourrit. Les jeunes reçoivent ensuite de
leurs parents insectes et larves. De 16 à 18 jours
après l'éclosion, les petits quittent le nid. Souvent le
Jaseur boréal forme des bandes très nombreuses
– jusqu'à plusieurs milliers de sujets – et migre ainsi
en octobre vers l'Europe centrale, où il reste jusqu'au
mois de mars. On le rencontre alors dans les allées,
les jardins et les parcs, où il cherche sa nourriture
(des baies) sur le sorbier, dans la viorne, etc.

Le Jaseur boréal n'est pas farouche : on peut s'en
approcher à quelques mètres sans qu'il s'envole ; au
contraire, il observe l'homme avec curiosité. Cet
oiseau est particulièrement vorace, il digère rapidement et il est de ce fait toujours en appétit. Il
consacre la majeure partie de sa journée à rechercher
de la nourriture, prenant rarement un instant de
repos sur une branche.

Voix :
«sill»

Longueur :
18 cm
Généralement en
bandes.
Le mâle a un plumage plus
vif que celui de la
femelle.
Huppe caractéristique

Œuf :
20,7—28,3 × 15,6—18,8 mm

Migrateur

Cincle plongeur

Cinclus cinclus

Le Cincle plongeur est répandu dans toute l'Europe excepté à l'est. Il ne nidifie pas dans les régions les plus au nord de l'Europe centrale, mais se trouve en grand nombre dans toute la Scandinavie. Il est en général sédentaire. Cependant, quelques individus vagabondent en hiver et surtout descendent des hautes montagnes dans les vallées.

En avril-mai, le Cincle plongeur construit son nid dans des trous de murs près des ruisseaux, dans des fissures sous les ponts, des creux entre les rochers, etc. Le nid est rempli de mousse et de plantes aquatiques. Fait curieux, le Cincle va chercher les plantes aquatiques sous la surface et plonge aussi la mousse dans l'eau. Les deux partenaires construisent le nid ensemble et en font une sorte de boule pourvue d'une ouverture latérale. La femelle y pond de 4 à 6 œufs. Les parents s'occupent tous les deux d'élever les jeunes.

Le Cincle plongeur a une manière originale de pêcher. Il plonge rapidement et cherche au fond des ruisseaux les larves d'insectes, les petits crustacés et attrape même de petits poissons. Pour se déplacer sous l'eau, il s'aide de ses ailes et, si le courant est trop rapide, il s'accroche à de lourds cailloux avec ses pattes. Souvent aussi il retourne de petits cailloux sous lesquels il trouve beaucoup de petits crustacés. Ses plumes sont très bien graissées et il ne se mouille pas du tout. En hiver il lui arrive de se déplacer sous la glace.

Œuf :
23,8—27,7 × 17,4—20,1 mm

Longueur :
18 cm
Mâle et femelle sont de la même couleur.

Voix :
« zrrb zrrb », chant pareil à celui du roitelet, tons hauts et grésillants ; il chante même en hiver

Sédentaire

Troglodyte mignon

Troglodytes troglodytes

Toutes les forêts d'Europe sont habitées par le Troglodyte mignon, l'un des plus petits oiseaux européens, qui ne pèse que 8 à 9 grammes. Mais on le retrouve aussi en Asie Mineure, centrale et orientale, ainsi qu'en Afrique du Nord-Ouest et en Amérique du Nord. Ce petit oiseau éveillé, toujours frétillant, ne quitte pas ses quartiers de toute l'année ; seuls quelques individus émigrent pour hiverner plus au sud. Il affectionne les bois comprenant d'épais taillis, mais ne refuse pas non plus les endroits buissonneux autour des étangs, les fossés remplis d'eau, etc. De temps en temps, on le rencontre aussi dans les parcs et, en hiver, où il mène une vie solitaire, il entre même dans les villages.

Au printemps, le mâle choisit son territoire, qu'il défend âprement, et, vers la fin avril, il commence à construire plusieurs nids dont certains restent inachevés. La femelle vient ensuite visiter ces ouvrages formés de tiges, de brindilles et de mousses et pourvus d'une petite ouverture latérale. Elle choisit le meilleur et le rembourre de poils et de plumes. Les autres nids établis en divers endroits, sur les branches d'épicéa, dans des tas de bois, entre les racines, etc., servent de logis au mâle. La femelle couve seule 5 à 7 œufs pendant 14 à 16 jours et 15 à 17 jours après l'éclosion, les jeunes quittent le nid.

Le Troglodyte mignon se nourrit d'insectes vivants, de larves, d'araignées, etc. Le Coucou recherche souvent son nid pour y déposer un œuf.

Voix :
« tit-tit-tit » sonore, un
« dzerr » roulé ;
chant composé de notes
claires, audible même en
hiver

Longueur :
9,5 cm
Mâle et femelle de même
coloration.

Œuf :
14,7—18,9 × 11,5—13,5 mm

Sédentaire

Accenteur mouchet

Prunella modularis

Il arrive que, dans les jardins, les parcs, les cimetières, les forêts de feuillus ou de conifères, on trouve par hasard un grand nid essentiellement composé de mousse, installé dans les fourrés épais, ou par exemple dans les branches d'un épicéa. C'est le nid de l'Accenteur mouchet. L'« assise » de ce nid est faite tantôt de branchettes d'épicéa (dans les forêts de conifères), tantôt de tiges de haricot (dans les jardins), parfois aussi de tiges d'ortie ; le nid proprement dit est fait presque exclusivement de mousse. L'intérieur du nid est également garni de mousse, en sorte que les quatre ou cinq œufs bleu-vert de l'Accenteur mouchet sont parfaitement camouflés. Les œufs sont principalement couvés par la femelle, que le mâle vient relayer de temps en temps. La couvaison dure de 12 à 14 jours, et après une période semblable, les jeunes quittent le nid : quelques jours plus tard, ils seront indépendants.

L'Accenteur mouchet se tient généralement caché dans les taillis, et échappe ainsi à notre attention, bien que ce soit un oiseau fort répandu. Il se nourrit d'insectes, de larves, d'araignées, et à l'automne, de baies et de graines. En septembre-octobre, il quitte les régions septentrionales pour gagner l'Europe méridionale et occidentale ; certaines populations hivernent en Europe centrale. Il revient en mars ou en avril vers son aire de dispersion, qui couvre la majeure partie de l'Europe.

Œuf :
17,5—21,2 × 13,0—15,5 mm

Longueur :
14,5 cm

Voix :
un « tsi tsi tsi tsi » aigu

Chant :
sifflements aigus et puissants

Grand comme
un Moineau

Migrateur

Locustelle luscinoïde

Locustella luscinioides

La mince Locustelle luscinoïde habite l'ouest et le sud-est de l'Europe, ainsi que tout le centre et l'ouest. Elle est exclusivement migratrice. A l'automne, surtout en septembre, elle quitte son habitat pour se diriger vers l'Afrique où elle hiverne surtout dans la vallée du Nil. Elle revient à son aire de nidification à la mi-avril. Elle recherche les vastes étendues de roseaux touffus, autour des lacs et des grands étangs. Le mâle chante surtout le soir. Il se pose alors sur l'extrémité d'une tige de roseau, mais toujours au milieu d'une végétation assez dense pour qu'on ne puisse le voir facilement.

En mai ou juin, il bâtit seul, dans l'épaisseur des roseaux ou des joncs, un nid situé à 30 centimètres au-dessus de la surface de l'eau. Le nid, fait de tiges de roseaux ou de joncs, mesure environ 15 centimètres de large en haut et se rétrécit vers le bas. La femelle pond de 3 à 6 œufs qu'elle couve seule de 12 à 14 jours. Les deux parents nourrissent les petits de 12 à 14 jours dans le nid, puis environ 10 jours encore après qu'ils l'ont quitté. Pendant que la femelle termine seule l'élevage des jeunes déjà capables de voler, le mâle commence à construire le nid de la seconde couvée.

Les Locustelles luscinoïdes se nourrissent de divers petits invertébrés vivant dans les roseaux, les joncs, les cannaies, etc.

Voix :
quelque chose comme
« geck », un chant de
crécelle « eurrrrrr... »

Longueur :
14 cm
Le mâle et la femelle sont
de la même couleur.

Œuf :
17,5—21,5 × 13,6—15,4 mm

Migratrice

237

Locustelle fluviale

Locustella fluviatilis

La discrète Locustelle fluviale habite l'est de l'Europe et les régions orientales du Centre européen. A l'est son domaine va jusqu'à l'Oural. Elle est toujours migratrice et quitte son habitat en août-septembre pour hiverner à l'est de l'Afrique tropicale ou même en Afrique du Sud. Elle y habite les lieux à végétation très dense, sur les berges des lacs et des rivières.

La Locustelle fluviale revient à son aire de nidification à la mi-mai, sur les bords des rivières riches en végétation. Elle construit, un peu au-dessus du sol, un nid de tiges et de feuilles sèches, rembourré de foin très fin, de mousse et de poils de bêtes. En mai ou juin la femelle pond ordinairement 4 ou 5 œufs qu'elle couve presque toujours seule pendant 13 jours. Les parents nourrissent ensuite tous les deux les petits, avec des insectes et leurs larves et d'autres invertébrés. Ils leur apportent ainsi la nourriture 2 semaines dans le nid et 2 autres semaines encore après qu'ils l'ont quitté. Les adultes aussi ont une nourriture d'origine uniquement animale.

Le mâle, quand il chante, se pose sur la branche la plus élevée d'un buisson. Les Locustelles fluviales nidifient souvent même dans les villes, sur les berges des rivières. Dans les fourrés, elles se déplacent très vite et très adroitement et sont toujours en mouvement.

Œuf :
18,0—22,3 × 14,0—16,8 mm

Longueur :
12,5 cm
Mâle et femelle sont de la même couleur.

Voix :
un chant « dzêdzêdzê » ou bien « sêsêsêsê »

Migratrice

Crécelle

Locustelle tachetée · *Locustella naevia*

La petite Crécelle est répandue dans la plus grande partie de l'Europe, du nord de l'Espagne au sud de la Suède et de la Finlande. Elle habite aussi les îles Britanniques. Son domaine est celui des buissons hauts et touffus ou bien des taillis de saules et d'aulnes, où pousse beaucoup d'herbe. Elle vit soigneusement cachée. Le plus souvent on entend la voix du mâle, très caractéristique : une « voix de crécelle ». Son « crépitement » peut durer sans arrêt jusqu'à 3 minutes. La Crécelle est toujours migratrice et s'envole en août-septembre pour hiverner en Afrique du Nord ou dans le sud-ouest de l'Asie.

La Crécelle revient à ses aires de nidification fin avril ou début mai. Elle construit en mai ou juin un nid caché dans une touffe d'herbe, sous un arbuste épais, etc. Il est fait de feuilles, d'herbes ou de roseaux et bâti par le couple. Il est relativement profond. La femelle y pond en général 4 ou 5 œufs qu'elle couve presque seule, bien que le mâle la remplace de temps à autre. Les petits éclosent au bout de 12 à 14 jours et les deux parents s'en occupent. Ils leur apportent divers insectes et des larves vivant dans les lieux humides, des araignées, etc. La nourriture des adultes est semblable. Au bout de 9 ou 10 jours les petits quittent le nid, mais les parents continuent à les nourrir 2 semaines encore environ.

Voix :
des appels « tzè tzè », un chant « sirrrrrr... »

Longueur :
12,5 cm
Le mâle est de la même couleur que la femelle.

Œuf :
16,0—20,3 × 12,5—14,8 mm

Migratrice

Fauvette phragmite

Fauvette des joncs · *Acrocephalus schoenobaenus*

La patrie de la Fauvette phragmite ou Fauvette des joncs s'étend sur toute l'Europe, excepté la péninsule ibérique et l'Islande. Elle est toujours migratrice et quitte son habitat en septembre-octobre pour se diriger vers les lieux d'hivernage d'Afrique tropicale. Elle va parfois jusqu'au Transvaal.

La Fauvette phragmite revient à son aire de nidification dans la seconde moitié d'avril. Elle vit dans les vastes cannaies et les buissons épais qui bordent les lacs ou les étangs. Tandis que les autres Fauvettes se placent en un endroit élevé pour chanter, la Fauvette des joncs, quand elle chante, s'envole bien haut, puis, les ailes étendues et la queue déployée, descend en diagonale vers le sol. En mai-juin le couple bâtit, dans un fourré épais, à proximité de l'eau, un nid de tiges d'herbes, de petites racines, de mousse, garni de laine végétale, de poils d'animaux, etc. C'est surtout la femelle qui y travaille. Elle y pond ensuite 4 ou 5 œufs, parfois jusqu'à 7, et les couve seule 12 ou 13 jours. Les parents s'occupent tous deux avec soin des petits qu'ils nourrissent d'insectes et de larves, d'araignées, de petits gastéropodes. Au bout de 10 à 13 jours, les jeunes quittent le nid et restent cachés dans la végétation environnante. Les parents leur apportent encore leur nourriture pendant 10 à 14 jours. Quand les jeunes sont devenus indépendants, les parents commencent souvent à construire un nouveau nid pour une seconde couvée.

Œuf :
15,7—20,5 × 11,9—15,0 mm

Longueur :
12,5 cm
Le mâle est de la même couleur que la femelle.

Voix :
un chant semblable à celui de la Rousserolle effarvatte, mais avec des strophes répétées « ouoïd ouoïd ouoïd »

Migratrice

Rousserolle verderolle

Acrocephalus palustris

La Rousserolle verderolle habite les taillis humides situés le long des chemins et dans les champs de l'Europe occidentale à la Sibérie occidentale (à l'exception du nord de l'Angleterre et de la Scandinavie). Fin août elle prend son envol pour ses quartiers d'hiver en Afrique orientale ; elle en revient à la mi-mai.

Peu après son retour, elle construit un nid suspendu dans les hautes herbes, les blés, et parfois dans un champ de trèfle. Ce nid est fait d'un assemblage savant d'herbes et de brindilles accrochées à plusieurs tiges. On le trouve souvent aussi installé dans des taillis ou dans un massif d'orties, mais toujours à faible hauteur au-dessus d'un sol sec. En mai ou en juin, la femelle pond de quatre à sept œufs, que les deux partenaires couvent 12 ou 13 jours. Les parents nourrissent les jeunes de petits insectes et de larves. Ce régime alimentaire est également celui de l'oiseau adulte. De 11 à 13 jours après leur éclosion, les petits quittent le nid. Le chant de la Rousserolle verderolle retentit même dans l'obscurité complète.

Voix :
Son chant ressemble à celui de l'Hypolaïs ictérine, le gazouillis en moins ; certains éléments sont empruntés au chant d'autres espèces.

Longueur :
12,5 cm

Œuf :
16,7—21,5 × 10,0—14,9 mm

Migratrice

241

Rousserolle effarvatte

Acrocephalus scirpaceus

La Rousserolle effarvatte est la plus courante parmi les fauvettes des roseaux européennes. Elle est répandue dans presque toute l'Europe. Migratrice, elle quitte son habitat fin septembre ou début octobre pour hiverner en Afrique tropicale.

A la fin avril ou au début mai, elle revient à son aire de nidification dans les roseaux autour des lacs et des étangs, et dans les marécages où croissent de grands roseaux. Elle construit son nid entre plusieurs solides tiges de roseaux, le plus souvent trois ou quatre, ou entre les fines branches d'un arbuste. La construction a la forme d'une petite corbeille profonde, de telle sorte qu'aucun œuf ni oisillon ne peut en tomber, même quand le vent est fort. Le nid est fait de matériaux plus fins que celui de la grande Rousserolle. En mai-juin, la femelle pond habituellement 4 ou 5 œufs qu'elle couve alternativement avec le mâle 11 ou 12 jours. Les parents nourrissent tous les deux les petits de 11 à 14 jours dans le nid, puis deux semaines encore après qu'ils en sont sortis. Quand le temps est mauvais — pluie ou soleil brûlant — les parents abritent les petits de leur corps.

La nourriture de la Rousserolle effarvatte se compose d'insectes, de leurs larves, d'araignées, de petits gastéropodes, etc. Cette fauvette des roseaux n'est pas du tout craintive.

Œuf :
16,3—21,4 × 12,4—14,7 mm

Longueur :
12,5 cm
Le mâle est de la même couleur que la femelle.

Voix :
un appel « tchetch »,
un chant moins sonore
« tiri tiri tiri tiêr tiêr tiêr zeck zeck zerr zerr tiritiri chouêrk... »

Migratrice

Rousserolle turdoïde

Rossignol des rivières · *Acrocephalus arundinaceus*

La Rousserolle turdoïde, ou Rossignol des rivières, la plus grande parmi les fauvettes des roseaux, est largement répandue dans toute l'Europe à l'exception des îles Britanniques et de la Scandinavie. Elle quitte son habitat européen en août-septembre pour hiverner en Afrique équatoriale et en Afrique du Sud, d'où elle revient début mai. Très répandue partout, on la reconnaît au chant particulier du mâle : plutôt qu'un chant, il s'agit d'un cri aigu et rauque, plus fort que celui de tous les autres oiseaux.

En mai-juin, la femelle construit un nid dont les parois sont entrelacées sur des tiges de roseaux − deux à six − qui en sont les « pilotis ». Elle utilise de vieilles feuilles de roseaux qu'elle tire de l'eau ou qu'elle y trempe pour les rendre flexibles. Le nid est placé à une hauteur de 50 centimètres à 1 mètre au-dessus de l'eau. La femelle pond habituellement 4 ou 5 œufs qu'elle couve alternativement avec le mâle 14 ou 15 jours. Les parents s'occuperont également tous les deux des petits qu'ils nourrissent de 12 à 14 jours dans le nid, puis encore 2 semaines après qu'ils l'ont quitté.

La nourriture de la Rousserolle turdoïde se compose exclusivement de petits invertébrés, surtout d'insectes et de leurs larves, d'araignées, de petits mollusques, qu'elle récolte dans les plantes aquatiques et les herbes des marécages.

Voix :
un avertissement « karr karr », et un chant sonore « karre karre kiêt kiêt karre kiêt »

Longueur :
19 cm
Le mâle et la femelle sont de la même couleur.

Œuf :
19,5—26,3 × 15,1—17,6 mm

Migratrice

♂

Hypolaïs ictérine

Hippolais icterina

Le chant clair, varié et mélodieux de l'Hypolaïs ictérine retentit toute la journée dans les fourrés des parcs, des jardins, et des bois de feuillus. Le mâle se déplace sans cesse, chantant tantôt dans les taillis, tantôt sur une branche d'arbre. L'Hypolaïs ictérine habite l'Europe septentrionale, centrale et occidentale, à l'exception de l'Angleterre ; vers l'est, son aire de dispersion s'étend jusqu'à la Sibérie occidentale.

Il revient de ses quartiers d'hiver à la mi-mai et s'installe de préférence dans des lieux humides, aux abords des ruisseaux et des étangs. C'est là que le couple construit un nid en coupe profonde, fait de brindilles soigneusement assemblées, consolidé avec de la filasse et des toiles d'araignée, et camouflé à l'extérieur par de petits morceaux d'écorce, de bouleau en général. Le nid se trouve ordinairement de deux à quatre mètres au-dessus du sol, plus bas s'il est construit dans un buisson. La femelle pond de trois à six œufs, roses aux taches sombres, que les deux parents couvent durant 12 ou 13 jours, mais le mâle ne couve généralement qu'en plein midi. Deux semaines après l'éclosion, les petits sont capables de voler.

L'espèce se nourrit de pucerons, de mouches et d'autres insectes. Dès la fin du mois d'août, elle migre vers l'Afrique tropicale.

Œuf :
17,0—21,5 × 12,4—14,7 mm

Longueur :
13 cm

Voix :
« didéroïd »

Chant :
sonore, consiste en strophes imitant souvent d'autres oiseaux

Migrateur

Fauvette des jardins

Sylvia borin

La Fauvette des jardins habite les parcs à végétation dense, les bosquets des rives de fleuves, rivières et étangs, ainsi que les forêts de feuillus et les forêts mixtes à sous-bois touffu. Elle est répandue dans la majeure partie de l'Europe, et vers l'est jusqu'en Sibérie occidentale.

La Fauvette des jardins revient fin avril ou début mai de ses quartiers d'hiver en Afrique tropicale. Elle affectionne les buissons, les framboisiers et les mûriers, dans lesquels elle pose son nid à moins d'un mètre du sol. Ce nid, relativement grand, est construit par les deux partenaires à l'aide de brindilles sèches, auxquelles ils mêlent des cocons de chenilles. La femelle pond de quatre à cinq œufs que les deux partenaires couvent à tour de rôle de douze à quatorze jours. Ils pourvoient ensemble aux soins des petits et les nourrissent d'insectes, de larves et d'araignées. Ils accordent du reste la même attention au petit du Coucou, puisque c'est à la Fauvette des jardins que celui-ci confie généralement son œuf. Parfois à 9 jours, plus fréquemment à 11 ou 14 jours, les poussins, encore incapables de voler, sautent du nid.

Insectivore, la Fauvette des jardins se nourrit aussi de baies en automne. Elle rejoint ses quartiers d'hiver fin août ou début septembre.

Voix :
« teck teck »

Cri d'alarme :
« douèdd douèdd »

Chant :
un babillement mélodieux
et soutenu

Longueur :
14 cm

Œuf :
17,0—23,2 × 13,0—16,5 mm

Migratrice

Fauvette à tête noire

Sylvia atricapilla

La Fauvette à tête noire habite toute l'Europe, l'Asie jusqu'en Sibérie occidentale, le Moyen-Orient et la côte nord-ouest de l'Afrique. Les populations européennes hivernent en Europe méridionale, parfois en Afrique jusqu'à l'équateur. Elles en reviennent en avril et s'installent dans nos forêts de feuillus ou de conifères, les bosquets, les parcs et les jardins où la végétation est dense, ainsi que dans les plaines et les régions montagneuses.

La Fauvette à tête noire construit son nid à moins de deux mètres du sol. Ce nid, bâti sur une branche, est un assemblage fragile d'herbes sèches, garni de crin. Le mâle se construit en outre un second nid, dans lequel il aime se tenir pour faire retentir son chant. La femelle pond de quatre à six œufs que les deux partenaires couvent durant 13 à 14 jours. Durant les 11 à 14 jours que les petits passent au nid, et quelque temps encore après leur envol, les parents les nourrissent surtout de chenilles. Souvent la Fauvette à tête noire niche une seconde fois en juillet.

Adulte, ce Passereau se nourrit principalement d'insectes, de larves et d'araignées. A ce régime, elle ajoute des baies (myrtilles, framboises, mûres), et en automne, des fruits du sureau noir. La Fauvette à tête noire migre en août ou au début du mois de septembre.

Œuf :
17,0—22,2 × 13,0—15,8 mm

Longueur :
14 cm
La femelle a une calotte brune,
le mâle, une calotte noire.

Voix :
un « tsé tsé » durement attaqué

Chant :
notes flûtées s'achevant par des sons hauts et clairs

Migratrice

Fauvette grisette

Sylvia communis

Cette Fauvette recherche surtout les bosquets et les buissons d'épineux. Elle est répandue dans toute l'Europe vers l'est jusqu'au lac Baïkal, ainsi qu'en Afrique du Nord-Ouest.

Elle revient fin avril ou début mai de ses quartiers d'hiver. On reconnaît facilement le mâle, qui émerge d'un buisson, monte à la verticale en chantant, et pique ensuite dans les taillis en poursuivant sa mélodie. Souvent aussi le mâle lance sa chanson d'une branche élevée ou d'une haute tige de chardon. Pour construire son nid, la Fauvette grisette recherche les taillis, les lisières des bois et des champs, ou des escarpements rocheux. Elle affectionne les mûriers, les prunelliers ou les buissons d'orties. Le nid se trouve à faible hauteur, très rarement à même le sol. C'est une construction fragile de radicelles et de brindilles emmêlées de toiles d'araignée. La Fauvette grisette niche une première fois en mai et une seconde fois en juin. La femelle pond de quatre à six œufs que les deux partenaires couvent durant treize jours. Les poussins reçoivent insectes, larves et araignées ; ce régime est également celui des adultes. Les jeunes quittent le nid à l'âge de onze ou treize jours. L'espèce migre en septembre.

Voix :
« tsé tsé »

Cri d'alarme :
un « douèdd douèdd »

Chant :
une brève mélodie sifflée
et flûtée

Longueur :
14 cm
La femelle a les flancs
brunâtres, le mâle, d'un
rose tendre.

Œuf :
16,0—20,9 × 12,0—15,2 mm

Migratrice

Fauvette babillarde

Sylvia curruca

Le nid de la Fauvette babillarde se rencontre souvent sur une branche basse d'un petit épicéa, d'un groseillier à maquereau, dans un jardin, le long d'un chemin ou à côté de la grille du jardin, où l'homme passe fréquemment. La Fauvette babillarde habite également les parcs, les cimetières, la lisière des bois et les bosquets.

Son nid est fait de radicelles mal assemblées, que ce petit oiseau arrache avec son bec au prix d'un effort considérable. La femelle pond de quatre à six œufs que les deux partenaires couvent de 10 à 12 jours. Le couple niche une première fois en mai et juin, et souvent une seconde fois, en juillet ou en août. De 10 à 15 jours après leur éclosion, lēs poussins quittent le nid, mais continuent à recevoir de leurs parents petits insectes, chenilles, araignées, etc. En automne, la Fauvette babillarde se nourrit également de baies. En septembre, elle migre vers l'Afrique tropicale, d'où elle revient à la mi-avril. Son aire de dispersion couvre toute l'Europe, à l'exception de l'Espagne et de l'Irlande, et s'étend vers l'est jusqu'à la Chine septentrionale. Les femelles reviennent des quartiers d'hiver une semaine plus tard que les mâles, qui entre-temps ont déjà choisi leur territoire.

Migratrice

Œuf :
14,0—18,9 × 11,5—14,5 mm

Longueur :
13,5 cm
Le mâle a une coloration
plus vive que la femelle.

Voix :
un « tsé » bref et strident

Chant :
un gazouillis léger et clair,
commençant par « tsi tsi
tsi » et poursuivi par un « li
li li li » plus retentissant

Fauvette épervière

Sylvia nisoria

La Fauvette épervière est fort répandue en Europe centrale et orientale. L'iris de l'œil – caractéristique – est jaune, et le plumage de l'oiseau est moiré à la façon de celui de l'Épervier. Elle part fin août vers ses quartiers d'hiver, situés en Afrique orientale et dans le sud de l'Arabie. Son itinéraire l'amène en Europe occidentale, où on la rencontre occasionnellement en France, en Hollande et aux îles Britanniques. Début mai elle regagne sa patrie.

La Fauvette épervière affectionne les broussailles, les lieux dégagés et les bosquets. Elle recherche la proximité de la Pie-grièche écorcheur, mais en cas de nécessité elle n'hésite pas à chasser celle-ci de son nid. Elle construit celui-ci à faible hauteur au-dessus du sol dans des buissons épineux. Ce nid est fait de brindilles sèches et garni de brins d'herbes et de crins. La femelle y pond généralement cinq œufs que les deux partenaires couvent à tour de rôle durant une quinzaine de jours. Durant les deux semaines que les petits passent au nid, et les quelques jours qui suivent leur envol, leurs parents les nourrissent d'insectes et d'autres petits invertébrés. A la saison des nids, le mâle chante sur une branche élevée, monte en flèche et, l'instant d'après, pique pour revenir à son point de départ.

♂

Voix :
un « err » grogné et monotone

Cri d'alarme :
un « tcheck tcheck »

Chant :
strophes mélodieuses composées de « err »

Longueur :
15 cm
La femelle est moins nettement moirée dessous ;
le plumage des jeunes est uni.

Œuf :
18,0—23,1 × 14,0—16,4 mm

Migratrice

Pouillot véloce

Phylloscopus collybita

Le chant monotone et sans cesse recommencé de ce petit oiseau retentit souvent dès la mi-mars sur la cime d'un arbre dans les parcs, les jardins et les cimetières. Le Pouillot véloce habite toute l'Europe, et migre dans le bassin méditerranéen ; son aire de dispersion couvre également l'Afrique du Nord-Ouest et l'Asie jusqu'à la Sibérie septentrionale.

Essentiellement arboricole, il construit également son nid au sol, sur l'herbe, sur des terrains légèrement inclinés, sur des talus, le long des chemins forestiers et dans les clairières. Le nid rond, complètement fermé, est fait de feuilles sèches et de brindilles et construit par la femelle seule. Son camouflage étant emprunté à l'entourage, il est très difficile à trouver. L'entrée est une petite ouverture pratiquée sur le côté. La femelle pond six ou sept œufs et en assure seule la couvaison durant 13 ou 14 jours. Le mâle l'aide ensuite à s'occuper des petits. Environ 13 à 15 jours plus tard, les poussins sautent du nid et reçoivent quelque temps encore insectes, larves, araignées, etc. de leurs parents.

Le Pouillot véloce migre vers le sud à la fin du mois de septembre, exceptionnellement même au début du mois de novembre.

Œuf :
13,0—17,7 × 10,5—13,7 mm

Longueur :
11 cm
Il ne pèse que huit ou neuf grammes.

Voix :
« huit »

Chant :
un « zip zap zip zap » monotone et toujours repris

Migrateur

Pouillot fitis

Phylloscopus trochilus

Dans les bois denses d'arbres feuillus, quelquefois aussi de conifères avec d'épaisses broussailles ou encore dans les forêts d'espèces mélangées, on entend dès avril s'élever le chant sonore du Pouillot fitis qui revient d'Afrique tropicale et méridionale où il a passé la saison d'hiver. On rencontre ce petit oiseau dans toute l'Europe, sauf dans le sud et les Balkans. Mais, vers l'est, son aire d'expansion s'étend jusqu'au nord-est de la Sibérie. Il sautille vivement, vole de branche en branche et ramasse de petits insectes et leurs larves ainsi que de petites araignées.

Pendant les journées chaudes de mai ou de juin, la femelle construit un nid rond en forme de petite cabane à même le sol, à l'abri d'une touffe d'herbe ou placé au milieu des myrtilles, des bruyères ou au pied d'un épais buisson. L'orifice d'entrée est construit de façon à camoufler à la vue les œufs qui se trouvent à l'intérieur. La femelle couve seule 6 ou 7 œufs pendant environ 13 jours. Puis le mâle l'aide à élever les petits. Après une période de 12 à 16 jours, les jeunes Pouillots sortent du nid, mais les parents continuent à les nourrir pendant une quinzaine de jours encore, leur apportant essentiellement des petits insectes et leurs larves.

Les nids des Pouillots sont très recherchés par les Coucous qui viennent y déposer leurs œufs. Une fois le coucou éclos, les pouillots adultes l'élèvent avec soin et le nourrissent beaucoup plus longtemps que leurs propres petits.

Voix :
un « fuïd » vif ;
chant ressemblant à celui du Pinson, mais plus doux et plus mélancolique :
« didididididué déa déa déi da da »

Longueur :
11 cm
Le mâle et la femelle ont la même coloration.

Œuf :
13,2—18,8 × 10,9—13,8 mm

Migrateur

Pouillot siffleur

Phylloscopus sibilatrix

A l'exclusion de l'Espagne, du Portugal, de l'Irlande et de la Scandinavie, le Pouillot siffleur niche partout en Europe. L'aire d'expansion de ce petit oiseau s'étend jusqu'en Sibérie occidentale. Fin avril ou début mai, il revient de ses quartiers d'hiver situés en Afrique tropicale pour s'établir dans les forêts clair-semées d'arbres feuillus ou mélangés de conifères, dans les vallées aussi bien que dans les régions montagneuses.

A l'abri d'une touffe d'herbe, la femelle construit un nid en forme de petite cabane avec une entrée latérale assez large. Comparé à la petite taille de l'oiseau, le nid est une construction relativement importante et même l'orifice latéral est beaucoup plus grand que chez les autres Pouillots. Vers la fin de mai ou au début de juin, le nid contient déjà toute la ponte, de 6 à 7 œufs, que la femelle couve seule. L'éclosion se fait 12 jours plus tard et les jeunes Pouillots, de toute petite taille, sont nourris, par les deux parents, essentiellement d'insectes et de larves. Les parents vont en quête de nourriture surtout sur les arbres feuillus ou dans le sous-bois. Douze jours plus tard, les oisillons quittent déjà le nid.

Le Pouillot siffleur se distingue facilement des autres par son chant typique grésillant, par sa gorge et sa poitrine jaune citron et son sourcil de même couleur. On ne peut cependant distinguer ces signes dans la nature qu'avec une bonne paire de jumelles.

Œuf :
14,0—18,3 × 11,4—13,5 mm

Longueur :
13 cm
Mâle et femelle de même coloration.

Voix :
un retentissant « dur » ou « diou » diou diou » ; chant grésillant commençant par « diou », puis un long « sib sib sib... » terminé par un « sirrrrrr »

Migrateur

Roitelet huppé

Regulus regulus

Le plus petit des oiseaux européens, le Roitelet huppé vit presque partout en Europe, en dehors de l'Islande et des régions les plus au nord de la Scandinavie. En Espagne, on ne le retrouve que dans la partie centrale du pays. Il ne pèse que 5 à 6 grammes. On le rencontre dans les bois de sapins et de pins qui vont en remontant de la plaine, jusqu'à la limite des forêts dans la montagne. Certains individus migrent vers le sud de l'Europe ou vers l'Europe orientale ou occidentale ; d'autres sont sédentaires.

Vers la fin d'avril et souvent encore en juin, les Roitelets accouplés construisent des nids relativement grands avec des brindilles de bois, des brins de paille, de la mousse, des lichens, des toiles d'araignée et des poils. Leur nid sphérique, rétréci vers le haut, est soigneusement camouflé entre les branches touffues des conifères. Vu d'en haut, il donne l'impression d'une construction fermée, car l'orifice d'entrée est tout petit. En effet, le Roitelet se cache devant ses ennemis, comme les geais, les rapaces, les écureuils et les loirs qui saccagent parfois un nid. La femelle couve seule de 8 à 11 œufs pendant 14 à 16 jours. Les jeunes sont nourris par les deux parents ensemble, qui leur apportent des pucerons, de petites chenilles, des araignées, etc. Ils quittent habituellement le nid 14 jours après l'éclosion, mais ils passent les nuits avec leurs parents à l'abri d'une branche. En hiver, le Roitelet se nourrit d'œufs ou de nymphes d'insectes.

Voix :
un « si si si » ténu ou un « whit », « si » ou « sri » plus sonore qui, amalgamés, résonnent parfois comme ceci : « dzihdzihdzih srisrisri »

Chant :
trilles composés des mêmes notes

Longueur :
9 cm
Femelle avec une raie jaunâtre sur la tête.

Œuf :
12,1—14,6 × 9,2—11,0 mm

Sédentaire

Gobe-mouches gris

Muscicapa striata

Le Gobe-mouches gris se tient sur un lieu élevé, le toit d'une maison, un pylône, une haie ou une branche horizontale surplombant le chemin : il prend son envol, attrape un papillon ou une mouche, et revient à son point de départ. Ce petit Passereau plein de vivacité se rencontre dans toute l'Europe, dans les bois peu touffus, les parcs et les jardins, surtout à proximité des lieux habités. Il revient de ses quartiers d'hiver (Afrique tropicale et méridionale) à la fin du mois d'avril ou au début du mois de mai.

Le nid, situé dans une cavité ou un nichoir, est fait de radicelles, de brindilles et de mousse, et doublé de filasse, de crin et de plumes. Si les lieux appropriés lui manquent, le Gobe-mouches gris construit son nid sur les poutres d'une grange ou sur une branche horizontale surplombant souvent un chemin fréquenté par l'homme. On a même trouvé un nid de Gobe-mouches gris sur l'abat-jour d'une lampe située au-dessus de la porte d'entrée d'une maison villageoise. La femelle pond de quatre à six œufs, qu'elle couve ordinairement seule de douze à quatorze jours. Les parents apportent à leurs petits un insecte à la fois, bien qu'ils en consomment plus de 500 par jour. Le Gobe-mouches gris part pour le sud dès la fin août.

Œuf :
16,4—21,4 × 12,5—15,6 mm

Longueur :
14 cm

Voix :
souvent un « tsip » aigu ;
en cas de danger, un « tek tek tek » ;
le chant, très rare, consiste en doux sifflements

Grand comme
un Moineau

Migrateur

Gobe-mouches noir

Ficedula hypoleuca

Dès le début d'avril apparaît dans les bois clairsemés un oiseau au plumage voyant noir et blanc : c'est le Gobe-mouches noir mâle. Il sautille impatiemment d'un arbre à l'autre en quête d'une cavité convenable pour y fonder son futur foyer. Souvent, il se contente d'un trou abandonné par le Pic épeiche ou encore d'un nichoir suspendu. La femelle, d'une coloration terne, adopte alors le nid choisi par le mâle. Dans son fin bec, elle apporte des quantités de mousse souple, façonne le nid en forme de cuvette et le rembourre encore de poils de divers animaux. Ensuite, à partir de la mi-mai jusqu'à juin, elle y pond de 6 à 7 œufs qu'elle couve seule durant 14 à 15 jours, parfois seulement 13 jours. Le mâle l'aide à nourrir les oisillons avec des insectes que les deux parents saisissent adroitement au vol, ainsi que des chenilles et des petites araignées. Les jeunes prennent leur envol 14 ou 16 jours après, mais sont encore nourris par leurs parents pendant 14 jours environ. Puis, la famille erre dans les environs du nid et, vers la fin août ou le début septembre, elle entreprend un long voyage jusqu'en Afrique tropicale.

Le Gobe-mouches noir habite presque toute l'Europe à l'exception de l'Italie et de l'Irlande. Il ne s'établit pas non plus dans le nord-ouest et le sud-ouest de l'Allemagne, ni dans la partie occidentale de la France et de la Belgique, où il apparaît seulement pendant la migration.

Voix :
un « bit » court ;
chant sonore résonnant,
comme un « wouti wouti wouti »

Longueur :
13 cm
En dehors de la période de nidification, le mâle ressemble à la femelle et ne diffère de celle-ci que par son front blanc.

Œuf :
15,5—19,5 × 12,0—14,4 mm

Migrateur

Gobe-mouches à collier

Ficedula albicollis

Début mai, ou même fin avril si le temps est chaud, un bel oiseau au plumage noir et blanc apparaît dans les parcs, les jardins, les vergers, et surtout les bois feuillus : c'est le Gobe-mouches à collier, qui revient d'Afrique tropicale.

Dès son retour, il se met à la recherche d'un trou d'arbre ou d'un nichoir. Au besoin, il se contente d'un trou dans une souche d'arbre. C'est le mâle qui choisit l'emplacement du nid. Celui-ci est fait de mousse et doublé de crin et de plumes. La femelle y pond de cinq à huit œufs qu'elle couve seule durant treize jours. Les parents nourrissent leurs petits d'insectes qu'ils attrapent adroitement au vol, ainsi que de chenilles et de petites araignées. La nourriture des adultes est identique. Les jeunes prennent leur envol 14 ou 16 jours après leur éclosion, mais sont encore nourris par leurs parents durant quelques jours. Puis la famille entière erre dans la région.

L'aire de dispersion du Gobe-mouches à collier couvre l'Europe méridionale et centrale. L'espèce migre fin août, début septembre.

Œuf :
14,3—19,7 × 11,5—14,7 mm

Longueur :
13 cm
Dimorphisme sexuel ;
la femelle a une coloration brune.

Voix :
un « siip siip » sonore

Chant :
un « siip tsi tsi tsiu tsiu »

Migrateur

Rossignol philomèle

Luscinia megarhynchos

Le soir ou par nuit claire, le chant mélodieux du Rossignol philomèle retentit dans les buissons, à la lisière des bois de feuillus, dans les parcs, les jardins, sur les talus et sur les rives des rivières et étangs. Le Rossignol philomèle ne chante toutefois pas seulement la nuit : on l'entend parfois dans la journée et même en plein midi. Tous les Rossignols ne chantent pas de la même façon ; certains ont une intonation et une mélodie meilleures que d'autres. La cause en est que le Rossignol doit apprendre à chanter.

Il revient de ses quartiers d'hiver à la mi-avril, voyageant exclusivement de nuit. Son aire de dispersion couvre toute l'Europe, à l'exception de la Scandinavie et de l'Irlande. Les mâles reviennent les premiers et annoncent leur retour par leur chant. Les femelles les suivent de quelques jours. Le nid, fait d'herbes, de radicelles et de feuilles sèches, est toujours camouflé : soit près du sol, soit sur un petit tas de feuilles dans un buisson d'épineux. La femelle pond de trois à six œufs, qu'elle couve seule durant 14 jours. Le mâle l'aide à élever les petits, qui sautent du nid à l'âge de onze jours, alors qu'ils sont encore incapables de voler. Les deux parents les nourrissent d'insectes, de larves, d'araignées, etc.

Le Rossignol part pour l'Afrique tropicale fin août ou début septembre.

Voix :
« huit »

Chant :
roulades très
mélodieuses,
souvent aussi des
mélodies imitées d'autres
oiseaux

Longueur :
16,5 cm

Œuf :
18,2—24,7 × 13,9—17,0 mm

Migrateur

Gorge-bleue

Luscinia (Cyanosylvia) svecica

♂

La Gorge-bleue ordinaire est répandue surtout dans le nord et l'est de l'Europe ; plus rarement, elle nidifie aussi dans le centre et l'ouest. Cette espèce comprend deux sous-espèces, qui se distinguent par la coloration. La Gorge-bleue de la toundra *(Luscinia svecica svecica),* qui habite la péninsule scandinave, la Finlande et l'Union soviétique jusqu'au 60e degré de latitude nord environ, a sur la gorge une perle rouge sur fond bleu, tandis que la Gorge-bleue d'Europe centrale *(Luscinia svecica cyanecula),* qui habite les autres parties du domaine européen de cette espèce, possède une perle blanche sur fond bleu. Au moment de la migration, à l'automne et au printemps, la Gorge-bleue de la toundra se rencontre nombreuse en Europe centrale, qu'elle traverse pour gagner l'Afrique du Nord. De même, la Gorge-bleue d'Europe centrale part vers les mêmes lieux d'hivernage à la fin août et en septembre.

Les Gorges-bleues reviennent à leurs aires de nidification — situées dans des zones marécageuses — de la mi-mars à la mi-avril. En mai-juin, les Gorges-bleues se construisent un nid bien caché dans la végétation, soit à terre, soit un peu au-dessus du sol. Ce nid est fait de tiges, d'herbes et de fines racines. La femelle pond 5 ou 6 œufs qu'elle couve seule de 12 à 14 jours. Les parents nourrissent tous les deux les petits.

La nourriture des Gorges-bleues se compose d'insectes, de larves, de vers, d'araignées et autres petits invertébrés.

Œuf :
16,4—20,7 × 12,5—15,1 mm

Longueur :
14 cm
La femelle n'a pas sur la gorge une tache aussi apparente.

Voix :
un appel « teck », et un chant comme des trilles de « dipdipdip »

Migratrice

Rouge-gorge familier

Erithacus rubecula

A l'exception de l'Islande et du nord de la Scandinavie, l'aire du Rouge-gorge familier s'étend presque sur toute l'Europe. On le retrouve partout dans les bois de feuillus, de conifères, ou d'espèces mélangées avec sous-bois buissonneux, aussi bien en plaine qu'en montagne. A l'est, son aire d'expansion s'étend jusqu'en Sibérie occidentale, mais il vit également en Afrique du Nord-Ouest. En Europe occidentale et centrale, il est fort nombreux même dans les parcs, dans les cimetières, etc. Les populations du Nord et de l'Est émigrent en septembre et en octobre pour hiverner en Europe occidentale, dans une partie de l'Europe méridionale et en Afrique du Nord. Ces dernières années, les vieux mâles ont pris l'habitude d'hiverner en Europe centrale où ils passent la saison en se nourrissant surtout de baies.

En mars, des couples de Rouges-gorges familiers apparaissent de nouveau sur leurs aires de nidification et en avril, les femelles commencent à construire leur nid avec des petites racines, des tiges, etc. Le nid est bien caché entre les pierres, entre les racines d'un arbre, parfois aussi dans une souche creuse. La femelle couve seule 5 œufs pendant 13 à 14 jours, ensuite le mâle l'aide à nourrir les petits avec des insectes, des larves et des araignées. Entre 12 et 15 jours plus tard, les oisillons quittent le nid, sans savoir voler cependant. Ils se dissimulent donc au sol où leurs parents continuent à leur apporter de la nourriture.

Voix :
un « dzick » ou un « tsi » résonnant ;
chant assez sonore
Le mâle chante perché sur un arbre.

Longueur :
14 cm
La femelle de même coloration que le mâle, mais de couleur moins vive.

Œuf :
16,9—22,2 × 13,8—16,3 mm

Grand comme un Moineau

Migrateur Sédentaire

Rouge-queue à front blanc

Phoenicurus phoenicurus

Durant la première quinzaine du mois d'avril, le Rouge-queue à front blanc revient dans sa patrie, qui couvre toute l'Europe ; il la quittera en septembre ou au début du mois d'octobre pour hiverner loin dans le sud, en Afrique tropicale. C'est un habitant des forêts non touffues, que l'on rencontre surtout dans les parcs et les jardins à proximité des lieux habités. Cet oiseau attire l'attention par sa vitalité : jamais en repos, partout où il est présent, sa queue tressaille vivement. Le mâle se tient volontiers sur les toits des maisons et des granges et lance de là son chant « grinçant ».

Le nid de racines, brindilles, boue et feuilles est doublé de poils et de plumes. Il est construit dans des murs, des charpentes de toits, des tas de bois, ou parfois dans des nichoirs. La ponte du Rouge-queue à front blanc est de cinq à huit œufs, que la femelle couve seule durant 13 à 15 jours. Après l'éclosion, les parents doivent nourrir des oisillons éternellement affamés. Les deux parents volent infatigablement à la recherche de chenilles, de papillons, de punaises et d'autres insectes qu'ils attrapent au vol. Les petits quittent le nid 12 ou 16 jours après l'éclosion et dès qu'ils ont acquis leur indépendance, les parents entreprennent la construction d'un nouveau nid pour une seconde nichée.

Œuf :
16,1—21,0 × 12,3—15,1 mm

Longueur :
14 cm
Dimorphisme sexuel

Voix :
un « huitt » aigu, souvent suivi de « tett-tett »

Chant :
une note élevée et tenue, suivie de deux notes brèves et plus basses ; chant particulier à chaque individu

Migrateur

Rouge-queue noir

Phoenicurus ochruros

Le Rouge-queue noir, qui était à l'origine un habitant des falaises et des hautes altitudes, apparaît fin mars près des lieux habités. Il construit son nid de brindilles et de racines, en renforce le fond de feuilles et d'argile et le garnit de poils. Le Rouge-queue noir niche dans les murs, derrière les gouttières, souvent aussi dans l'encadrement d'une fenêtre. Il adopte également les nichoirs, mais se rencontre plus rarement dans un trou d'arbre. Il reste fidèle à son territoire, et revient y construire son nid chaque année durant toute sa vie. La femelle pond ordinairement cinq œufs, qu'elle couve seule durant 13 ou 14 jours, pendant que le mâle lance son chant « grinçant » d'un lieu élevé. Ses terrains de chasse favoris se situent aux environs des étables et des puits, où le Rouge-queue noir trouve quantité d'insectes qu'il attrape au vol et dont il nourrit ses petits. Même la proximité immédiate de l'homme ne le gêne pas. Les jeunes quittent souvent leur nid 12 jours après l'éclosion ; encore incapables de voler, ils se cachent au sol. A l'automne, l'espèce migre vers le bassin méditerranéen. Seuls certains sujets d'Europe occidentale et méridionale sont sédentaires.

Voix :
« hui tze, huid tze tze tze »

Signal d'alarme :
« fuid, teck teck »

Chant :
sifflement grinçant et stridulant

Longueur :
14 cm
Dimorphisme sexuel

Œuf :
17,0—21,5 × 13,2—16,2 mm
Les œufs sont souvent blancs, parfois parsemés de taches brun rouille.

Grand comme
un Moineau

**Sédentaire
Migrateur**

Traquet pâtre

Saxicola torquata

Le Traquet pâtre vit dans les étendues de prairies parsemées de buissons, les terrains pierreux, les lieux désertiques ou les pays de landes. Il est répandu en Europe occidentale, méridionale et centrale, ainsi qu'en de nombreuses régions d'Asie et d'Afrique. Les populations occidentales et méridionales hivernent dans leur patrie, tandis que celles du centre de l'Europe migrent vers la Méditerranée.

Les migrateurs regagnent leurs aires dès la fin mars. Le mâle se tient de préférence sur une branche horizontale ou sur une pierre et lance son chant. En avril ou en mai, le Traquet pâtre construit son nid dans une touffe d'herbe. Ce nid, parfaitement dissimulé et camouflé, est fait de radicelles et de brindilles, et garni de crin et de matériaux variés. Au-dessus du nid, l'oiseau construit souvent une sorte de toit de brindilles. La femelle pond de trois à sept œufs qu'elle couve seule durant deux semaines. A l'âge de douze ou treize jours, encore incapables de voler, les jeunes quittent le nid et se dissimulent non loin de là dans l'herbe ou entre des pierres. De nombreux couples nichent une seconde fois en juin-juillet.

Le Traquet pâtre se nourrit de petits insectes, de larves, d'araignées ainsi que de vers et de petits mollusques. En automne, il se tient dans les champs et les prés.

Œuf :
15,6—20,0 × 13,2—15,5 mm

Longueur :
12,5 cm
La femelle a un plumage moins vif que celui du mâle et n'a pas de tache noire sur la tête.

Voix :
« fit kr kr »

Chant :
un « vid vid » bref et grinçant

Sédentaire
Migrateur

Traquet tarier

Saxicola rubetra

Le Traquet tarier, qui hiverne en Afrique du Nord, revient fin avril ou début mai dans les champs, les prés et les terrains tourbeux. L'espèce affectionne les régions de collines recouvertes de prairies parsemées de buissons.

Au printemps, le Traquet tarier se tient sur une branche élevée, un fil télégraphique ou en tout autre poste d'observation élevé. Dès qu'il aperçoit dans les environs un papillon, une mouche ou un autre insecte, il s'élance et attrape sa proie à la vitesse de l'éclair. Son nid est une coupe peu profonde parfaitement dissimulée dans une touffe d'herbe ou sous un buisson bas. La femelle y pond de quatre à sept œufs qu'elle couve seule de 12 à 14 jours. A l'âge de douze jours, les petits, encore incapables de voler, quittent le nid et se tiennent cachés dans les environs. Les parents les nourrissent jusqu'aux premiers jours qui suivent l'envol, et leur apprennent ensuite à attraper les insectes au vol.

Le Traquet tarier prend son envol fin août ou début septembre pour le sud.

Voix :
« tchu teck teck »

Chant :
notes sifflées ou claquées, qui rappellent un peu le chant du Rouge-queue noir

Longueur :
12,5 cm
La femelle a un plumage plus vif que celui du mâle.

Œuf :
15,2—21,5 × 12,9—15,4 mm

Migrateur

Traquet motteux

Oenanthe oenanthe

Le Traquet motteux vit dans les endroits rocheux et désertiques, dans les steppes, les terrains sablonneux, les sablonnières et les carrières abandonnées, ainsi que sur les remblais de chemin de fer. On le rencontre également sur les falaises dans les régions montagneuses. Son aire de dispersion couvre toute l'Europe, l'Asie, l'Amérique du Nord et le Groenland. Les populations européennes migrent fin août ou début septembre vers l'Afrique du Nord, et en reviennent fin mars ou début avril. Le Traquet motteux se tient ordinairement au ras du sol ; très vivace, il y vole en tous sens, puis s'arrête sur une grosse pierre pour observer les alentours. En mai ou en juin, il construit son nid dans un tas de pierres, une faille rocheuse, un trou à terre, ou même entre deux traverses de chemin de fer. Ce nid est fait de brindilles, de radicelles et de petites branchettes ; il est doublé de crin ou de plumes. La femelle pond de cinq à sept œufs qu'elle couve souvent seule durant 13 ou 14 jours. Les deux parents veillent aux soins des petits et leur apportent coléoptères, papillons, chenilles et autres petits invertébrés ; ce régime alimentaire est également celui de l'adulte. Les jeunes sautent du nid à l'âge de deux semaines environ, mais ne prennent leur envol que quelques jours plus tard.

Œuf :
18,4—23,2 × 14,0—16,5 mm

Longueur :
14 cm
Le plumage de la femelle est plus terne que celui du mâle.

Voix :
« teck teck »

Chant :
claquements étouffés, rarement audibles

Grand comme
un Moineau

Migrateur

Merle de roche

Monticola saxatilis

Le Merle de roche habite l'Europe du Sud et les régions les plus chaudes de l'Europe centrale. Il se rencontre sur les coteaux rocheux ensoleillés et secs, dans les montagnes, souvent même dans les vignobles, mais il affectionne aussi les ruines des vieux châteaux et les carrières abandonnées ; on l'a même retrouvé parfois dans une carrière en exploitation, sans que le bruit le gênât. Il revient de ses quartiers d'hiver, situés en Afrique tropicale ou en Arabie du Sud-Ouest, vers la fin avril.

C'est un oiseau très farouche et méfiant ; on ne peut donc l'observer que rarement. Dès qu'il aperçoit un homme, il disparaît aussitôt et, même pour survoler un terrain dégagé, il se tient à l'abri des buissons ou à la lisière de la forêt. On peut toutefois entendre ses appels ou son chant.

Il construit son nid dans les fentes et les fissures des rochers avec des radicelles, des chaumes et des morceaux de mousse. Il le tapisse, à l'intérieur, de mousses et de poils. La femelle couve seule de 4 à 5 œufs durant 14 à 15 jours, rarement 13 ou 16. Les jeunes quittent déjà le nid 2 semaines après l'éclosion. Le Merle de roche se nourrit surtout d'insectes et de larves, en vol il chasse aussi les papillons ou les mouches et, à l'occasion, il ramasse également des vers, des myriapodes, des araignées et de petits mollusques. Il émigre de son territoire dans le courant de septembre. En Europe centrale, où cet oiseau est relativement rare, il est protégé par la loi.

Voix :
« teck teck »

Chant :
des notes flûtées et diverses mélodies combinées, imitées

Longueur :
19 cm
La femelle est brune mouchetée ; les jeunes lui ressemblent.

Œuf :
23,2—30,0 × 16,9—21 mm

Grand comme un Étourneau

Migrateur

Grive draine

Turdus viscivorus

Dès les premiers jours du printemps, parfois même déjà vers la fin de février, un Turdidé robuste, la Grive draine, regagne ses aires de nidification répandues dans toute l'Europe à part l'Islande. Mais on la retrouve également en Afrique du Nord-Ouest et en Asie Mineure. Certains individus d'Europe occidentale et méridionale ne quittent cependant jamais leurs quartiers où viennent hiverner, en octobre et en novembre, les populations vivant dans les autres régions européennes. La Grive viscivore, ou draine, affectionne surtout les bois de conifères et les forêts mixtes, de vallée aussi bien que de montagne. En Europe occidentale, on la retrouve jusque dans les jardins et les parcs.

Elle construit son premier nid vers la fin de mars et un second en juin, habituellement au sommet des arbres. Pour ce travail, elle se sert de petits morceaux de bois, de rameaux, de tiges, de mousse et de poils, renforce les parois avec une couche de boue et tapisse le fond avec de l'herbe fine. La femelle s'occupe seule de la construction tandis que le mâle lui apporte les matériaux. Ensuite, elle couve seule de 4 à 5 œufs pendant 14 jours. Dans les 14 à 16 jours suivants, les jeunes sortent du nid, même s'ils sont encore inaptes au vol. En automne, les Grives draines errent dans les diverses régions qu'elles fréquentent, et celles qui migrent prennent le plus souvent la direction sud-ouest.

La Grive draine se nourrit d'insectes, de vers, de petits mollusques et même de baies en automne.

**Erratique
Migratrice**

Œuf :
25,8—35,8 × 19,6—24,4 mm

Longueur :
26,5 cm
Mâle et femelle de même coloration.

Voix :
analogue à celle du Merle, mais avec des pauses entre les différentes strophes et plus puissante

Expression de crainte :
grésillement

Grive litorne

Turdus pilaris

Formant des populations nombreuses en Europe du Nord, la Grive litorne était l'un des rares oiseaux chanteurs très estimés et recherchés par les chasseurs. Elle niche également dans bon nombre de régions de l'Europe centrale où elle progresse de plus en plus depuis la fin du siècle dernier. Les Grives litornes regagnent leurs aires de nidification par petits groupes vers la fin mars, où elles se rassemblent et forment de petites colonies dans les bocages, les parcs, les buissons le long des ruisseaux, autour des étangs ainsi que dans les bois clairsemés de bouleaux ou de pins.

Les différents couples construisent leurs nids les uns à côté des autres dans les buissons ou dans les arbres, à des hauteurs de 2 à 10 mètres, en employant comme matériaux des brindilles sèches, de petites racines et des brins de paille. D'habitude, le nid se trouve à 3 mètres du sol, mais dans la toundra, on en trouve même à 30 et 50 centimètres. La construction se trouve le plus souvent placée dans la fourche d'une branche ou à son bout. La femelle pond de 4 à 7 œufs, qu'elle couve presque toute seule durant 13 à 14 jours. Après une période à peu près égale, les jeunes quittent le nid. Pendant la nidification, la Grive litorne est sur la défensive.

Sa nourriture se compose d'insectes, de vers, de petits mollusques, etc. En automne et en hiver, elle se nourrit surtout de baies de sorbier. En octobre, elle émigre du Nord par groupes nombreux et elle hiverne en Europe centrale, occidentale et méridionale.

Voix :
un « schrack » sonore,
aussi un « terrr terrr » ;
chant agréable à mi-voix

Longueur :
25,5 cm
Mâle et femelle de même coloration. En vol, le dessous des ailes d'un blanc très frappant.

Œuf :
25,0—33,5 × 19,0—23,4 mm

Grande comme un Merle

Migratrice

Grive mauvis

Turdus iliacus

La Grive mauvis est un Turdidé typique de l'Europe et de l'Asie boréales. Parfois, elle s'établit et niche même en Europe centrale, notamment dans les régions montagneuses plus froides, au voisinage des torrents. Au cours de la migration d'hiver, les Grives mauvis passent en grand nombre en Europe centrale pour rejoindre ensuite leurs quartiers d'hiver en Europe occidentale et méridionale, et même en Afrique du Nord-Ouest. Pendant cette halte, elles forment de grosses troupes qui s'établissent dans les forêts de hêtres, mais aussi dans les allées de sorbiers où elles se nourrissent de baies. Parfois, elles se rallient à des bandes de Grives musiciennes, que certains couples ne quittent plus, même pendant la période de nidification, s'établissant au milieu d'une petite colonie de ces oiseaux.

Entre la mi-mars et le début avril, la Grive mauvis revient sur son aire de nidification. Elle construit son nid sur des feuillus ou des conifères, à environ 3 mètres du sol, entre 30 et 50 centimètres dans les toundras. La femelle pond dans la période de mai à juillet 5 à 6 œufs qu'elle couve alternativement avec le mâle pendant 14 à 15 jours, exceptionnellement un jour de moins. Les deux parents nourrissent les petits au nid pendant 11 à 14 jours en leur apportant surtout des insectes, et ce, 3 semaines encore après leur envol.

Après la nidification, les Grives mauvis se rassemblent pour migrer vers le sud à la fin octobre ou au début novembre.

Œuf :
22,0—29,1 × 17,2—20,7 mm

Longueur :
21 cm
Mâle et femelle de même coloration.

Voix :
« dack dack », mais aussi « terr terr » lorsqu'elle est effrayée, la nuit ; en migration un « dziiih » clair

Chant :
4 tons flûtés grésillants alternant avec des bruits grinçants

Grande comme
un Étourneau

Migratrice

Merle à plastron

Turdus torquatus

Le Merle à plastron habite les régions montagneuses de la côte scandinave occidentale, de l'Angleterre, de l'Irlande, des Alpes, des Pyrénées et des Carpates. Il affectionne les bois clairs de conifères et d'arbres feuillus, en préférant cependant les flancs de montagne fournis d'une végétation clairsemée où alternent le pin nain et l'épicéa de petite taille. Il se tient le plus souvent à proximité des torrents de montagne. Au sud de l'Europe, il est sédentaire, mais les populations du Nord émigrent de septembre à novembre vers le bassin méditerranéen ; elles en reviennent entre la mi-mars et avril. Les deux partenaires construisent leur nid avec des brindilles, des chaumes, etc., au bas des arbres, souvent sur des pins nains, parfois même au sol entre les pierres, à proximité d'un torrent de montagne. Ils ajoutent aux matériaux des lichens trouvés dans le plus proche voisinage et camouflent parfaitement leur nid qui échappe ainsi aux regards de leurs ennemis. La femelle couve presque seule de 4 à 5 œufs pendant 14 jours ; le mâle ne la relaie que de temps en temps. Cependant, ils nourrissent leurs petits en commun pendant 15 à 16 jours au nid. Une fois sortis du nid, les jeunes se dissimulent dans le proche voisinage, d'ordinaire entre des pierres, où les parents leur apportent leur nourriture pendant 14 jours encore environ. Le Merle à plastron se nourrit d'insectes et de larves, de petits mollusques et de vers. En hiver, il ramasse des baies et des fruits tendres.

Voix :
« tack tack »

Chant :
analogue à celui du Merle, mais plus simple et avec des pauses ; pendant la migration, il pousse un « dscharr » ou un « scherr »

Longueur :
24 cm
Dimorphisme

Œuf :
28,9—34,0 × 20,3—24,0 mm

Grand comme un Merle noir

Sédentaire
Migrateur

Merle noir

Turdus merula

Le Merle noir est connu dans toute l'Europe, à l'exception du Grand Nord. Les populations d'Europe centrale et occidentale sont pour la plupart sédentaires, alors que les populations plus septentrionales hivernent dans le bassin méditerranéen. Au printemps, le chant mélodieux du Merle noir retentit dès l'aube, parfois même bien avant le lever du jour : c'est le mâle qui se tient sur le faîte d'un toit ou sur un poteau. Souvent il émet les sons les plus divers, car il imite à merveille ce qu'il entend. A peine les premiers bourgeons éclatent-ils dans les taillis, que le Merle noir entreprend la construction de son nid, utilisant pour ce faire les matériaux les plus variés : petites racines, brins d'herbe, lambeaux de toutes sortes, et de l'argile, que l'on retrouve dans les « fondations » du nid. Le nid est construit dans les buissons, sur les arbres, les murs, les fenêtres, les tas de bois, etc. La femelle pond quatre à six œufs, souvent dès la fin du mois d'avril, et les couve seule. Les poussins éclosent 13 à 15 jours plus tard. Au bout de deux semaines, encore incapables de voler, ils quittent le nid et se tiennent cachés au sol. Infatigables, les parents les nourrissent de vers de terre qu'ils extraient fort habilement du sol. Le Merle noir se nourrit en outre de chenilles et de mollusques, et en automne et en hiver de baies, sans dédaigner toutefois les restes des repas de l'homme. En hiver il recherche souvent les mangeoires placées sur les appuis des fenêtres et dans les jardins.

Œuf :
24,0—35,5 × 18,0—23,6 mm

Longueur :
25,5 cm
Dimorphisme sexuel

Voix :
« tack-tack »

Chant :
roulements clairs et mélodieux ; le mâle chante sur des endroits élevés

Sédentaire
Migrateur

Grive musicienne

Turdus philomelos

♂

Par un froid matin de mars retentit un chant éclatant, semblable à celui de la flûte. Ce chant signifie que durant la nuit, le mâle de la Grive musicienne est revenu de ses quartiers d'hiver (Afrique du Nord et Europe méridionale) : il signale ainsi de sa voix claire qu'il a choisi son territoire. Il se tient sur une branche d'un arbre non encore couvert de feuilles, d'où il est parfaitement visible. Les femelles arrivent quelques jours plus tard, et se choisissent un partenaire dont le territoire est déjà établi.

La Grive musicienne fréquente non seulement les jardins et les parcs, mais également les bois. Dès la mi-avril, on peut trouver son nid, fait de tiges et brindilles entrelacées, sur les arbres, dans les fourrés, ou sur la charpente du toit d'une grange. Ce nid est facilement reconnaissable : il est doublé d'une pâte faite d'argile, de limon et de salive agglomérés, et lisse comme un mur recouvert d'enduit. Le mélange sèche rapidement, durcit, et l'oiseau ne rembourre pas son nid. La femelle pond trois à six œufs qu'elle couve seule pendant 12 à 14 jours. Les deux parents nourrissent les poussins pendant deux semaines environ. Puis les jeunes Grives sautent hors du nid et se tiennent un certain temps à terre, où les parents continuent à les nourrir.

Leur nourriture est composée de vers, de limaces, de chenilles, et même de baies. L'espèce habite presque toute l'Europe.

Voix :
« gip »

Expression de la crainte :
« gik-gik-gik » ; parfois
« dag-dag »

Chant :
sifflement de flûte répété

Longueur :
23 cm

Œuf :
23,0—31,8 × 18,6—23,0 mm

Grande comme un Merle

Migratrice

271

Mésange à moustaches

Panurus biarmicus

La jolie Mésange à moustaches est répandue dans le sud et le sud-est de l'Europe et en quelques régions du centre. Elle nidifie aussi en France, en Hollande, en Belgique et à l'est de l'Angleterre. Elle est en majorité sédentaire et passe toute sa vie dans les roseaux autour d'un lac, d'un grand étang, ou dans des marécages. Elle se déplace vite et adroitement dans les fourrés.

En avril-mai, puis une deuxième fois en juin-juillet, elle construit un nid relativement grand parmi les fourrés de roseaux, dans une touffe de joncs, parfois directement sur l'eau. Mâle et femelle apportent des morceaux de tiges de roseaux et les entrelacent solidement. Puis ils garnissent de duvet la cuvette du nid. La femelle pond en général de 5 à 7 œufs qu'elle couve alternativement avec son partenaire. Les petits éclosent au bout de 12 ou 13 jours, parfois même après 10 jours. Les parents les nourrissent dans le nid 10 ou 13 jours avec des insectes qu'ils attrapent parmi les roseaux et leur apportent encore la nourriture pendant 14 jours environ après qu'ils aient quitté le nid. La famille reste réunie à peu près 3 semaines, puis les petits prennent leur indépendance et le vieux couple commence à construire un nouveau nid.

Les Mésanges à moustaches se nourrissent de petites chenilles, pucerons, moustiques, mouches, petits hannetons et araignées. En automne et en hiver leur nourriture se compose surtout de graines de plantes aquatiques.

Œuf :
14,5—19,2 × 13,0—15,0 mm

Longueur :
16,5 cm
La femelle a la tête
gris-brun, sans taches sur
les joues.

Voix :
appel « zit zit »,
avertissement « tink tink »,
chant légèrement
grésillant

Sédentaire

Mésange à longue queue

Aegithalos caudatus

La Mésange à longue queue est un des plus petits oiseaux d'Europe : elle ne pèse que huit ou neuf grammes. A la différence des autres Mésanges, qui nichent dans des cavités, celle-ci construit son nid en un endroit dégagé. En cette matière, elle se révèle une véritable artiste : son nid, ovoïde, d'une hauteur de 20 cm, est complètement fermé, à l'exception d'un petit orifice latéral dans la partie supérieure. Il est fait de mousse, de fibres très fines et de fils d'araignée, et recouvert de morceaux d'écorce sur sa face extérieure. L'intérieur en est garni de milliers de petites plumes. Ce chef-d'œuvre est construit par les deux partenaires : le mâle apporte les matériaux de construction, tandis que la femelle les assemble ; l'ensemble du travail dure 15 ou 20 jours.

La femelle pond alors de six à douze petits œufs, qu'elle couve seule durant 12 ou 13 jours. Les jeunes quittent le nid de 15 à 20 jours après l'éclosion, et les parents continuent quelque temps encore à les nourrir de petits insectes. Souvent, le couple niche une seconde fois, mais les petits de la première couvée restent près de leurs parents. Il arrive parfois qu'ils participent au nourrissage des petits de la seconde couvée. Après l'époque des nichées, les Mésanges à longue queue se réunissent en bandes qui vagabondent d'un arbre à l'autre. L'espèce est sédentaire.

Voix :
un « tserr » répété

Appel :
un « tsi tsi tsi » doux ;
lance également ses cris en vol

Longueur :
14 cm
L'oiseau a un petit corps en boule avec une longue queue caractéristique.

Œuf :
12,8—16,0 × 10,0—12,0 mm

Sédentaire

273

Mésange rémiz

Remiz pendulinus

La petite Mésange rémiz est répandue dans l'est, le sud-est, et le centre oriental de l'Europe. On la rencontre aussi en Italie, et au sud de la France et de l'Espagne. Elle est presque toujours sédentaire. Elle habite le bord des eaux courantes ou stagnantes, pourvu qu'on y trouve beaucoup de buissons et des arbres.

La Mésange rémiz est un constructeur de talent. Elle commence à bâtir son nid en avril ou mai. Le mâle apporte une tige d'herbe qu'il entortille autour d'une solide branchette de saule ou d'osier. Puis il apporte d'autres tiges et les entrelace de manière à former la trame d'une poche en forme de poire. La femelle l'aide ensuite à perfectionner la construction et à empiler entre les tiges des duvets végétaux. Cette matière est de plus mêlée de salive. Le nid a la forme d'une poire suspendue avec, sur le côté, en haut, une entrée en forme de tunnel, renforcée de tiges. La femelle pond de 5 à 8 œufs qu'elle couve seule pendant 12 à 15 jours. Pendant ce temps, le mâle commence à construire un autre nid et attire une autre femelle. La femelle s'occupera seule d'élever les petits.

La nourriture des Mésanges rémiz se compose de diverses chenilles, araignées, moustiques, hannetons, etc.

Œuf :
14,0—18,0 × 9,7—11,3 mm
blanc pur

Longueur :
11 cm
Mâle et femelle sont de la même couleur.

Voix :
de longs « ziêh », un chant prolongé, grésillant

Sédentaire
Erratique

Mésange huppée

Parus cristatus

On rencontre la Mésange huppée dans presque toute l'Europe à l'exception de l'Angleterre, de l'Irlande, de l'Italie et des régions les plus au nord de notre continent. Elle se tient dans les grands bois de conifères. Il est étonnant qu'en Europe occidentale, elle s'installe de plus en plus dans les forêts de feuillus eux-mêmes.

Au printemps, pendant la période des amours, le mâle redresse sa belle huppe caractéristique et chante en penchant et en inclinant la tête de diverses façons. Pour nicher, la Mésange huppée se contente d'un vieux gîte abandonné d'écureuil ou de fentes entre les branches des nids de Rapaces. Parfois, elle s'installe même dans un nid de Troglodyte, dans une vieille souche trouée, mais elle accepte avec plaisir un nichoir. La femelle fait une première ponte en avril. Elle dépose 7 à 10 œufs dans son nid garni de poils de mammifères et les couve seule durant 15 à 18 jours. Nourris par les deux parents ensemble, les petits quittent le nid 20 à 22 jours plus tard. Une fois libérés de leur progéniture, les parents nichent une deuxième fois, d'habitude en juin. Ils gardent souvent le même nid.

En automne, les Huppées s'associent à de petits groupes d'autres Mésanges. Elles se nourrissent essentiellement de petits insectes, surtout xylophages, et de chrysalides ; en hiver, également de graines. Elles se faufilent entre les branches touffues des résineux et, si elles n'y trouvent pas assez à manger, elles picorent à même le sol.

Voix :
un « dzi dzi gurrr » caractéristique, souvent seulement un « gurrr »

Longueur :
11,5 cm
Mâle et femelle de même coloration.

Œuf :
14,3—17,8 × 11,8—13,3 mm

Sédentaire

Mésange noire

Parus ater

Dans les bois de haute futaie résineuse, de la plaine à la montagne, la Mésange noire vit presque dans toute l'Europe à l'exception des régions situées à l'extrême nord. A l'est, son aire d'expansion s'étend jusqu'au Kamtchatka et à la Chine méridionale, mais on retrouve également cet oiseau en Afrique du Nord-Ouest. Il se plaît surtout dans les bois de sapins, sans dédaigner les pins, voire les forêts mixtes et les hêtraies. Les individus d'Europe centrale, occidentale et méridionale sont ordinairement sédentaires, tandis que ceux d'Europe orientale et septentrionale font de véritables invasions en Europe centrale pendant la saison d'hiver. Mais ces oiseaux n'accomplissent pas ces voyages régulièrement.

Vers la fin avril, ils construisent des nids dans des trous d'arbres. Ils établissent également leur gîte dans des trous de souches, dans des halots ou dans des fissures de rochers. La Mésange noire se plaît même à habiter dans un nichoir. La femelle pond de 7 à 11 œufs qu'elle couve seule pendant 14 à 15 jours, rarement un jour de plus ou de moins. Les petits sont élevés par les deux parents, qui leur apportent tous deux des insectes, des larves et des araignées. Après 16 à 17 jours, ils quittent leur nid tout en restant à la charge de leurs parents qui les nourrissent encore durant 2 semaines. Ensuite, le couple niche une deuxième fois, habituellement en juin.

Œuf :
13,3—16,8 × 10,5—12,1 mm

Longueur
11 cm
Mâle et femelle de même coloration.

Voix :
au printemps un caractéristique « ouitzé ouitzé ouitzé »

Chant :
un « si si » doux

**Sédentaire
Migratrice**

Mésange boréale

Parus montanus

La Mésange boréale affectionne les bois humides de plaine, les forêts mixtes s'étageant entre les plaines et les régions montagneuses, et les bois de conifères alpestres. Son aire d'expansion s'étend à presque toute l'Europe à l'exception de l'Espagne, de l'Irlande et de l'Italie. En hiver, elle reste le plus souvent sur place ; certains individus du nord émigrent, en groupes nombreux, vers l'Europe centrale et méridionale. Mais c'est une invasion plutôt qu'une migration véritable. A l'est, on retrouve la Mésange boréale jusqu'au Japon et elle vit également en Amérique du Nord.

Au printemps, la femelle creuse avec ardeur un trou dans une souche pourrie ou un tronc d'arbre. Souvent ce travail, qui dure plus de trois semaines, nécessite de gros efforts de sa part. Mais, si le matériau est relativement tendre, elle arrive à terminer son travail en deux semaines. Parfois cependant, elle utilise une cavité toute faite. Elle y apporte de la mousse, des lichens, etc., et elle en garnit le fond, surtout de poils de mammifères. En mai, elle pond de 6 à 9 œufs, qu'elle couve seule durant 14 jours. Le mâle l'aide à élever les petits pendant 17 à 18 jours au nid, et 2 semaines encore après leur envol. Les parents reviennent au nid une vingtaine de fois par heure, apportant des chenilles, des moucherons, des mouches, de petits coléoptères et des araignées.

La Mésange boréale est en mouvement pendant toute la journée, elle ne se repose que rarement.

Voix :
pour séduire et mettre en garde, un « dèh dèh » répété, alternant avec un court « dzidzi »
Le mâle émet aussi des sons clairs, flûtés.

Longueur :
11,5 cm
Mâle et femelle de même coloration.

Œuf :
14,4—16,3 × 11,8—12,4 mm

**Migratrice
Sédentaire**

Mésange charbonnière

Parus major

♂

La Mésange charbonnière est commune dans tous les jardins, parcs et vergers, même tout près des habitations, ainsi que dans la forêt. Son aire couvre toute l'Europe et la majeure partie de l'Asie et de l'Afrique du Nord. A l'exception des populations les plus septentrionales, qui à la fin de l'automne gagnent le sud par petites troupes, l'espèce ne migre pas en hiver.

La Mésange charbonnière niche deux fois l'an : en avril et en juin ou juillet. Elle construit son nid tendrement rembourré dans des trous d'arbres, des murs et dans des nichoirs. Elle assemble tout d'abord des brins de paille et de la boue, puis elle double son nid en forme de coupe profonde de poils et de plumes. La femelle y pond tous les jours un œuf, et commence à les couver lorsqu'il y en a huit ou dix. Le mâle n'intervient pas dans la couvaison, si ce n'est pour nourrir sans cesse la femelle de chenilles. Au bout de 13 ou 14 jours naissent des poussins dépourvus de duvet ; pour les parents commence alors le nourrissage, travail astreignant et fatigant. Ils apportent principalement des chenilles à leurs petits, et ce jusqu'à 500 fois quotidiennement durant les premiers jours, et même 800 fois avant l'envol des oisillons. Les petits quittent le nid de 16 à 21 jours après l'éclosion, mais ils se tiennent ordinairement quelques jours encore sur des branches proches, où les parents continuent à les nourrir.

En hiver, la Mésange charbonnière est un des visiteurs les plus assidus des mangeoires.

Œuf :
14,4—20,1 × 11,3—14,8 mm

Longueur :
14 cm

Voix :
un « pink pink » clair ;
au printemps retentit un
« tsi tê, tsi tsi tê » ou
également un « si tuit »
sifflé ;
l'oiseau effrayé fait
entendre un
« tserretetete »

**Grande comme
un Moineau**

Sédentaire

Mésange bleue

Parus caeruleus

L'aire de cet oiseau élégant couvre toute l'Europe, à l'exception du nord de la Scandinavie. La Mésange bleue hiverne dans les environs de son territoire de nidification et fréquente à cette époque les mangeoires. Elle s'empare volontiers de morceaux de suif qu'on lui destine, ou s'accroche à des peaux de lapin pour en picorer la graisse tout en se livrant à d'authentiques acrobaties.

Dès le début du mois d'avril, les couples survolent impatiemment les environs, fouillant chaque recoin des jardins, des parcs ou des bois à la recherche d'un emplacement approprié pour leur nid. S'ils ne trouvent aucun nichoir ou aucun trou d'arbre dans les environs, ils se contentent d'une fissure dans une charpente, d'un arbre creux, voire d'une boîte aux lettres, dans laquelle ils apportent de la boue pour y construire un nid en forme de coupe qu'ils rembourrent ensuite de plumes et de poils. Le moment de la ponte est arrivé. La Mésange bleue pond de dix à seize œufs. La couvaison, qui dure de 12 à 14 jours, est assurée par la femelle seule. Le nourrissage d'une progéniture aussi nombreuse représente de la part des deux parents un authentique exploit. Et il arrive même que le couple niche une seconde fois en juillet ! Les jeunes quittent le nid à 17 ou 20 jours, mais les parents continuent à les nourrir pendant un certain temps.

Voix :
souvent un « tetetetet » ;
au printemps, un trille clair
et descendant : « tsi tsi
tsirrr »

Cri d'alarme :
« tserretetete »

Longueur :
11,5 cm

Œuf :
14,0—17,8 × 10,1—13,2 mm

Sédentaire

279

Mésange nonnette

Parus palustris

La Mésange nonnette, un oiseau plein de vivacité, habite la majeure partie de l'Europe, à l'exception des régions les plus septentrionales, et ne quitte pas sa patrie en hiver. Elle affectionne les parcs et les grands jardins, mais niche également dans les bois de feuillus et les forêts mixtes. Les partenaires sont fort attachés l'un à l'autre, et ne se séparent jamais, même en hiver lorsque les Mésanges se rassemblent en colonies nombreuses.

Au début du printemps, ordinairement en avril, les couples s'installent dans leur territoire. Fin avril ou début mai, la femelle pond de six à douze œufs dans un nid de mousse garni de crin et habituellement logé dans une cavité. La Mésange nonnette ne se montre pas difficile dans le choix de cette cavité, et se contente d'un trou dans un tronc d'arbre ou dans une grosse branche pourrie ; elle recherche également les nichoirs. La femelle couve seule durant 14 jours ; 18 ou 19 jours après l'éclosion, les petits quittent le nid. Les parents continuent quelque temps encore à les nourrir d'insectes et de larves. Ce régime d'invertébrés est également celui des adultes ; en automne et en hiver, il est complété de graines. En hiver, la Mésange nonnette recherche les mangeoires dans les parcs, y picore quelques graines et s'envole un peu plus loin pour décortiquer son butin en paix.

Œuf :
14,6—17,1 × 11,5—13,1 mm

Longueur :
11,5 cm

Voix :
un « titchê » ou un
« pistiè » aigu ;
ce cri s'entend rarement

Chant :
mélodieux, une sorte de
roulade

Sédentaire

Sittelle torchepot

Sitta europaea

La Sittelle torchepot affectionne les bois de haute futaie, feuillus, mixtes et résineux. Mais on la rencontre aussi en abondance dans les parcs et les grands jardins. Elle habite dans toute l'Europe, à part l'Irlande et les régions du nord de la Scandinavie. En hiver, elle ne quitte pas son territoire.

Pour se nourrir, elle se rapproche souvent des habitations. Ses préférences vont surtout aux graines de tournesol : elle les prend une à une dans son bec, s'envole sur une branche, cale la graine, la décortique et avale le noyau, puis s'en va en chercher une autre.

Vers la fin d'avril ou le début mai, la femelle pond 6 à 8 œufs, d'habitude dans les troncs d'arbre creux qu'elle garnit de morceaux d'écorce de pin ou de feuilles sèches. Lorsqu'elle juge l'entrée du nid trop grande, elle la rétrécit en collant les unes sur les autres des boulettes d'argile et de salive, puis façonne et polit l'orifice à l'aide de son bec : l'argile durcit rapidement et forme une construction très solide. La femelle couve seule pendant 13 ou 14 jours, puis les deux parents élèvent les petits en commun. La nuit, le mâle accompagne d'abord la femelle à sa demeure puis se réfugie lui-même dans une autre cavité, située dans le voisinage. Les petits quittent le nid 22 à 24 jours après l'éclosion, et apprennent à grimper adroitement sur les troncs d'arbre, même la tête en bas comme leurs parents. Ils cherchent des insectes et des araignées dans les fissures de l'écorce. En hiver, ils se nourrissent aussi de graines.

Voix :
au printemps un sifflement sonore « tuh, tuh, tuh, tuh », pendant les amours « sit sit » ou « touit touit »

Longueur :
14 cm
Mâle et femelle de même coloration. Les petits sont plutôt gris.

Œuf :
17,2—22,5 × 13,5—15,4 mm

Sédentaire

281

Grimpereau familier

Certhia familiaris

Le Grimpereau familier, ou Grimpereau des bois, au plumage d'une coloration discrète, grimpe le long des arbres en spirale et, avec son bec en forme d'alène, quelque peu recourbé, il fouille les fentes de l'écorce pour en retirer des insectes, des larves, des chrysalides et des œufs. Il affectionne les bois de conifères s'échelonnant entre plaine et montagne. Son aire d'expansion couvre toute l'Europe, à l'exception du sud-ouest et de la Scandinavie du Nord. En allant vers l'est, on le retrouve jusqu'au Japon ainsi qu'en Amérique septentrionale et centrale. Il ne quitte en général pas ses régions de nidification même par les plus fortes gelées.

Vers la mi-avril, il construit son nid derrière une écorce détachée de l'arbre, au milieu des stères de bois, ou dans d'autres cavités. Il tapisse l'intérieur avec une couche épaisse de plumes et de poils. La femelle couve seule 5 à 7 œufs durant 13 à 15 jours. On ne sait pas encore en toute certitude si le mâle participe aussi à la couvaison. Mais, une fois éclos, les petits sont nourris par les deux parents ensemble, qui leur apportent des insectes, des larves et des araignées. Les jeunes Grimpereaux quittent le nid 15 à 16 jours plus tard et sont encore nourris pendant un certain temps par leurs parents, dont la plupart nichent une seconde fois, d'ordinaire en juin. Les petits errent alors dans les environs où ils fonderont leur propre famille l'année suivante.

Œuf :
14,0—16,7 × 11,0—13,0 mm

Longueur :
12,5 cm
Mâle et femelle de même coloration.

Voix :
des notes comme
« srihih », mais
rarement ;
le chant ressemble aux
trilles de la Mésange bleue
ainsi qu'au chant du
Troglodyte

Sédentaire

Grimpereau des jardins

Certhia brachydactyla

Le Grimpereau des jardins escalade les arbres en décrivant une spirale autour de leur tronc. Lorsqu'il en a atteint le sommet, il pique vers le pied de l'arbre suivant et recommence son escalade. Ce faisant il s'accroche à l'écorce à l'aide de ses griffes puissantes tout en se servant de sa queue comme d'un étai. C'est ainsi qu'il recherche dans les fissures des écorces les insectes, les larves, les chrysalides et les œufs qui y sont cachés. Son bec, long et mince, recourbé à l'extrémité, lui permet de pénétrer les fentes les plus étroites. En été, il se nourrit également de pucerons, punaises, petits coléoptères et chenilles : il est ainsi du nombre des oiseaux les plus utiles de nos jardins et de nos parcs. Il habite également les forêts de feuillus et de pins.

En avril, la femelle construit son nid derrière un morceau d'écorce qui se détache, dans un tronc d'arbre fendu, un tas de bois, une anfractuosité de mur ou un nichoir. Sur un soubassement de branchettes sèches se trouve le nid proprement dit, fait d'herbes, de mousse et de brindilles. L'intérieur de ce nid en coupe est garni de plumes et de crin. La femelle pond six ou sept œufs qu'elle couve généralement seule de 13 à 15 jours. Après leur éclosion, les poussins sont nourris par les deux parents d'insectes et de larves.

Voix :
un « sit » très doux ou un
« ti ti ti » aigu

Chant :
aigu, ressemble à « ti ti
titiriti tit »

Longueur :
12,5 cm
Grimpe par petits bonds le
long des arbres.

Œuf :
15,4—17,4 × 11,0—12,6 mm

Sédentaire

Bruant jaune

Emberiza citrinella

Dans les bosquets, sur les coteaux, à la lisière des bois et en d'autres lieux parsemés de buissons retentit d'avril à juillet le chant caractéristique, monotone, mais agréable du Bruant jaune. L'espèce, qui habite toute l'Europe, niche deux fois durant cette période. Lors de la pariade, le mâle sautille les ailes pendantes autour de la femelle et montre son croupion marron. Souvent aussi, il tournoie autour de la femelle en tenant une brindille dans son bec.

Le Bruant jaune construit son nid au sol, ou l'accroche parfois dans les branches basses d'un épicéa. Ce nid, parfaitement camouflé, est fait de brindilles, d'herbes et de radicelles. Le nid est presque toujours garni de crin, et on se demande encore aujourd'hui comment ce Passereau rassemble tous ces matériaux. La femelle pond de trois à cinq œufs qu'elle couve seule de 12 à 14 jours ; le mâle la relaie rarement. A l'âge de 12 ou 14 jours, les petits quittent le nid, mais les parents continuent à les nourrir durant une dizaine de jours.

Le régime alimentaire du Bruant jaune est constitué à trente pour cent d'insectes, de vers et d'araignées ; le reste consiste essentiellement en graines. Après la saison des nids, le Bruant jaune vagabonde en bandes dans les champs et les prés. En hiver, ces bandes se rapprochent des villes.

Œuf :
18,0—25,9 × 14,3—17,8 mm

Longueur :
16,5 cm
La femelle a un plumage plus terne que celui du mâle.

Voix :
« tsirt »

Chant :
un « didididi dîî »
pour chanter, le mâle se tient en un endroit élevé

Sédentaire
Erratique
Migrateur

Bruant ortolan

Emberiza hortulana

Le Bruant ortolan, originaire des steppes d'Orient, apparut en Europe au XVIIᵉ siècle. Il envahit l'Allemagne au siècle passé, et se rencontre actuellement dans toute l'Europe occidentale, à l'exception toutefois des îles Britanniques. Il vit en des lieux dégagés, parsemés de buissons, dans les champs, les prés, les allées, à la lisière des forêts, et souvent même dans les vignobles. C'est un migrateur qui établit son territoire fin avril ou début mai. Peu après il construit son nid dans un trou à terre à l'abri d'une touffe d'herbe ou de quelque autre plante, dans un fossé ou une jachère. Il est intéressant de noter que le mâle ne défend pratiquement pas son territoire ; souvent l'on entend chanter deux ou trois mâles sur un même arbre, et ceci sans qu'ils manifestent la moindre hostilité l'un à l'égard de l'autre. La femelle pond de quatre à six œufs qu'elle couve seule. Les poussins éclosent 12 ou 13 jours après la ponte. Les deux parents les nourrissent de petites sauterelles et d'autres insectes. L'adulte est essentiellement granivore.

Après la saison des nids, les Bruants ortolans se rassemblent en petites bandes et partent ensemble en août ou septembre vers leurs quartiers d'hiver au sud du Sahara et en Arabie.

Voix :
« guck »

Chant :
un « trû trû trû trû »
caractéristique

Longueur :
16 cm
La femelle est plus pâle
que le mâle et son plumage
est parsemé de taches
foncées du bec au jabot.

Œuf :
18,0—22,5 × 14,3—17,0 mm

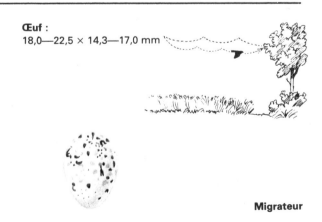

Migrateur

Bruant zizi

Emberiza cirlus

Le Bruant zizi, un oiseau joliment coloré, habite l'Europe occidentale et méridionale, ainsi que le sud de l'Angleterre. Il hiverne dans sa patrie et vagabonde en petites bandes dans les champs et les prés. Il s'installe en des lieux dégagés parsemés d'arbustes et d'arbres isolés, dans les régions cultivées et les vignobles ; on le rencontre également dans les bosquets et les allées.

La femelle construit son nid en un endroit dissimulé à terre, dans une touffe d'herbe, un taillis, etc., ou encore dans un buisson à quelque hauteur du sol. Le nid, fait de brindilles, est garni de crin. La femelle y pond de trois à cinq œufs qu'elle couve de 11 à 13 jours ; les jeunes quittent le nid à l'âge de 10 à 15 jours. Le Bruant zizi niche une première fois en avril, et souvent une seconde fois en juin. Les parents nourrissent leurs oisillons d'insectes et de larves ; le régime alimentaire de l'adulte se complète en automne de baies et de graines.

L'espèce est fort répandue par endroits. Le mâle attire tout particulièrement l'attention lorsqu'il chante en un endroit élevé.

Œuf :
19,2—24,0 × 15,0—18,0 mm

Longueur :
16 cm
Le croupion est gris olive, la femelle n'a pas de taches noires sur la gorge.

Voix :
« sip sip »

Chant :
un « tsirrrl » en gazouillis

Sédentaire

Proyer d'Europe

Bruant proyer · *Emberiza calandra*

Le Proyer d'Europe vit dans toute l'Europe excepté les régions le plus au nord et le plus à l'est. Il est presque partout sédentaire, bien qu'il erre parfois en hiver. Quelques individus de l'extrême nord se rassemblent à l'automne en grandes bandes pour émigrer vers l'Europe du Sud.

Le Proyer d'Europe revient à ses aires de nidification à la fin mars, plus souvent au début avril. Le mâle arrive le premier, se pose sur un endroit élevé et chante. La femelle le suit quelques jours après, puis se met bientôt à construire le nid. Celui-ci est placé à terre, dans un petit creux caché par une touffe d'herbe. La construction est faite de racines, de tiges d'herbes sèches, et garnie de foin, de poils de bête et de laine végétale. En mai-juin la femelle pond 4 ou 5 œufs qu'elle couve seule de 12 à 14 jours. Les 4 premiers jours après l'éclosion, elle nourrit seule les petits, ensuite le mâle l'aide. Mais il a parfois plusieurs compagnes. Les petits quittent le nid au bout de 9 à 12 jours, alors qu'ils ne savent pas encore voler, et se cachent aux environs dans des touffes d'herbe où les parents viennent leur apporter la nourriture. Lorsque les jeunes ont pris leur indépendance, les Proyers d'Europe nidifient souvent une seconde fois.

Leur nourriture se compose surtout d'insectes, de larves, de petits mollusques, et plus tard de petites semences d'herbes, de graines de céréales et de verdure.

Voix :
un appel comme « ticks »,
au cours du vol
« ticktick » ;
un chant bref qui résonne
comme « zick zick zick zick
zick chnirrps »

Longueur :
18 cm
Le mâle est de la même
couleur que la femelle.

Œuf :
19,0—28,6 × 16,0—19,5 mm

**Sédentaire
Erratique**

Bruant des roseaux

Emberiza schoeniclus

Toute l'Europe, l'Islande exceptée, est la patrie du Bruant des roseaux. Les populations de l'ouest, du sud et du sud-est de l'Europe sont sédentaires ; celles du nord et de l'est s'envolent en octobre et hivernent habituellement dans le bassin méditerranéen. Le Bruant d'Europe centrale est en partie sédentaire, en partie migrateur, et hiverne en Italie, en France ou en Espagne. Le Bruant des roseaux habite les marais et autres lieux marécageux, les bords des étangs et des lacs pourvus de grandes étendues de roseaux et de surfaces herbeuses. Il arrive aux aires de nidification dès le mois de mars.

En avril ou en mai, la femelle construit seule, à un endroit sec, dans une touffe d'herbe ou de roseau sec, un nid bien caché, fait d'herbes sèches, de feuilles de roseaux et autres végétaux, et garni de foin et de poils d'animaux. La femelle pond habituellement de 4 à 6 œufs qu'elle couve le plus souvent seule de 12 à 14 jours. Les parents nourrissent leurs petits surtout d'insectes et de larves qu'ils trouvent sur les tiges de roseaux, les joncs, etc. Les petits quittent le nid à l'âge de 11 à 13 jours, mais les parents les nourrissent encore 2 semaines environ. Quand les jeunes ont pris leur indépendance, le couple nidifie de nouveau, en général en juin ou en juillet.

Pendant la période de nidification et de couvée, les oiseaux adultes se nourrissent de petits invertébrés ; sinon, ils mangent surtout les graines de diverses plantes et de la verdure.

Œuf :
17,4—23,3 × 13,4—15,7 mm

Longueur :
15 cm
La femelle n'a pas la tête noire et la poitrine blanche.
En robe simple le mâle est pareil à la femelle.

Voix :
appel comme « ziêh » ;
chant court comme « zya tit tsi sississ »

Sédentaire
Migrateur

Bruant des neiges

Plectrophenax nivalis

La patrie du Bruant des neiges se situe dans le Grand
Nord de l'Europe et dans les régions arctiques d'Asie
et d'Amérique du Nord ; il niche plus rarement dans
les montagnes du nord de l'Écosse. Chaque année en
septembre ou en octobre, des vols immenses de
Bruants des neiges passent au-dessus de l'Europe en
direction du sud. On les rencontre alors sur le continent bien qu'ils n'y séjournent pas longtemps. L'espèce hiverne principalement sur les rivages de la mer
du Nord et de la Baltique, ainsi que sur les rivages
d'Europe occidentale et du bassin méditerranéen.

En avril, le Bruant des neiges regagne son territoire de nidification, sur les côtes rocheuses, dans les
vallées empierrées et dans les montagnes jusqu'à la
limite des neiges. La femelle construit son nid entre
quelques pierres, dans une anfractuosité rocheuse,
parfois dans un buisson accroché à une falaise. Ce nid
est fait de mousse, de brindilles et d'herbes, et garni
de crin, de plumes et de duvet végétal. Durant le bref
été arctique, en juin-juillet, la femelle pond de quatre
à six œufs, qu'elle couve seule durant 15 jours. Les
petits quittent le nid 15 jours après l'éclosion.

Le Bruant des neiges se nourrit d'insectes, de
larves, de petits invertébrés et de graines. Il aime
chasser les anophèles au-dessus de la surface des
eaux.

Voix :
un « brrr » gazouillé

Longueur :
16,5 cm
Le mâle est blanc, pendant
la saison des nids il a le dos
brun, les ailes noires. La
femelle est brune à tête
blanche.
Après la saison des nids, le
mâle perd sa coloration
blanche et noire
éclatante.

Œuf :
19,5—25,1 × 14,3—18,0 mm

Pinson des arbres

Fringilla coelebs

Le Pinson des arbres, un des oiseaux les plus répandus, habite toute l'Europe, l'Afrique du Nord-Ouest et l'Asie Mineure ; vers l'est, son aire de dispersion atteint la Sibérie occidentale.

Le mâle établit son territoire en février ou en mars, et la femelle le rejoint quelques temps après. Le choix de l'emplacement du nid ainsi que sa construction est l'affaire de la femelle seule ; le mâle l'aide rarement. Le nid, situé dans une enfourchure, est fait de mousse, de brindilles, de fils d'araignée soigneusement assemblés, et souvent camouflé avec l'écorce de l'arbre même dans lequel il est bâti. Le Pinson des arbres niche une première fois en avril-mai, une seconde fois en juin-juillet. La femelle pond ordinairement cinq œufs qu'elle couve seule de 12 à 14 jours. Les parents s'occupent ensemble de l'élevage des jeunes et les nourrissent surtout d'insectes et d'araignées, d'abord pendant les deux semaines que les petits passent au nid, puis quelque temps encore après.

L'adulte est principalement granivore. Après la saison des nids, les Pinsons des arbres forment de petites bandes qui, avec d'autres granivores, errent dans les champs ou s'installent dans les parcs et les jardins, près des mangeoires. Ils sont aussi fort répandus dans toutes les forêts peu touffues.

**Grand comme
un Moineau**

**Sédentaire
Migrateur**

Œuf :
17,0—22,8 × 13,2—15,8 mm

Longueur :
15 cm
Le mâle est plus coloré que la femelle, dont le plumage terne tire sur le gris.

Voix :
un « pink pink » bien connu

Chant :
une cascade de notes aiguës et énergiques

Pinson du Nord

Fringilla montifringilla

Chaque année des bandes nombreuses de Pinsons du Nord quittent leur patrie dans le nord de la Scandinavie et de l'Asie et entreprennent un long voyage qui les mène fin septembre en Europe centrale et méridionale. Souvent à leur arrivée ils se joignent à des bandes de Mésanges et vagabondent avec elles à la recherche de graines dans les chaumes, les prairies et les champs labourés. On les rencontre également dans les allées, où ils se nourrissent des baies du sorbier, et aux abords des aulnes et des bouleaux. En hiver, en cas de chute de neige, les Pinsons du Nord recherchent les mangeoires jusqu'à l'intérieur des villages et des grandes villes. Dès la fin de l'hiver, ils regagnent leur patrie dans le Grand Nord, et s'y installent dans les forêts de conifères et de bouleaux.

Ils construisent leur nid fait de mousse et de brindilles dans une enfourchure, et le camouflent de morceaux d'écorce. La femelle pond de quatre à sept œufs au mois de juin, et les couve durant deux semaines. Les deux parents nourrissent les petits d'insectes et de larves, ainsi que de chenilles. Après la saison des nids, le Pinson du Nord vit de nouveau en colonie.

Voix :
un « yêck yêck » ténu,
en vol également
« tèèpê »

Chant :
notes sonores et
stridulentes

Longueur :
15 cm
La couleur de la femelle est
plus sombre que celle du
mâle.

Œuf :
18,1—22,2 × 13,5—15,6 mm

Grand comme
un Moineau

Migrateur

Serin cini

Serinus serinus

Le Serin cini revient de ses quartiers d'hiver à la fin du mois de mars. Il s'installe à proximité des lieux habités, surtout dans les parcs et les jardins, où retentit quotidiennement son mélodieux gazouillis. Pour chanter, le mâle se tient de préférence sur une fine branche ou sur un fil télégraphique. Dès que les arbres et arbustes se couvrent de feuilles, la femelle choisit une branche horizontale pour y construire un petit nid fait de radicelles, brindilles, filasse, et morceaux de feuilles, qu'elle rembourre à ce point de plumes et de duvet végétal que les trois ou cinq œufs qu'elle y pond sont à peine visibles. Ces œufs, la femelle les couve seule de 11 à 13 jours, tandis que le mâle lui apporte sa nourriture au nid. Les jeunes restent de 11 à 14 jours dans le nid qui, avant leur envol, s'aplatit au point de ressembler à une petite plate-forme. Après la saison des nids, les Serins cini s'assemblent en petites bandes et vagabondent à la recherche de graines de chardon, d'aulne, de bouleau, etc., qu'ils décortiquent pour les manger. Le Serin cini part en octobre pour ses quartiers d'hiver. L'espèce est actuellement connue dans toute l'Europe, à l'exception de l'Angleterre et de la Scandinavie.

Migrateur
Sédentaire

Œuf :
14,4—17,6 × 11,0—12,7 mm

Longueur :
11,5 cm
La femelle, moins colorée que le mâle, a des taches sombres sur la tête.

Voix :
un « tirlitt » clair

Chant :
un brillant gazouillis

Verdier d'Europe

Chloris chloris

Le Verdier d'Europe est un des Passereaux les plus répandus dans l'entourage de l'homme. Il vit dans les parcs et les jardins, les allées et les vergers, ainsi qu'à la lisière des bois et dans les bosquets de feuillus. Il hiverne généralement dans sa patrie ; seules les populations septentrionales migrent vers le sud.

Le Verdier d'Europe forme parfois de petites bandes qui vagabondent dans la région, avant de se fixer de nouveau en avril dans les territoires de nidification respectifs. Le nid est construit dans des taillis de sureau, des épicéas, des thuyas ou des arbres fruitiers. Il est fait de radicelles et de branchettes, et doublé de plumes et de crin. La femelle pond cinq ou six œufs qu'elle couve seule pendant 13 ou 14 jours, tandis que le mâle la nourrit au nid. L'élevage des petits est assuré par les deux parents, qui les nourrissent principalement de graines déjà décortiquées, ainsi que de chenilles ou d'araignées. Le Verdier adulte est essentiellement granivore. Quatorze jours après leur éclosion, les poussins, encore incapables de voler, quittent le nid et se tiennent quelques jours encore sur des branches proches où leurs parents viennent les nourrir. Le Verdier niche généralement une seconde fois en juillet ou en août. Durant les mois d'hiver, il affectionne les mangeoires.

Voix :
un « gick gick gick »
clair

Chant :
divers sons aigus : « kling
kling girr tchu tchu »

Longueur :
14,5 cm
La femelle est
complètement grise.

Œuf :
17,2—24,1 × 12,2—16,1 mm

Grand comme
un Moineau

**Sédentaire
Erratique**

Chardonneret élégant

Carduelis carduelis

On rencontre le Chardonneret élégant, un des oiseaux chanteurs les plus bigarrés, dans toute l'Europe à l'exception du Grand Nord.

A la saison des nids, c'est-à-dire au printemps, on le voit rarement, bien qu'il vive dans les jardins et les parcs. Il est en effet extraordinairement prudent, sait se cacher admirablement, et seul son chant le trahit parfois. Le nid également, construit par la femelle, est parfaitement dissimulé et camouflé, et rarement un prédateur le découvre et le saccage. Pour recouvrir les parois extérieures du nid, la femelle tresse des brindilles et des feuilles ou des aiguilles, selon l'entourage. Dans les jardins, le Chardonneret élégant construit son nid dans les pruniers, les pommiers ou les cerisiers ; dans les parcs, sur les érables ou les peupliers. La femelle pond cinq ou six œufs qu'elle couve seule de 12 à 14 jours, tandis que le mâle lui apporte la nourriture au nid. Les deux parents nourrissent leurs petits de pucerons, puis de graines prédigérées. Lorsque les petits sont capables de voler, ils forment des bandes nombreuses qui vagabondent tout l'hiver.

Le Chardonneret élégant recherche les graines de chardon et de bardane, qu'il décortique avec une grande habileté, et se nourrit aussi de graines de bouleau et d'aulne.

Œuf :
15,6—20,0 × 12,3—14,3 mm

Longueur :
12 cm
Le plumage du mâle est plus coloré que celui de la femelle.

Voix :
un « tillit » gazouillé

Chant :
gazouillis et trille composés des mêmes syllabes

Erratique

Tarin des aulnes

Carduelis spinus

Le Tarin des aulnes, un des plus petits Fringillidés, habite les forêts de conifères, surtout les bois de pins dans les plaines et les montagnes, mais aussi les parcs plantés de résineux. Son aire d'expansion couvre l'Europe centrale, la Scandinavie, les Alpes, les Pyrénées, l'Irlande et le nord de l'Angleterre. A l'est, on le retrouve jusqu'en Sibérie orientale. En automne, il quitte la forêt et erre avec un groupe de ses congénères, notamment dans les bocages de bouleaux ou d'aulnes, en suivant les petits cours d'eau, les ruisseaux, etc. Il se nourrit de fruits d'aulnes et de bouleaux, sans dédaigner pour autant les graines de conifères et surtout de chardons. En cherchant sa pitance, il se montre très actif, grimpe adroitement jusqu'au bout des petites branches et, souvent, exactement comme les Mésanges, s'y accroche la tête en bas. De temps en temps, il picore les bourgeons des résineux et occasionnellement aussi de petites baies. Certains Tarins du nord de l'Europe envahissent souvent par groupes les pays riverains de la Méditerranée.

Ils ne regagnent leurs aires de nidification que vers la fin mars. Le plus souvent, l'emplacement du nid est à plus de 20 mètres au-dessus du sol. La femelle couve seule 4 à 5 œufs pendant 13 jours, mais les parents se chargent de nourrir leurs petits en commun, d'abord avec des pucerons et de petites chenilles. Les jeunes quittent le nid après 2 semaines et, d'ordinaire en juin, le couple niche une seconde fois.

Voix :
un « dîh » et en vol souvent un « tettérétett »

Chant :
babillard, comme « dididliliddeihêh »

Longueur :
12 cm
Femelle de livrée grisâtre avec la tête grise.

Œuf :
14,7—18,5 × 11,1—13,6 mm

Erratique

Sizerin flammé

Acanthis flammea

Le Sizerin flammé habite surtout les lointaines toundras septentrionales d'où il entreprend tous les ans, en automne, de grandes invasions vers l'Europe centrale et méridionale. Il vit dans les Alpes suisses et italiennes, on le rencontre également dans les plaines en Angleterre et en Irlande et, ces derniers temps, on l'a vu en de nombreuses régions de l'Europe centrale. Son biotope typique est constitué par les forêts de bouleaux, seuls ou mêlés à d'autres essences.

En mai, il construit un nid dans les broussailles et, en montagne, sur les pins nains ou les petits arbres. Il emploie comme matériaux de fines brindilles, des chaumes, etc., ainsi que des poils et du crin pour tapisser l'intérieur. Il installe son nid d'habitude à 1,5 à 3 mètres au-dessus du sol. Dans les régions du nord, il niche le plus souvent en juin. Il arrive fréquemment que de nombreux couples s'installent les uns près des autres et forment une grande colonie. La femelle couve seule de 5 à 6 œufs pendant 10 à 12 jours, nourrie durant toute cette période par le mâle. Les jeunes quittent le nid au bout de 10 à 14 jours. Leurs parents les nourrissent surtout d'insectes hyménoptères ainsi que de mouches et de larves d'insectes, et cela encore pendant les 10 à 14 jours suivants. Cependant, la nourriture des adultes se compose essentiellement de graines d'aulne et de bouleau ou encore de conifères. Redevenus indépendants, bon nombre de couples de Sizerins nichent une deuxième fois.

Œuf :
14,3—17,5 × 10,0—13,2 mm

Longueur :
12,5 cm
Le mâle a la poitrine et parfois le croupion plus rouges.

Voix :
en voletant, il pousse un « tchutt » caractéristique, souvent aussi un « tschètt, tschètt, tschètt »

Migrateur

Linotte mélodieuse

Acanthis cannabina

La Linotte mélodieuse, répandue dans toute l'Europe à l'exception du nord de la Scandinavie, niche en des endroits dégagés, des bosquets, sur des talus, ainsi que dans les parcs, les jardins et les cimetières à végétation dense. Son aire de dispersion s'étend de la Sibérie occidentale jusqu'aux îles Canaries. Les populations des régions tempérées sont sédentaires ou erratiques, les populations septentrionales sont migratrices.

En hiver, les Linottes mélodieuses forment de petites bandes et se joignent souvent aux Verdiers, aux Bruants et à d'autres oiseaux granivores. Même dans ces circonstances, les partenaires restent attachés l'un à l'autre. En avril, ils cherchent un terrain de nidification et construisent un nid fait de brindilles et de radicelles, et rembourré de filasse et de crin. Ce nid est généralement situé de un à deux mètres au-dessus du sol, dans le feuillage touffu d'arbres ou de buissons épineux, parfois aussi dans un mûrier sauvage. Il est construit en deux jours par la femelle seule, accompagnée en permanence par le mâle. La femelle pond cinq ou six œufs que les deux partenaires couvent à tour de rôle de 11 à 14 jours. Les parents nourrissent leurs petits de graines décortiquées et prédigérées dans le jabot.

Le régime de l'adulte est surtout constitué de graines de diverses plantes (pissenlit, plantain, chardon), parfois de pousses vertes, rarement d'insectes.

Voix :
« geck geck geck »

Chant :
aigu avec des notes flûtées
et des sons empruntés
à d'autres oiseaux

Longueur :
13 cm
La femelle n'a pas de rouge
dans son plumage.

Œuf :
14,7—22,2 × 11,2—14,9 mm

Sédentaire
Erratique
Migratrice

Bec-croisé des sapins

Loxia curvirostra

Les forêts de conifères, surtout de pins, des régions montagneuses, et parfois même les plaines de l'Europe centrale, de l'Écosse, des Pyrénées, des Alpes et de la Scandinavie sont habitées par le Bec-croisé des sapins. D'ordinaire oiseau sédentaire, il fait souvent son apparition en des lieux où on ne l'a pas vu depuis des années, et certains individus du Nord envahissent parfois en masse l'Europe méridionale.

Le Bec-croisé se nourrit des pommes de pins dont il retire les graines constituant son alimentation principale, ainsi que celle de ses petits. Parfois, il avale aussi des insectes, surtout des coléoptères se trouvant sur les résineux, ainsi que des pucerons.

Il niche surtout durant la période comprise entre janvier et avril. Pour construire son nid, il emploie comme matériaux des mousses, des lichens, des brindilles, des chaumes, etc., qu'assemble la femelle. Dans ce travail, le mâle l'accompagne, mais ne l'assiste pas. Ensuite, la femelle couve 4 œufs durant 14 à 16 jours, pendant que le mâle la nourrit au vol. Les petits ont d'abord le bec droit ; il ne se croise qu'après 3 semaines. Le bec du Bec-croisé se courbe aussi bien à droite qu'à gauche. Pendant la première semaine, c'est le mâle qui se charge de nourrir toute la famille, tandis que la femelle protège les petits contre le froid. Au bout de 2 semaines, les jeunes quittent le nid et errent ensuite dans le pays avec leurs parents par petites bandes, en quête de nourriture.

Œuf :
19,4—25,5 × 14,1—17,5 mm

Longueur :
16,5 cm
Femelle verdâtre

Voix :
un « guip guip guip »

Chant :
trilles flûtés

Sédentaire
Erratique

Gros-bec

Coccothraustes coccothraustes

Dans les bois clairs de feuillus, dans les plaines et dans les régions montagneuses, mais aussi dans les parcs et les grands jardins, s'étend le domaine du Gros-bec. Son bec très développé et particulièrement puissant lui permet de décortiquer facilement les graines les plus dures, des noyaux de cerises, etc. Il vit dans presque toute l'Europe à l'exception de l'Irlande, de l'Islande et de la majeure partie de la Scandinavie où on ne le retrouve que dans les régions du Sud-Est. Ailleurs, son aire d'expansion s'étend jusqu'au Japon, mais aussi en Afrique du Nord-Ouest. Certains Gros-becs d'Europe centrale sont erratiques et quittent en hiver leurs territoires pour s'établir au sud-ouest. A leur place viennent leurs congénères nichant plus au nord. Quant à ceux vivant en Europe occidentale et méridionale, ils ne quittent pas leurs zones de nidification de toute l'année.

Vers la fin avril ou début mai, le Gros-bec construit son nid, de préférence sur des arbres feuillus, souvent même fruitiers. La femelle couve seule 4 à 6 œufs durant 14 jours, pendant que le mâle lui apporte de la nourriture. Les jeunes quittent le nid deux semaines après l'éclosion. Au printemps et en été, le Gros-bec dévore quantité d'insectes, mais sa nourriture principale se compose de graines et de noyaux. Les deux parents nourrissent leurs petits, d'abord avec des insectes, puis, plus tard, avec aussi des graines, parmi les plus tendres.

Voix :
un « dzick » vif ou un « dzi-uh » en deux notes, ou encore « tzit »

Chant :
silencieux, peu distinctif

Longueur :
16,5 cm
La femelle de livrée moins colorée que le mâle.

Œuf :
19,8—27,6 × 13,1—19,5 mm

Erratique

Bouvreuil ponceau

Pyrrhula pyrrhula

Pendant les mois d'hiver, surtout lorsqu'il tombe beaucoup de neige, on voit apparaître dans les allées de sorbiers, à la lisière des forêts, ainsi que dans les parcs et les jardins, quantité d'oiseaux multicolores. Ce sont des Bouvreuils ponceaux qui, à cette période, viennent en masse hiverner en Europe méridionale depuis leurs territoires situés au nord. L'aire d'expansion du Bouvreuil couvre presque toute l'Europe en dehors de l'Espagne. En bon nombre d'endroits, le Bouvreuil est sédentaire. Il affectionne surtout les bois de conifères.

Vers la fin avril, la femelle construit son nid à une hauteur relativement faible au-dessus du sol, mais de préférence sur des résineux, avec des rameaux qu'elle a coupés ; elle en tapisse la cavité de poils et de lichens, parfois même de fines radicelles. Pendant la construction, le mâle accompagne la femelle et, ce faisant, les deux oiseaux se comportent silencieusement, sans se faire remarquer, sachant très bien se dissimuler. La femelle couve seule 5 œufs pendant 12 à 14 jours en se faisant parfois relayer par le mâle. Après l'éclosion, les parents se partagent le soin d'élever les petits durant 12 à 16 jours au nid, puis encore un certain temps après leur envol. Vers la fin juin ou en juillet, le couple niche d'ordinaire une deuxième fois.

Le Bouvreuil ponceau se nourrit de différentes graines, voire de baies et, dès le début du printemps, il aime à picorer les bourgeons des arbres, surtout fruitiers, ce qui lui a valu des inimitiés.

Œuf :
17,0—22,2 × 13,0—15,4 mm

Longueur :
14,5—17 cm
Une espèce plus grande vit en Europe du Nord.
Le ventre de la femelle est gris-rose.

Voix :
un « diu » légèrement sifflant pendant les amours

Chant :
composé de notes sifflantes

Sédentaire

Moineau domestique

Passer domesticus

Le Moineau domestique est l'espèce la plus répandue, non seulement en Europe et en Asie, mais même sur les autres continents, où elle fut apportée par l'homme. Ce Passereau fréquente le voisinage de l'homme, et dès février on peut observer sa parade : le mâle volette, les ailes déployées, devant la femelle, et lui fait la cour.

Déjà en mars, le Moineau domestique transporte dans son bec brins d'herbe ou de foin, lambeaux de papier et plumes pour construire son nid, dont l'emplacement ne le préoccupe guère. Ce nid est un amas sphérique désordonné pourvu d'une entrée latérale. On le trouve dans les feuillages, sous les corniches ou les balcons, dans les trous d'arbres ou de murs. Le Moineau domestique s'établit volontiers dans un nichoir. Souvent l'espèce vit en colonies nombreuses. Dans son nid garni de plumes, la femelle pond de trois à huit œufs, que les deux parents couvent tour à tour durant 13 ou 14 jours. A 17 jours, les petits sont déjà capables de quitter le nid. Peu après, les parents nichent une nouvelle fois, et ainsi quatre fois de suite.

Cet oiseau se nourrit principalement de graines, de bourgeons et de pousses diverses ; en été, il est partiellement insectivore. Le Moineau domestique ne migre pas ; en automne, il erre en bandes dans la région.

Voix :
un « errr » bref ou encore
un « tetetet »

Longueur :
14,5 cm
Dimorphisme sexuel

Œuf :
19,1—25,4 × 13,0—16,9 mm
La coloration des œufs
varie.

Sédentaire

Moineau friquet

Passer montanus

Le Moineau friquet est répandu dans toute l'Europe, et en Asie jusqu'au Japon. Les populations de la zone tempérée et des régions méridionales sont sédentaires, celles du nord et de l'est sont migratrices. De petites troupes de Moineaux friquets, souvent accompagnées de Pinsons, vagabondent durant l'hiver à la recherche de graines de diverses plantes et mauvaises herbes. A cette saison, ils passent la nuit dans des tas de branchages, dans des arbres au feuillage touffu et dans des cavités de toutes sortes. Passant toute l'année ensemble, les partenaires restent fortement attachés l'un à l'autre, même à l'intérieur d'une bande.

Au début du printemps et souvent dès le mois de février, la femelle se tient sur une branche d'arbre et volette pour attirer le mâle tout en lançant ses doux appels. A la saison des nids, le Moineau friquet s'installe dans des trous d'arbre (vergers, parcs, lisières de bois). Il niche également dans l'anfractuosité d'un mur, ou même dans le soubassement d'un nid de Cigogne ou d'Aigle, mais reste toujours en colonie. Les deux partenaires construisent ensemble un nid fait de brindilles, de crin, de plumes, etc. La femelle pond cinq ou six œufs que les deux partenaires couvent à tour de rôle 13 ou 14 jours.

Au printemps et en été, le Moineau friquet se nourrit d'insectes et de larves, et devient ensuite granivore.

Œuf :
12,5—22,3 × 10,4—15,5 mm
La coloration des œufs est variable.

Longueur :
14 cm

La femelle a un plumage moins vif que celui du mâle.

Voix :
« tett tett », en vol « teck teck »

Chant :
composé de sons semblables

Grand comme un Moineau domestique

Sédentaire
Migrateur

Étourneau sansonnet

Sturnus vulgaris

Au début du printemps, du sommet d'un arbre situé à proximité d'un nichoir, descendent des cris perçants, qui rappellent souvent le caquetage d'une poule. Le lendemain par contre retentira une mélodie agréable. Tous ces bruits sont produits par l'Étourneau sansonnet, excellent imitateur.

La plupart des Étourneaux ont quitté leur patrie d'origine, les forêts de feuillus, pour s'établir dans le voisinage de l'homme. C'est ici qu'en avril, mai ou juin la femelle construit son nid, souvent dans des nichoirs, à l'aide de petites racines, d'herbe sèche, etc. Parfois le mâle participe timidement à la construction ; pour la couvaison des quatre ou six œufs par contre, il remplace régulièrement la femelle. Les parents participent ensemble à la nutrition des jeunes, qui reçoivent insectes, larves, mollusques et vers. Les poussins de quelques jours se pressent à l'orifice du nid pour tendre leur bec grand ouvert. Les petits se risquent pour la première fois hors du nid à l'âge de trois semaines. Après la saison des nids, les Étourneaux se groupent en bandes et recherchent les vergers et les cerisiers. En automne ils « visitent » en troupes nombreuses les vignobles, où ils sont bien sûr des visiteurs indésirables. La troupe entière passe alors la nuit dans un lieu planté de roseaux.

Les Étourneaux hivernent en Afrique du Nord et en Europe méridionale. Les populations occidentales hivernent en Angleterre.

Voix :
« chpett chpett »

Chant :
se compose de grincements et de sifflements ; souvent l'Étourneau imite le chant d'autres oiseaux.

Longueur :
21,5 cm
Le plumage de la femelle est plus terne que celui du mâle.

Œuf :
26,2—34,1 × 19,7—23,2 mm

**Sédentaire
Migrateur**

Loriot jaune

Oriolus oriolus

Vers la fin du printemps, lorsque les nuits commencent à devenir chaudes, des notes mélodieuses et flûtées se font entendre un beau matin dans les bois de feuillus ou dans les grands parcs. C'est le chant des Loriots jaunes, qui viennent de regagner leurs territoires la nuit précédente, après avoir effectué un long voyage depuis l'Afrique tropicale. Le Loriot jaune habite presque toute l'Europe ; on ne le retrouve cependant pas en Scandinavie, ni dans les îles Britanniques et en Islande. Il se tient avant tout dans les bois de chênes, mais aussi dans d'autres forêts de feuillus. Fin mai ou début juin, le Loriot jaune construit son nid suspendu dans la fourche d'une branche terminale. Fait de chaumes et de liber entrelacés, il a la forme d'un berceau profond et se trouve généralement à 4 mètres au-dessus du sol, les bords supérieurs du nid étant fermement fixés aux rameaux de la branche. La femelle couve seule 3 à 5 œufs durant 14 à 15 jours ; le mâle ne la relaie qu'exceptionnellement et pendant un temps très court. Les petits quittent le berceau après 14 ou 15 jours. Le Loriot jaune se nourrit essentiellement d'insectes et de larves ; en vol, il chasse parfois aussi des guêpes ou d'autres hyménoptères, sans dédaigner les araignées et les petits mollusques. Vers la fin de l'été, il aime aussi les baies, les fruits tendres et surtout les cerises mûres dans les vergers, les grains de raisin, les groseilles, etc. En août, il entreprend de nouveau un long voyage jusqu'en Afrique.

Œuf :
27,8—36,0 × 19,9—23,5 mm

Longueur :
24 cm
Femelle de livrée
vert-jaune.

Chant :
sifflement flûté
« dudludludluoh »
Le mâle et la femelle
produisent également des
croassements « kré-ék ».

Grand comme un Merle

Migrateur

Geai des chênes

Garrulus glandarius

Le Geai des chênes habite toute l'Europe hormis l'Islande et la Scandinavie du Nord. Il affectionne tous les bois avec des taillis, et il s'étend de la plaine à la montagne. Cependant, on le retrouve le plus fréquemment dans les bois où prédomine le chêne. La plupart des oiseaux de cette espèce sont sédentaires et erratiques après la nidification. Certains individus de l'Europe du Nord viennent parfois hiverner en grandes troupes en Europe centrale.

Au printemps, d'avril à juin, le Geai des chênes recherche les branches touffues des pins à la lisière des forêts pour y construire son nid, à environ 4 mètres au-dessus du sol. Comme matériaux, il emploie des brindilles sèches, des chaumes et des radicelles qu'il entasse en couches. Parfois, il construit son nid essentiellement avec des mousses et le tapisse à l'intérieur avec du liber des arbres. La femelle pond de 5 à 7 œufs qu'elle couve alternativement avec le mâle durant 16 à 17 jours. Les petits quittent le nid 20 à 21 jours après l'éclosion et errent ensuite avec leurs parents. Plus tard, les Geais se rassemblent en groupes de plusieurs familles ; mais, en survolant les terrains découverts, ils se dispersent pour voler individuellement et par intervalles assez longs. Après avoir atteint le bois voisin, la troupe reforme ses rangs.

La nourriture du Geai est aussi bien végétale qu'animale ; il aime vider les œufs des oiseaux. En automne, il se réfugie dans les bois de chênes où il ramasse des glands.

Voix :
perçante ou miaulante

Longueur :
34 cm

Envergure :
54 cm
Mâle et femelle de même coloration.

Œuf :
28,2—36,0 × 21,0—25,6 mm

Sédentaire
Erratique

305

♂

Pie bavarde

Pica pica

La Pie bavarde est généralement connue comme une voleuse d'objets brillants qu'elle accumule dans l'une ou l'autre cachette. Si la Pie sauvage est extrêmement méfiante et farouche, une Pie élevée par l'homme s'apprivoise par contre rapidement et devient alors une compagne agréable dont il faut toutefois écarter des objets tels que lunettes, bagues, cuillers, etc. L'espèce est répandue dans toute l'Europe, en Asie, dans le nord-ouest de l'Afrique et en Amérique du Nord. La Pie bavarde est un Passereau sédentaire qui, en hiver, vagabonde par petites compagnies dans les environs de son territoire. En Europe, elle habite ordinairement les talus recouverts de buissons, les bosquets, et les rives broussailleuses des étangs.

Début avril, le couple construit son nid dans un arbre ou un buisson élevé. Ce nid est constitué de branches sèches, surtout épineuses, de touffes d'herbe et d'argile, et rembourré de crin et de brindilles. Au-dessus du nid, la Pie construit encore une sorte de toit avec des branchettes d'épineux. La femelle pond de trois à dix œufs qu'elle couve généralement seule 17 ou 18 jours. Les parents nourrissent leurs petits durant les 24 jours qu'ils passent au nid et quelque temps encore après leur envol.

Le régime alimentaire est constitué de campagnols, de lézards, d'insectes et d'autres invertébrés, ainsi que de graines, de baies et de fruits.

Œuf :
27,3—41,9 × 21,2—26,4 mm

Longueur :
46 cm
Longue queue
caractéristique. Les petits
sont d'un noir terne.

Voix :
coassements

Sédentaire
Erratique

Casse-noix moucheté

Nucifraga caryocatactes

Les forêts de conifères des régions montagneuses de la Scandinavie du Sud, de l'Europe centrale et du Sud-Est constituent l'habitat du Casse-noix moucheté, dont le biotope d'origine est la taïga boréale. Il s'agit d'un oiseau sédentaire ou erratique dont certaines populations entreprennent parfois en hiver de grandes invasions vers l'Europe, depuis la lointaine Sibérie.

A la fin de février ou au début de mars, le couple commence à se construire un nid assez profond, dans les branches touffues des épicéas. Il place à sa base des brindilles coupées sur lesquelles il forme une couche composée de mousses, de lichens et de morceaux de souches pourries, et rembourre le fond d'herbe sèche, de feuilles et de plumes. La femelle couve seule de 3 à 4 œufs durant 17 à 19 jours, tandis que le mâle la nourrit au nid. Les jeunes quittent celui-ci au bout de 23 jours, puis errent avec leurs parents dans les bois où abondent les graines, les noisettes, les faînes, etc.; souvent, ils en font des provisions qu'ils dissimulent dans des souches, des troncs d'arbres, etc., et on constate avec étonnement qu'ils retrouvent ces « garde-manger » en période de pénurie de nourriture. Parfois, ils s'aventurent même dans les vergers où ils s'attaquent aux prunes mûres pour en retirer les noyaux. Ils se nourrissent également d'insectes et aiment notamment les guêpes ; ils dévorent exceptionnellement de jeunes passereaux au nid. Le Casse-noix moucheté peut vivre en captivité.

Voix :
un « garr »

Longueur :
32 cm

Envergure :
59 cm
Mâle et femelle de même coloration.

Œuf :
30,3—37,5 × 21,5—26,0 mm

**Sédentaire
Erratique**

Crave à bec rouge

Pyrrhocorax pyrrhocorax

Le Crave à bec rouge est répandu dans les îles Britanniques, en France, en Suisse, en Italie, en Sicile, en Espagne et dans les Alpes. Cet oiseau au bec de couleur vive se manifeste en grand nombre aux abords des falaises rocheuses ou en haute montagne. Il ne quitte pas ses quartiers, même en hiver, mais se réfugie dans la vallée. Il se tient en grosses bandes et, même à la période de la nidification, 40 à 60 couples s'associent d'habitude pour former une colonie.

Vers la fin avril ou en mai, il construit son nid avec des radicelles, des herbes sèches, de la laine, etc., qu'il installe dans une cavité ou une fissure de rocher, souvent même dans le clocher d'une église ou dans les ruines d'un vieux château, parfois encore sur le toit des grands immeubles. La femelle pond de 3 à 5 œufs, parfois même 9, de couleurs très variables. Elle les couve seule pendant 17 à 18 jours, exceptionnellement 21 jours. Les deux parents nourrissent les petits en leur donnant des insectes et des larves, qu'ils leur apportent en moyenne sept fois par jour, mais seulement entre 8 heures du matin et 3 heures de l'après-midi. Les oiseaux adultes chassent également de petits vertébrés et, en hiver, se nourrissent même de graines. Les jeunes quittent le nid au bout de 32 à 38 jours, puis errent avec leurs parents. On les distingue des adultes à la couleur orangée de leur bec. Après la nidification, le Crave à bec rouge cesse d'être farouche et s'approche des chalets de montagne.

Œuf :
34,3—42,0 × 21,5—29,5 mm

Longueur :
38 cm
Mâle et femelle de même coloration.

Voix :
semblable à celle du Choucas des tours, soit « kiah » ou « kaah » et « tschaf », mais aussi « kria » ou « skirrik », etc.

Sédentaire

Choucas des tours

Corvus monedula

Le Choucas des tours fréquente tous les lieux où il trouve des cavités : vieilles ruines, vieux arbres creux dans les grands parcs, carrières abandonnées, falaises escarpées et clochers. C'est un oiseau sociable qui vit en colonies parfois très importantes.

En avril ou en mai, chaque couple construit son nid dans une cavité à l'aide de branches arrachées aux arbres. L'intérieur de ce nid en coupe est garni de brindilles, de crin et de plumes. La femelle pond ordinairement cinq à six œufs, que les deux parents couvent à tour de rôle, le mâle ne restant jamais sur les œufs qu'un temps très bref. Les parents nourrissent leurs petits d'insectes, surtout de coléoptères, de vers, de mollusques, mais également de grenouilles et d'autres petits vertébrés. Adulte, le Choucas des tours se nourrit également de grains de céréales et recherche souvent vergers et potagers dans lesquels il se régale de cerises et de fraises. En chasse, cet oiseau vole à très basse altitude. Les jeunes quittent le nid à l'âge d'un mois, et quelques jours plus tard, on peut déjà les voir voler dans les environs. Peu après les Choucas des tours se rassemblent en troupes nombreuses, s'associant parfois aux Corbeaux.

Les populations les plus septentrionales hivernent en Europe occidentale et centrale.

Voix :
un « kia kia » clair et souvent répété ; essaie également d'imiter d'autres sons et la voix humaine

Longueur :
33 cm
Les jeunes n'ont pas de taches grises sur les deux côtés du cou.

Œuf :
30,0—40,9 × 21,6—29,7 mm

Grand comme
une Tourterelle

Erratique

Corbeau freux

Corvus frugilegus

♂

Au début de l'hiver apparaissent des troupes nombreuses de Corbeaux freux, qui d'Europe septentrionale et orientale migrent vers le sud ; les Corbeaux freux d'Europe occidentale et centrale sont des oiseaux erratiques. C'est le soir que l'on aperçoit des multitudes de ces oiseaux dans le ciel : durant la journée ils se tiennent dans les champs et les prés pour gagner le soir les grandes forêts, où ils passent la nuit.

Ces colonies gigantesques se dispersent dès le début du printemps, et par bandes peu nombreuses les freux rejoignent leurs territoires habituels, où ils vivent en petites colonies. Chaque couple construit son nid sur la cime d'un vieil arbre à l'aide de branches arrachées à l'arbre à coups de bec ; parfois encore c'est le nid de l'année précédente qui est remis en état. Souvent dès la fin mars la femelle pond quatre à cinq œufs, qu'elle couve seule pendant 18 jours. Le mâle la nourrit généralement au nid, bien que parfois la femelle vole à sa rencontre pour recevoir sa pitance. Lorsque les poussins éclosent, le mâle se charge de nourrir la famille pendant six jours, après quoi la femelle l'aide dans sa tâche.

Le Corbeau freux apporte la nourriture à ses jeunes dans une poche spéciale de son gosier. L'espèce se nourrit à 90 pour cent d'insectes nuisibles, surtout de hannetons, parfois aussi de graines.

Erratique

Œuf :
32,2—47,4 × 25,2—30,4 mm

Longueur :
46 cm
Chez le Corbeau freux
adulte, la base du bec est
dénudée (zone de peau
blanchâtre).

Voix :
un « gâg » ou un « kroa »
profond;
en hiver également, un
« kiêh »

Corneille noire

Corvus corone corone

Corneille grise

Corvus corone cornix

Les Corneilles habitent en abondance dans toute l'Europe. On en connaît deux sous-espèces : la Corneille noire *(C. c. corone)* dont l'aire d'expansion s'étend en Europe occidentale et du Sud-Ouest, et dans une partie de l'Europe centrale, et la Corneille grise ou mantelée *(C. c. cornix)* vivant dans le reste de l'Europe, y compris en Écosse et en Irlande. A la limite de leurs aires respectives, ces deux sous-espèces se croisent.

La Corneille est un oiseau sédentaire ou erratique ; en hiver, les individus vivant au nord et à l'est viennent s'établir en grandes troupes en Europe centrale et occidentale. Pendant la période de nidification, elle se tient dans les bois clairsemés, dans les bocages au milieu des champs, dans les parcs fortement boisés des villes, etc. Elle construit déjà son nid en mars, le plus souvent sur un arbre à environ 5 mètres au-dessus du sol. La femelle pond de 4 à 6 œufs qu'elle couve seule pendant 18 à 21 jours. Le mâle lui apporte sa nourriture pendant tout ce temps et nourrit même les jeunes durant les 5 à 7 premiers jours. Ensuite, les deux parents se chargent de nourrir leur progéniture en commun. Les jeunes quittent le nid entre 28 et 35 jours après l'éclosion, puis errent avec leurs parents dans les environs. Des colonies de Corneilles se tiennent au bord des étangs, des lacs, etc., où elles trouvent quantité de restes d'aliments, notamment en automne lorsque l'homme va pêcher.

1

2

Voix :
un « krack » profond ou un croassement « arrk » ;
au printemps, chant composé des mêmes notes

Longueur :
47 cm

Envergure :
95 à 100 cm
Mâle et femelle de même coloration.

Œuf :
35,5—52,7 × 26,0—29,7 mm

Sédentaire
Erratique

311

Grand Corbeau

Corvus corax

Il était très fréquent en Europe, au moyen age, de voir le Grand Corbeau au voisinage d'un échafaud. Depuis, en bon nombre d'endroits, il a disparu, mais en d'autres régions il est encore familier. Il habite les forêts, les rochers de montagne, au nord la toundra et, en Europe orientale, il s'installe même sur les constructions de l'homme. C'est une espèce sédentaire qui, après la nidification, erre dans un assez large rayon.

Souvent, la femelle construit son nid seule, en février déjà, tandis que le mâle lui apporte des branches, des mousses, des poils, etc. Menant une vie conjugale durable, le couple se sert d'habitude du même nid pendant des années, le remettant chaque fois en état à la période de la nidification. La femelle pond 4 à 6 œufs qu'elle couve presque seule, ne se faisant relayer que de temps en temps par le mâle. Les jeunes éclosent au bout de 20 à 23 jours et restent encore au nid pendant les 40 à 42 jours suivants. Leurs parents leur apportent la nourriture dans une poche spéciale de leur gosier.

Le Grand Corbeau se nourrit de tout, avec cependant une préférence pour la chair ; son alimentation se compose surtout de charognes, d'animaux crevés, mais aussi de petits vertébrés qu'il tue avec son gros bec. Au voisinage du nid, il attaque même les grands Rapaces. Dans la nature, il se montre vigilant et prudent, même après la nidification. Toutefois, élevé dès sa jeunesse en captivité, il s'apprivoise facilement.

Grand comme un Faisan

Sédentaire
Erratique

Œuf :
42,5—63,0 × 29,0—42,5 mm

Longueur :
63,5 cm

Envergure :
120 cm
Mâle et femelle de même coloration.

Voix :
en vol un « korrk » profond et répété

Appel :
un « rrab » ou un « klong » ;
il imite différents bruits

1/ Aigle pêcheur

2/ Aigle des mers (ou Queue blanche)

3/ Milan

4/ Milan noir

5/ Épervier

6/ Autour

7/ Buse

8/ Buse à pieds plumeux

9/ Buse des abeilles

10/ Aigle royal

11/	Vautour cendré	17/	Faucon pèlerin
12/	Vautour fauve	18/	Hobereau
13/	Busard des marais	19/	Émerillon
14/	Busard bleu	20/	Faucon pieds-rouges
15/	Balbuzard	21/	Faucon crécerelle
16/	Grand Faucon		

Index
des noms français

Index des noms latins